アイヌの遺骨はコタンの土へ

北大に対する遺骨返還請求と先住権

北大開示文書研究会 編著

緑風出版

目次

アイヌの遺骨はコタンの土へ

――北大に対する遺骨返還請求と先住権

第2部　発掘遺骨「白老再集約」の人権侵害を告発する　101

序章　大量のアイヌ遺骨がなぜ全国の大学にあるのか

北大開示文書研究会共同代表　殿平善彦

みなさん、こんばんは。私は北海道の深川市の僧侶で、今夜の集まりの主催団体である北大開示文書研究会の共同代表を務めている殿平と申します。このたび私たちが主催する出前講座「アイヌの遺骨はアイヌのもとへ」にご参加くださいましたことに、心からお礼を申し上げたいと思います。

私たちは、この集会に参加しておられます差間正樹《さしままさき》さんをはじめとした五人のアイヌが原告となって現在たたかっておられるアイヌ遺骨返還請求訴訟で、原告のみなさんとともに活動してきました。私が最初のごあいさつを申し上げることになりましたが、ごあいさつとともに、会の今日までの歩みについて、ご報告を申し上げたいと思います。

ここにお集まりのみなさまの多くがご存じだと思いますけれど、北海道をはじめとしたアイヌコタン[注1]の墓から、人類学の研究者たちによってアイヌ人骨が持ち去られるということが明治期から戦後の一九六〇年代まで続いてきました。現在、全国の大学に残されているお骨は、個別性のはっきりしたお骨で一六三六体、個体ごとに特定できない箱になったものが五一五箱、残っているわけであります。北海道アイヌ協会の要求などによりまして、北海道大学は若干のお骨を返還した事実はありますけれども、大部分は現在も大学に残されたままで、北大はアイヌ納骨堂というものをつくって、お骨をそこに収蔵しています。

二〇〇八年、アイヌのエカシ小川隆吉さんは、情報公開法を使って、北海道大学にアイヌ人骨収集関連の文書の公開を請求しました。大学は最初、出し渋っていたのですけれど、何度かの請求によってかなりの量の関連文書を公開しました。この文書を読み解こうということで、アイヌをはじめ、研究者、弁護士、ジャーナリスト、あるいは宗教者といった人たちが集まって、この会が生まれたわけであります。

文書を読み解く中で、北海道の浦河町《うらかわちょう》に住む城野口《じょうのぐち》ユリフチ、[注2]あるいは小川隆吉エカシ[注3]の直接の先祖の骨が持ち出されていたことが判明しました。二〇一二年二月一七日、城野口さんと小川さんは事前に通告しまして、北海道大学の総長に会いにいくわけです。私どももお供をしました。雪のそぼ降る寒い午後、アイヌの老人二人が総長に会いに行ったのですけれども、どういうわけか、北大は屈強のガードマンを雇って、総務課の建物の前をガードして、二人を入れようとしない。北大の態度は、かつてアイヌ人骨を発掘して、アイヌの抗議を無視し続けた植民地主義、帝国主義、そしてレイシズム（人種・民族差別主義）的な学問態度を少しも改めていないというふうに思われたわけであります。北大の態度に失望した二人は返還訴訟を決意して、その年の秋に提訴に踏み切りました。その後、紋別《もんべつ》市の畠山敏さん、浦幌町《うらほろちょう》の差間さんなどが原告に加わり、現在も遺骨返還の裁判は継続中であります。

いっぽう国会は二〇〇八年に、アイヌ民族を先住民族とすることを求める決議を衆参両院で可決した

注1　集落の意。より広く「トライブ」と解する場合もある。第2部参照。
注2　年配の女性の敬称。
注3　年配の男性の敬称。

北海道大学事務棟のドアの前で警備員にはばまれる城野口ユリさん（前列左）。城野口さんが繰り返し求めた北海道大学総長との面談を、北海道大学側は最後まで拒み続けた。(2012 年 2 月 17 日撮影)

のですけれども、そこから日本政府の新たなアイヌ政策が始まります。ところが現在、日本政府が計画しているアイヌ政策というものは、北海道の白老《しらおい》町に国立アイヌ民族博物館と「慰霊空間」をつくって、全国の大学にあるアイヌ人骨をそこに集めようとするものです。[注4] 結局、大学は自分たちの持っている遺骨を「慰霊空間」に運ぶことによって責任を逃れ、人類学者たちはそこで引き続きアイヌ人骨を使った研究ができるというシナリオになっているのです。こんな理不尽なことを許しておいていいのか、という深い憤りを覚えます。

　私たちは今日（二〇一五年一月三〇日）、アイヌを含む二〇人あまりのメンバーで東京に出てまいりました。午前一一時から、日本弁護士連合会に人権救済の申し立て[注5]を行ないました。午後には、司法記者クラブで記者会見[注6]を行ないました。そして今ここで、東京のみなさんにこの話を聞いてもらいたいと思って、出前講座の開催にいたったわけです。

みんなで気持ちを合わせて、この一五〇年にわたるアイヌの人々の怒りを、きちんとした形で表現をして、遺骨をコタンに返すために努力を続けていきたいと、そういう願いを持っているものであります。本日お集まりいただいたことに御礼を申し上げて、開会のあいさつに代えたいと思います。ありがとうございました。

二〇一五年一月三〇日、出前講座「アイヌの遺骨はアイヌのもとへ in TOKYO」（平和と労働センター・全労連会館）でのあいさつから。

注4　二〇一四年六月一三日の閣議決定によれば、〈アイヌ文化の復興等に関するナショナルセンターとして、アイヌの歴史、文化等に関する国民各層の幅広い理解の促進の拠点並びに将来へ向けてアイヌ文化の継承及び新たなアイヌ文化の創造発展につなげるための拠点となるよう、北海道白老郡白老町に整備するもの〉。国立アイヌ文化博物館・民族共生公園・遺骨等の慰霊管理施設などを建設する計画で、二〇一五年度の整備関連予算は三億五七〇〇万円。閣議決定文書には〈アイヌ文化の復興等を図るとともに、国際観光や国際親善に寄与するため〉二〇二〇年オリンピック・パラリンピック東京大会に合わせて公開する、とも書かれている。

注5　本書巻末の補足資料に全文を収録。

注6　本書八九頁参照。

フォト・リポート

アイヌ墓地「発掘」の現場を訪ねる

北海道（帝国）大学の研究者たちがアイヌの墓地を掘り起こすなどして遺骨を収集した地点は、判明しているだけで北海道内四七自治体の七五カ所と、サハリン（樺太）・シュムシュ（占守）・パラムシル（幌筵）・クナシリ（国後）・エトロフ（択捉）各島におよぶ（一二三頁の図参照）。「墓地はみだりに近づくものではない」というアイヌプリ（アイヌの流儀）を頭に留めながら、あえていくつかの現地を訪ねた。（北大開示文書研究会）

浦河町杵臼共同墓地《うらかわちょうきねうす》

北海道帝国大学医学部で最初にアイヌ墓地を発掘した山崎春雄教授が一九三一年、初めて遺骨を持ち出した現場である。一九三五年の児玉作左衛門・同大学教授による発掘と合わせ、詳細は不明。北海道大学『北海道大学医学部アイヌ人骨収蔵経緯に関する調査報告書』（二〇一三年）によれば、ここから掘り出された少なくとも一五人の遺骨が北大キャンパス内の「アイヌ納骨堂」に留め置かれている。一九七八年、地元の北海道ウタリ協会浦河支部が建立した慰霊碑には、「フシコウタル供養塔」と刻まれている。杵臼コタン出身の小川隆吉さん（写真左）、城野口《じょうのぐち》ユリさん（同右、故人）ら三人のアイヌが二〇一二年、持ち去られたすべての遺骨の返還を求めて北海道大学を提訴した。（二〇一一年八月二五日撮影）

紋別市旧元紋別《もともんべつ》墓地跡

紋別市は一九八九年と一九九七年、二度にわたって「旧元紋別墓地移転改葬事業」を実施した。北海道ウタリ協会網走地区紋別支部と協議のうえ、発掘した計三二〇体を、三キロあまり離れた市営紋別墓園内の「元紋別墓地改葬納骨堂」に移送した。跡地は工場用地などとして整理された。一方、北海道大学の「アイヌ納骨堂」には、紋別からのものとされる五体の遺骨が留め置かれている。うち一体は旧上渚滑町《かみしょこつちょう》から一九三九年に、残る四体は時期・地点ともに不明のまま、いずれも大学が「寄託」を受けたものとされる。二〇一四年、北海道大学に対する遺骨返還訴訟に加わった紋別アイヌ協会の畠山敏会長（写真左）は、「返還が実現したら、地元納骨堂の三一〇体と一緒にきちんと再埋葬してあげたい。どんな経緯でここに眠ることになったのかを記した石碑を建てたい」と話している。（二〇一四年七月二〇日撮影）

浦幌町愛牛《あいうし》地区

北海道大学の「アイヌ納骨堂」には、浦幌町から持ち出された少なくとも六四人分の遺骨が留め置かれている。このうち六二体は一九三四年、愛牛コタンの墓地から掘り出されたものだ。愛牛地区を含む十勝川最下流部では一九五〇年代から北海道開発局による治水事業が本格化。かつて墓地があった場所は堤外の河川敷地に組み込まれた。そのまま堤防を築くための土砂採取地となり、現在はその掘り跡に水がたまって、池のようになってしまった。案内をお願いした地元在住の古川安信《ふるかわやすのぶ》エカシ（七九歳、写真中央）は「もう少し早く遺骨返還運動を起こしていたら、祖先の骨を元に戻してあげられたかも知れない」と悔やんだ。古川さんは二〇一五年秋に亡くなられた。（二〇一四年一〇月一二日撮影）

鎮魂之碑
墓

八雲《やくも》町有八雲墓地

北海道帝国大学医学部によってアイヌ人骨が持ち出された北海道内の自治体のうち、最大の被害を受けたのが八雲町である。児玉作左衛門教授らによる遊楽部《ゆうらっぷ》地区（一九三四年）や落部《おとしべ》地区（一九三五年）の発掘などで、少なくとも計二四一体が、数々の副葬品もろとも札幌に運ばれた。その中には、幕末の一八六五年（慶応元年）、駐箱館（函館）イギリス領事館員らが落部地区のアイヌ墓地から盗掘した後、箱館奉行の訴追を受けて地元に返還・再埋葬した一三体の遺骨も含まれている。再埋葬地には、慶応盗掘事件被害者全員の名前をカタカナで刻印した石碑が立っていたが、児玉教授らはそれも札幌の研究室に持ち運んだ（代わりに「旧土人之墓」と刻んだ石碑を設置）。後年、元の石碑だけは北海道大学から八雲町郷土資料館に返還され、現在は八雲町有八雲墓地に設置されている。（二〇一四年一一月五日撮影）

平取《びらとり》町旧上貫気別《かみぬきべつ》墓地跡

一九一五年、宮内省所管の新冠《にいかっぷ》御料牧場（新冠町など、約七万ヘクタール）拡張計画に伴い、七〇戸三〇〇人ものアイヌが強制移住させられた先が、平取町《びらとりちょう》上貫気別（現・貫気別旭《あさひ》地区）の山中だった。

北海道帝国大学医学部の山崎春雄教授らは一九三三年一〇月、上貫気別の墓地を掘り返して遺体を持ち出している。記録によれば遺体は男性四人、女性二人で、全員が新冠出身者。最も古いものでも埋葬から一三年しか経っておらず、二人は三年前に亡くなったばかりだった。一九九〇年、平取町によって現地に「旧上貫気別墓地」碑が建立された。（二〇一五年一〇月七日撮影）

江別市営墓地「樺太移住旧土人先祖之墓」碑

日本・ロシア間の樺太千島交換条約締結を受け、明治政府は一八七六年、樺太亜庭《からふとあにわ》（サハリン島南部）在住のアイヌ一〇八戸八四一人を江別市対雁《ついしかり》地区に強制的に移住させたが、コレラ・天然痘禍によって約一〇年のうちにその半数が死去。生き残った大半も、日露講和条約（一九〇五年）によってサハリン島の北緯五〇度以南が再び日本領になるとすぐに帰還した。一九六〇年代、北海道電力火力江別発電所（一九九一年廃止）の建設工事や洪水による表土流出によってこの対雁地区一帯から大量の人骨が出土。北海道大学医学部の児玉作左衛門教授らが一九六四年、発掘調査にあたり、数十体を大学に持ち去った。一九七九年から毎年、江別市営墓地の「樺太移住旧土人先祖之墓」碑の前で慰霊墓前祭が執り行なわれている。（二〇〇九年六月二〇日撮影）

アイヌプリの葬送

アイヌ民族の伝統では、墓地はコタン（集落）ごとにつくられ、多くの場合、死者はキナ（茣蓙《ござ》）にくるまれて、副葬品とともに土に埋められる。墓には木製のクワ（墓標）が立てられるが、故人の名前は記されない。埋葬が終わると墓地へは立ち入らず、墓参りでなくコタンごとのシンヌラッパ（祖霊祭、イチャルパとも言う）で先祖への供養が行なわれる。

北海道大学医学部によるアイヌ遺骨発掘地と発掘体数

発掘地	体数	発掘地	体数	発掘地	体数
八雲町	241	斜里町	7	旭川市	2
新ひだか町	196	エトロフ島	7	上ノ国町	1
森町	89	稚内市	6	積丹町	1
サハリン島	71	パラムシル島	6	夕張市	1
浦幌町	64	せたな町	6	豊浦町	1
シュムシュ島	36	岩内町	5	登別市	1
長万部町	34	紋別市	5	苫小牧市	1
千歳市	28	様似町	4	厚真町	1
北見市	26	江差町	3	えりも町	1
浦河町	25	豊頃町	3	日高町	1
網走市	25	標津町	3	広尾町	1
江別市	24	クナシリ島	3	遠軽町	1
平取町	17	古平町	2	留萌市	1
余市町	12	泊村	2	小平町	1
寿都町	11	島牧村	2	羽幌町	1
札幌市	10	室蘭市	2	浜頓別町	1
洞爺湖町	10	釧路市	2	不明	1
根室市	7	興部町	2	合計	1014 体

出典：北海道大学「北海道大学医学部アイヌ人骨収蔵経緯に関する調査報告書」(2013 年)

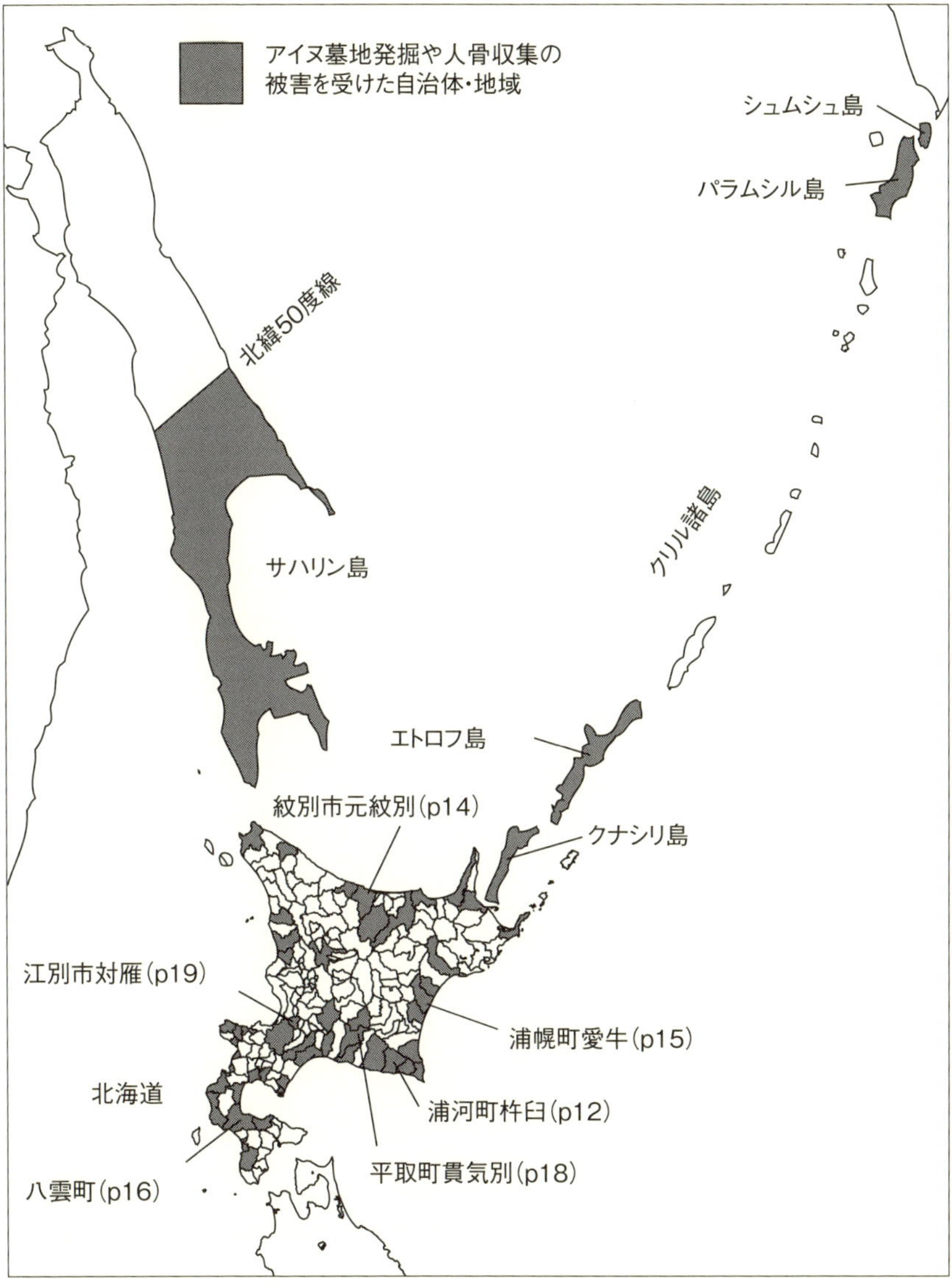
アイヌ墓地発掘や人骨収集の
被害を受けた自治体・地域
シュムシュ島
パラムシル島
北緯50度線
クリル諸島
サハリン島
エトロフ島
紋別市元紋別(p14)
クナシリ島
江別市対雁(p19)
浦幌町愛牛(p15)
北海道
浦河町杵臼(p12)
平取町貫気別(p18)
八雲町(p16)

年表　アイヌ墓地「発掘」問題をめぐる動き

（敬称略）

一八六九年　明治政府が蝦夷地を北海道、北蝦夷地を樺太州と改称して内国化。事実上、一方的に土地を国有化
一八八六年　帝国大学医科大学の人類学会でコロボックル論争
一八八八年　帝国大学医科大学の小金井良精が北海道各地でアイヌ墓地発掘
一八九九年　北海道旧土人保護法（旧土法）制定
一九二四年　京都帝国大学の清野謙次がサハリンアイヌの頭骨を多数発掘
一九三〇年　北海道アイヌ協会設立
一九三〇年代　北海道帝国大学の児玉作左衛門らが北海道、サハリン、クリル諸島でアイヌ頭骨を大量発掘
一九三二年　日本学術振興会発足
一九四〇年代　ナチスドイツによるユダヤ人ら大量虐殺
一九五〇年　ユネスコが「人種は社会的神話」と声明
一九六五年　北海道大学が江別市でアイヌ墓地を発掘
一九七二年　北海道大学が静内町（現新ひだか町）でアイヌ墓地を発掘

一九八〇年　海馬沢博が北海道大学に公開質問状
一九八二年　北海道大学がアイヌ人骨一〇〇四体を保管していると公表
一九八四年　北海道大学構内にアイヌ納骨堂建設。遺骨の一部を北海道ウタリ協会支部に返還
一九九五年　北海道大学古河記念講堂で頭蓋骨六体発見
一九九七年　旧土法廃止。アイヌ文化振興法成立
二〇〇七年　先住民族の権利に関する国際連合宣言採択
二〇〇八年　小川隆吉が北海道大学に情報公開請求
　　　　　　北大開示文書研究会発足
　　　　　　国会がアイヌ民族を先住民族とすることを求める決議
二〇一二年　小川隆吉、城野口ユリら（浦河町）が北海道大学を相手取って遺骨返還請求訴訟
　　　　　　アイヌ政策推進会議が「民族共生の象徴となる空間」基本構想発表
二〇一三年　北海道大学がアイヌ人骨一〇二七体以上を保管していると報告
　　　　　　文科省、全国十一大学が一六三五体以上のアイヌ人骨を保管していると報告
二〇一四年　畠山敏（紋別アイヌ協会長）、浦幌アイヌ協会（一九人）が北海道大学を相手取って遺骨返還請求訴訟
　　　　　　政府が「個人が特定されたアイヌ遺骨等の返還手続に関するガイドライン」を閣議決定
二〇一五年　北海道内在住のアイヌ・和人らが「発掘アイヌ遺骨の白老への再集約は人権侵害」と日弁連に救済申し立て

民族というコトバの使い方

榎森　進

「人種」と「民族」という言葉は、混同されて使われることが多いが、一般的には、「人種」は、皮膚の色や身長、頭の型、毛髪型、鼻の型などの主に身体的・生物学的な特徴によって区分される人間集団を指す言葉であるのに対し、「民族」は、内に「人種」概念を含みながらも、主として言語・地域・生活様式・精神生活などの文化的特徴によって区分される人間集団を指す言葉とされている。しかし近年は、主として自然人類学者、特に人間の遺伝子のあり方の特徴を研究している人たちの中には、人間集団を「人種」や「民族」に区別することには意味がないと主張する研究者も生じてきている。

しかし、歴史学や社会学、文化人類学などの人文科学・社会科学の分野では、人間集団を区別する用語として「人種」や「民族」という言葉が重視されている。「先住民族の権利に関する国際連合宣言」でいう「先住民族」という言葉は、まさにそのことを示している。

ところで、一九五〇年代から一九六〇年代の日本における歴史学・政治学・経済学・社会学などの社会科学の分野では、「民族」を「言語、地域、経済生活、および文化の共通性のうちにあらわれる心理状態の共通性を基盤として生じたところの、歴史的に構成された人々の堅固な共同体」（スターリン著・平沢三郎訳『マルクス主義と民族問題』国民文庫、一九五三年）として理解していた。この「民族」の定義は、当時のソヴィエト連邦の最高指導者ヨシフ・スターリン（一八七八〜一九五三年）が提起した民族の定義をそのまま用いたもので、しかも、こうした「民族」は、封建制社会から資本主義経済を基盤とした近代社会になった段階で初めて形成されるとしたために、歴史学や政治学の分野では、本書で扱うような「先住民族」に関する研究はほとんど行なわれなかった。先住民族や少数民族の研究で早期にすぐれた成果を上げてきたのは、主として文化人類学の分野である。

こうしたこともあって、現在の「民族」の定義については、客観的基準と主観的基準を総合したものとして解釈されるようになっている。客観的基準の代表的なものが、先のスターリンの民族定義であるが、これのみでは、先住民族をはじめとする世界の多くの民族のあり方を理解できなくなるところから、近年では、主観的基準として一番重要な「われわれ意識」という帰属意識のあり方が重視されている。その結果、現在は、客観的基準と主観的基準が不可分に関連しながらからみあった要素を有しているのが「民族」概念である、と理解されている。とくに「民族」で重要なのは、共感意識で、「一緒の集団に属する」というこの感覚は、自分が生まれる前からすでに存在していた父や母の集団の一員として生まれ、個人が自由意思で選択できずに養育される枠組みの総体が作り出すものである。現在、「先住民族」という時、右で述べた「客観的基準」と「主観的基準」の両者を具備した人間集団として理解されているが、近年ではとりわけ一定の人間集団への帰属意識の有無が重要視されているようである。

なお、国際連合憲章（一九四五年）の前文は、〝We the peoples of the United Nations determined……〟（われら国際連合の人民は……を決めた）と始まる。国連はこれによって、国連が使う「peoples（人民）」の用語に「自己決定権を有する（人民）」という意味を込めた。「先住民族の権利に関する国際連合宣言」の英語タイトルは〝United Nations Declaration on the Rights of Indigenous Peoples〟であり、ここで用いられる「Indigenous（現地の）Peoples」からも当然、同じ意味を汲むべきである。「民族」という日本語から今、自己決定権の存在を感じ取れないのは残念である。

第1部　コタンの墓地を暴いた者たちへ

一九世紀後半から二〇世紀にかけて、東京大学、京都大学、そして北海道大学のエリート教授たちが、徒弟をともない、北海道やサハリン（樺太）島、クリル（千島）諸島など各地のアイヌ・コタンの墓地を回って盛んに発掘し、大量の人骨と副葬品を研究室に持ち去った。彼らにとって、自らの国家（日本）が新しく支配したばかりの事実上の「植民地」の先住民は、死者であれ生者であれ、単なる研究対象でしかなかったのだろう。しかし奪われた側は、もちろんそうではない。頭蓋骨計測研究のブームが去り、教授らが引退・死去した後、残された膨大なアイヌ人骨や副葬品は校舎の奥深く仕舞い込まれ、博物館に送られ、あるいは散逸し、忘れ去られた。しかしそうされた側は、忘れたくても忘れられない。たとえ一〇〇年が経過しようと――

第1章　私が北海道大学に文書開示請求した理由

小川隆吉

今から三五年あまり前、一九八〇年に、一人のアイヌ、故・海馬沢博《かいばざわひろし》氏が、北海道大学の学長に対して抗議文[注1]を送りました。「かつて北海道大学医学部教授が勝手にアイヌ民族の墓を掘り起こし、人骨（一五〇〇体）を持ち去った事実は許されぬ」との指摘でした。

私たちウタリ[注2]もこの事実に驚き、当時の北海道ウタリ協会[注3]の指導者だった貝沢正さん、野村義一さん、杉村京子さん、佐藤幸雄さん、私といった面々が、医学部を訪ねて実態を視察することになりました。

案内されたのは建物三階の「動物実験室」という部屋です。窓にはすべてカーテンがかけられ、入り口の右手に棚がありました。棚にはエゾオオカミの頭骨が六個、エゾシマフクロウの頭骨が六個。その隣に、動物たちの標本とまるで同じように、

おがわ・りゅうきち
1935年、北海道浦河町生まれ。アイヌ民族共有財産裁判（1999年提訴、2006年最高裁棄却）では原告団長を務めた。2012年、祖先の遺骨返還を北海道大学に求めて提訴。札幌市在住。著書に『おれのウチャシクマ―あるアイヌの戦後史』（寿郎社、2015年）。

人間の頭骨が壁一面に並んでいたのです。

頭骨にはひとつずつナンバーが振られ、「AINU」とローマ字で説明がついていました。

この光景を目にした途端、杉村京子フチは思わずその場にひざまずいて、

「許してください、許してください、許してください」

と三度声に出しました。三度目は泣き声になって、そのまま床に顔を伏せてしまいました。顔を上げたフチの眼からは、大粒の涙があふれていました。フチは、そばにいた佐藤幸雄さんを振り返り、

「急いでロウソクとお線香とたばこを買ってきて」

と頼みました。そして遺骨に向かって、手ぶらでこの場にきてしまったことを詫びました。

このお骨が地上に降ろされるまでに、さらに三年の月日がかかりました。北大医学部がようやく納骨堂を建てることになったのです。

ところがその場所というのが、医学部の駐車場の片隅でした。おまけに、工事現場を視察した私は再び大きなショックを受けました。建設業者が組んだ足場に、横長の看板が取り付けられていたのですが、そこには「医学部標本保存庫新営工事」と記されていたのです。

アイヌの遺骨がなぜ「標本」なのか、なぜ「アイヌ民族納骨堂」と書かないのか。大学に説明を求めると、

注1　本書巻末の補足資料に収録。
注2　アイヌ語で「同胞」の意。
注3　一九四六年、社団法人北海道アイヌ協会として設立。六一年に北海道ウタリ協会と名称を変更した。二〇〇九年に北海道アイヌ協会に名称を戻し、現在は公益社団法人。本部・札幌市。

こんな答えが返ってきました。

「国立大学には政教分離が求められる。納骨堂建設という工事名では予算がつかないので、会計監査が終了するまで待って欲しい」

なんと杓子定規な対応でしょう。規定をクリアするために、アイヌの人権は二の次でよい、そう言っているのと同じです。

こうして遺骨は、実験室から納骨堂に移されたわけですが、そもそもどのように北大医学部に収集されたのか、経緯や責任の所在はその後も明らかにされないままでした。でも、それは許されないと私は思うのです。

大学が自ら実態を解明しないつもりなら、こちらがやるしかありません。二〇〇八年、私が情報公開法を利用して大学に関連文書の全面開示を求めたのは、そんな理由からなのです。

第2章　肉親の眠る墓を掘られた母の遺言

城野口ユリ

昨日（二〇一三年四月一九日）の口頭弁論から今日にかけて、みなさんお忙しいところ、いろいろとこのアイヌ人骨問題に関心を持って駆けつけてくださったこと、本当に私はうれしく思います。

忘れもしない、母の命日は二八年前の（一九八五年）七月二七日なんですけれど、その二カ月ほど前、五月の末だったかな、病床で私の手を握って二〇分も三〇分も泣きながらね、「おまえ、お前の力でこれ（コタンの墓地から持ち去られた先祖たちの遺骨）を取り返せよ」って。終いには「（北海道大学を）訴えてやれ！」という言葉まで出ました。怒って怒って、親や祖父母たち一人一人のアイヌ語の名前も言って「必ず杵臼コタンに返してもらえ」と。

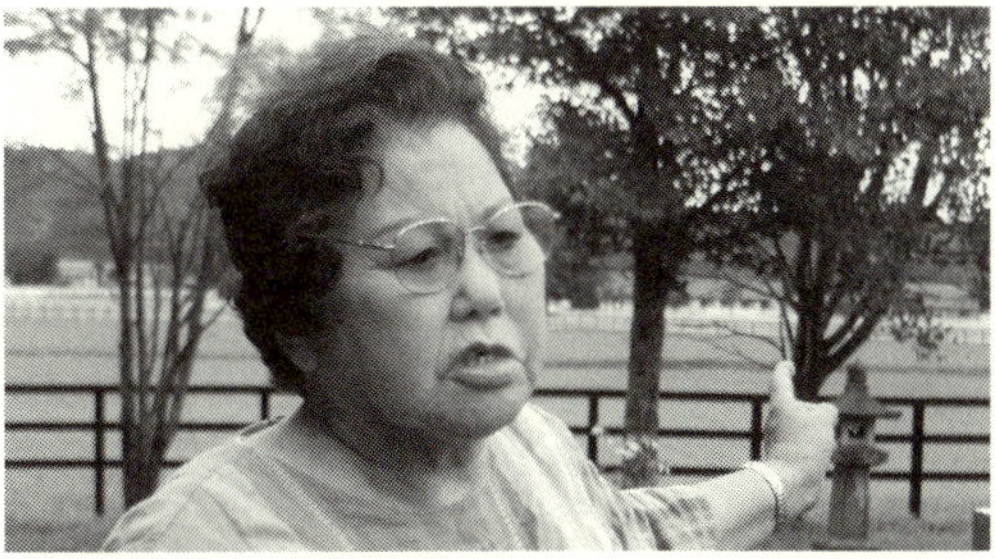

じょうのぐち・ゆり
1933年、北海道浦河町杵臼《きねうす》コタン生まれ。北海道ウタリ協会浦河支部理事、「少数民族懇談会」副会長を歴任し、「フシコウタル」慰霊碑の建立や、伝統文化の継承のため後輩の指導伝達に尽力した。2012年、祖先の遺骨返還を北海道大学に求めて提訴。判決を聞くことなく2015年3月、病没。

だからね、北海道大学には本当に骨を返して欲しいんです。お墓に一緒にあったはずのタマサイ、宝物。(時間が経過したために)クタクタになっていてもね、形があればそれでいいの、私は。それをつけて返して欲しいんです。

杵臼の骨は杵臼コタンの、あの山間の墓地は素晴らしいところですよ。そこに眠っていた仏なんですから。私の母はこう言いましたよ。「杵臼コタンのあの墓を見れ。な、眠っている仏はみんな喜んでいるんだぞ。なのに、おれ(私)のアチャ(父)やハポ(母)やフチ(祖母)の遺骨を、なぜ黙ってかっぱらって、ドロボウこいて行ったんだ? エシカ!」

アイヌ語で「エシカ!」と言って、その怒りはすごかった。手を振り回しながら、こうやって片手で私のことを叩くんです。自分の父や母を掘られて、そのくらい怒りながら、母は二カ月後に亡くなりました。

私はその母の子どもです。一二人きょうだいのうち女が八人で、男が四人います。きょうだいたちも「おれは(交渉に)行かれないから、その分もがんばってくれな」と言ってくれています。だから私は精一杯、母の気持ちを受け継いで、八〇歳になっても九〇歳になっても、元気でいる限り、いま病気を病んでしまっていますが、一年かかっても治すつもりで、頑張ります。私は絶対死なないから。何とかみなさん、応援してください。お願いします。

二〇一三年四月二〇日、シンポジウム「さまよえる遺骨たち part3先住民への遺骨返還はセカイの流れだ」(札幌市教育文化会館)でのスピーチから。

アイヌは、毎日のように獲物をとったり山菜を採ったりして食うんだ。その時には、必ず、エカシは「お前な、（狩りに）行ったら帰りに必ず、ライオマエサ、ばばやらエカシやら、ライオマエしたら、エカシやフチたち回って、見回ってこいよ」とな。ライったら死んだ者のことを言うんだ。「（お墓のまわりの）草は刈らなくても良いんだ」って、アイヌは。「草原こいでな、カムイ（クマやキツネなどの野生動物）たち、いたずらしてっかも知れないからな、よっく見て来いよ」って。「うん、分かった」って。（猟師が帰ったらエカシが）「見てきたか？」って。「見てきた、見てきた。何ともない、何ともない、エカシ、何ともないから心配するな」って。したら「イヤイライケレ（ありがとう）、イヤイライケレー、ハセレポ、イヤイライケレー」、言うんだわアイヌ語で。そいって言ったよ。

これはね、アイヌのね、特徴なの。忘れないでね。アイヌの特徴なの。お前はナ、この部落のなにになにせいよ、かにかにせいよっていう言いつけをしないんだ。（墓所のまわりの）草原、草は刈らなくていい。草は自然のもとだから、いいんだ。（亡くなった人を）自然サ、返らせてる、神様だからナ。山サ、狩りに行ったら、帰りにちょっくら回ってナ、熊でも……カムイと言うんだ。「カムイたち、いたずらしてるかも知らんから、墓ァ、見守って来いよ」って。エカシが言うんだよ。これがその、ひとつの、言いつけなんだな。

そんなふうにしているのをナ、北大は何ドロボウこいてるんだべ。

負ーけないよ、こんなことで。（二〇一二年）二月一七日に行った時の（北海道大学側の）態度。わしはあれは死んでも忘れない。

わし、命をかけてるんだ。ほんとに、あの親の姿見たらな。

もしこれ、逆だったらどうする？　あなたがたがもし、こうだったら。どう思う？　な。これがほんとのね、シャクシャイン[注1]と同じ、アイヌとシャモの戦いだ。わたしはそう思っている。ぜったい、負けないよ、わしは。こったらことくらいで負けてたまるかと思ってる……。

（遺骨のことを初めて聞いた当初は）大したことないと思ってたのさ。だけどその、穴だらけのとこ歩いたんだ。お墓の。びっくりしてびっくりして。「ここ落ちるなよ、上がれないぞ」って。びっくりしたの。「だれがこういうことやったんだべ」って言ってたら、北大の、児玉だかっていう医者が来て、五、六人、医者連れてきて、こう掘って、ガス灯点けて掘ったらしい。ガス灯って分かる？（夜間に発掘があったのですか？　の問いかけに）夜やったんだ。隠れて。（後ろめたいから夜掘ったんですね？　の問いかけに）そうだ。大きな穴だったよ。あれ、機械で掘ってたんかあ？

　思い出されなかったんだ。いちばん大事なこと。「しっかりしてやるんだぞ」って。「しっかりばの言ったことを間違うなよ」って。「絶対な、ただで返してもらうなよ」って。なあ。

ただでな、シャモ（和人）の悪口、言ったわ、ずいぶん。「昔ね、だれにもアイヌで、シャモの人さな、困ったからコメ貸せ、ヒエ貸せ、アワ貸せ、イモ貸せ、大根貸せ、って言った者、一人もいないんだ」って。「（もし和人に対して）そって言ったら、貴様ら、自分で作って、自分でまくない（賄え）って、そういう口、きいた」と、シャモは。「だから絶対シャモをからかうな。からかうもんでない」と。「おまえ、大きく胸張って暮らせ」って。「おらたちなんか、一回だって貸せって言った覚えないからな」って。そうって言ったよお。

して悪口言ったわあ。「学問はないけれども、学問はない、情けないけれどもな、それでもちゃんと、学校行けないなら行けないなりに、私生活はしっかりやったもんだ」って。

朝だってな、一番星さ。「それが出たらな、起きて、鍋かけれ」って。「娘さいればちゃんと起きて、鍋かけてな。一番星、二番星、三番星さ、（順番に朝の支度をする手順が）あったんだ」と。「ちゃんとそれを見てね、やったものだった」って。だからね、「自然を利用して、やったんだぞ」って。よく覚えといて。自然を利用して、アイヌたちは生活したんだね。そのことがわし、分かったわ。自然を利用して、活用して、そして暮らしたもんだ。ばば、言ったもん。

「何もな、シャモやらな、よその国から来た者たちにな、なんも指さされて笑われることないんだぞ」って。「よそからきた者たちにおらたちの国に入り込まれて、一から十までのことを笑われる必要はないんだ」って。「それ笑うくらいなら来ないばいいんでねえか」って、こうも言ったわ。憎たらしかったんでないか、よっぽど。かわいそうに。

ほんとにねえ、うちのばあさんみたいに、泣いて死んだアイヌ、いっぱいいるの。ほんとだよ。泣きながら死んでいったハボ（母）やら、エカシやら、いっぱいいる。ほんとに。わしも泣いた。その時。もらい泣きしたよ。うちのばば、割と教養のある人だった、アイヌでありながら。人が来たらちゃんとご挨拶するしね。挨拶してさ、ちゃんとやった人だよ。あんなふうに（和人社会の）中で（辛い）思いして死ん

注1　アイヌによる近世最大の対和人戦争「シャクシャインの戦い」（一六六九年）で、アイヌ勢力を率いた。戦争は、不平等交易に怒りを募らせていた各地のアイヌ集団が同時多発的に蜂起して勃発。松前軍は開戦五カ月目に和睦すると見せかけてシャクシャインを自陣に誘い込み、暗殺した。

でいったかなあと思えばね、うちのばばだけでなく、いっぱい、そういうウタリの人がいたべな、と思う。口に出さないだけで。

絶対に負けるなよって。「これに負けたらお前たち、もう終わりだぞ」って。うん。「負けるなよ、負けるなよ」って、何回言ったかさ。「北大出の、日本一の頭の良い学者ばっかり来るんだべ」って。「(がん首を) そろえて来るべ」って。したらな、「お前たち見たらびっくらこいて、後ずさりするような者ばっかり、来るんだべ」って。「かわいそうにな」って。わしらをかわいそうがって、涙流してさ、「かわいそうになあ、お前たち、ほんとにな、おらたちもう少しな、勉強して、学歴あったらなあ、お前たちさもこんな思いさせなくてもいかったんだべな」って、ほんとに泣いたよ。

「だけど、ばば」って、「わしが付いてるから大丈夫だ」って。「ぜーったい、わしに付いていれば負けないんだ」って。学校時代からな、負けなかったんだから。「絶対負けないよ」って。「こんなことくらいで、わし負けちゃいないよ」って言った。「絶対戦って、勝ってみせるからな」って。「勝ったらな、ばば、イチャルパ (先人を慰める儀式) のできる、カムイノミ (カムイへの祈りを朗唱すること) の達者なエカシいるから、ばば死んでいなくても、教えるからな」って。「頼むぞ、頼むぞ」って、そうて言って、わしの手、握ってね。

だからわしは、これをほんとに負けたくないんだ。決して。あの手、この手を使ってもね、先生がたの力、借りてねえ、(もし裁判で) 負けたというならば、わしもほんとに終わってるな。終わってる。何にも言うことないわ……。情けなくて……。何にも言うことないわ……。負けたくない一心だ。

二〇一四年一二月二八日、入院中の北海道大学付属病院病室でのインタビューに答えて。

第3章　先住民の権利をこそ、回復してもらわねば

畠山　敏

私は生まれながらの漁師でねえ、言葉の使い方や何やら足りないかも知れませんが、理解をしながら聴いてもらいたいと思います。

この遺骨問題。これはね、実際に見てもらえれば分かると思うんですが、私の（漁具）倉庫のあるところ、そこから、平成元年（一九八九年）と平成九年（一九九七年）に二回にわたってね、（紋別市旧元紋別墓地移転改葬事業に際して）三一〇体の遺骨が出たところです。その遺骨は、いまは紋別の市営墓地の一角に、「元紋別」の看板のある納骨堂がありましてね、そこに安置されているんですけれど。

ただ、あれは仮住まい。平成元年に先に九六体が出て、それを置くための仮住まいということで、市のほうで納骨堂を造ってもらったんですが、平成九年には、（市役所の担当者が）「畠山

はたけやま・さとし
1941年、北海道紋別市生まれ。漁業経営。北海道アイヌ協会紋別支部長、紋別アイヌ協会会長を歴任。2014年1月、紋別市内から持ち去られたアイヌ遺骨4体の返還などを北海道大学に求めて提訴した。

さん、どうしたらいいですか」ちゅうもんだから、「ゆくゆくはあれをきっちり埋葬を――いまは木箱に入ったまんまで、まるで店ざらしになっているもんで、行政とも相談しながら、きっちり埋葬したい」と伝えました。どうしたら埋葬できるのか、みんなに意見を借りながらね、埋葬したいと考えております。

遺骨のことはこのくらいですが、アイヌの先住権のことについて、私なりに話をしてみたいなと思います。話が飛び飛びになったら、理解をしながら聴いてくださいね。

二〇〇七年ですか、「先住民族の権利に関する国連宣言」が採択されましたね。二〇〇八年に日本の衆議院・参議院でアイヌ民族は先住民族と認められた、という経緯があります。でもみなさん、先住民族だと認められてもね、果たしてこの先住権についてまで認める気になったのかどうか……。

白老に国立アイヌ民族博物館を建てるだとか、アイヌ語だとか歌だとか踊りだとか、これは文化活動です。その中にちゃんと先住権ちゅう権利が入っているのかどうか。私は、先住権といったら、やはり、私がたの先祖が昔おこなっていた、クマとかシカとか、内陸の人がたはね、狩猟していたでしょうし、私がたは漁師なもんで、やはりサケ・マスだとか、交易に使っていたナマコだとか、クジラだとかを捕って暮らしていたわけです。そうした先住民の権利をこそ、回復してもらわねばと思うんですがね。

日本政府はね、国連宣言の先住権を無視している、というか。要するに文化活動だけをいま、若干でも振興して、先住権ちゅう言葉はなおざりにしていますよね。日本政府がね、ええ。

去年ですか、北海道から出てる紙智子《かみともこ》さんちゅう、参議院議員の先生がね、国会質問をしてくれてね。国連の「人種差別の撤廃に関する委員会」の勧告（本書第8章参照）に日本は従うべきではないか、と。そしたら安倍晋三さんはね、国連の勧告には「法的な拘束力はないんだ」と答えたそうです。安倍晋三さんはね、先住権のことについては、なかなか、やる気がない。

話が飛ぶんですけどね、私は捕鯨（復活）の運動をまあ、今年で二三年目かな、水産庁に年間二回、三回と通ってね、アイヌ民族に自由に捕鯨させろと要望してきました。その当時ね、（活動を支援してくれた）北海学園大学のある学者が、私がたに同行してくれてね。この先生は日本では第一人者ちゅうくらい、クジラについては詳しい先生でねえ。この先生がね、三回目かな、帰ってきた時に、私に何を言ったかと言えば、「畠山さん、クジラはイルカよりちょっと大きいですけど、クジラを捕れますか？」と聞いたから、「捕れますよ」と答えたら、「畠山さん、クジラを捕っていらっしゃい」って、その先生はね。今から二〇年くらい前です。「世界ではね、一二カ国で」――今は二二カ国ですね――「民族捕鯨、民族生存捕鯨ちゅうやつがなされてるわけだから、畠山さんが獲っても何ら問題はないでしょう」と。その当時、言われました。

だけど私はね、弁護士さんだとか、大学の先生方とか、その当時はだれ一人知らない時でね、私のすぐ上の兄が、今はもう亡くなったんですがね、その兄貴と帰りに相談して、「だれか弁護士を見つけなかったら、このことはなかなかわれわれのレベルじゃ進まないんじゃないか」と言うことから、ずーっと年数が経っていたんです。

もうこれで、何かにつけてお金も相当使って、二十何年間運動してね、先住権、先住権て、みなさんは言ってくれるんだけど、先住権って、ただ私がた、たとえばお国に「謝罪をしろ」とか、口で唱えるだけでは何も解決に結びつかない……。

北海道を、アイヌモシリを、和人がみんな植民地支配してね、お金持ちたちが土地も何もかも買っちゃって……。そういう過去があってね、それを今どうすればいいんだってったら、日本政府に謝罪をしてもらう、補償をしてもらうとか、いろんな意見があっても、それをどうやって進めれば本当に動くのかちゅうことは、私は分かりません。

ただ口頭で言う、文書で上げるったって……。さっきの話じゃないけど、国会議員の人が安倍晋三さんに質問してくれてもね、「(国連宣言や勧告には)法的な拘束力がない」ということで、先送りされている。

――そうやって逃げ回るのは、もう結構なんです。

二〇一四年七月一九日、出前講座「アイヌの遺骨はアイヌのもとへ in 紋別」での講演から。

第4章　遺骨を地元に返して欲しい

差間正樹

私は、十勝の浦幌町でアイヌ協会の活動をしております。私たち浦幌のアイヌ協会が、団体として遺骨返還の訴訟に関わった、その考え方を述べさせていただきます。

その前に、私の個人的な思いを話しますと、私は自分のことを、当たり前ですけど、一人の浦幌町民で、北海道民で、日本国民である。これは間違いなしにそう思っていたんですよね。うちの両親も、皇室の写真を壁の高いところに飾って……。

何と言うんでしょうかね。私がこういう活動を始めたら、私の父が——まあ本当に経済的にも成功した人で、愚痴をこぼさない、それを私はずーっと尊敬していたし、「ああはなれないな」という思いで見ていたんですけど——その父が、私がこういう活動を始めたら、私の耳元にきて、「あの時（シャモに）こうされた、この時はどうされた、ああだった、こうだった」と、そ

さしま・まさき
1950年、北海道浦幌町生まれ。北海道大学水産学部卒業。（有）差間漁業部代表。北海道アイヌ協会監事、浦幌アイヌ協会会長、浦幌町議会議員。2014年、浦幌アイヌ協会は団体として初めて、同町内から持ち去られた遺骨計64体の返還を北海道大学に求めて提訴した。

れはそれは、ずいぶん（苦労した経験を）しゃべるようになりました。両手をこう前に差し出して、「俺はこの手で勘定できないくらい苦労した」と。やっぱり、その言葉ですねえ。

私自身も、「勉強すればどうにかなるぞ」と、一所懸命勉強したつもりです。でも何か変なんですよね。何か、自分のまわりの人たちの自分に対する態度が変。

「うーん、これはきっと俺の心の中の弱いところ、まわりと比べて劣っているところが、きっとこの人たちには見えるんだろうなあ」

でも「まあがんばろう」「がんばろう」と思っていたんですけれども、どうしてもダメなんです。親の言うことを聞いて、一所懸命勉強して、中学校の途中で帯広に出て、自分では受験勉強も（まわりと公平に）争ってきたつもりでいたんですけれど、高校から大学に進んだら、全然知らない人から突然、

「何でお前みたいなのが大学にいられるんだ?」

と言われました。私は「またきたか……」と思いでしたけれど。

一番辛かったのは、一緒にクラブ活動をしてきた仲間が――ラグビーをやってきたんですけれど――、その仲間が笑うんですよ。私のことを。

「ああ、また言われている」

それが辛くて辛くて。薬にも頼ったりしたんですけれど。やっぱり立ち直るまではずいぶん時間がかかったように思います。

こりゃあ民族差別に違いない、なんでこんなに俺は悩まなければなんないんだ? と、自分の中にもムクムクと上がってくるんです。

どうしたらいいんだろう。地元の北海道ウタリ協会浦幌支部（当時）に入りまして、アイヌの活動を始めたんですけれども、やはり母が生きているうちは、どうしても（協会に）入れませんでしたね。自分が髭を生やしても、ものすごく怒られるし。母の考えは、常に「人に迷惑をかけるな」ということ、それに尽きますからね。自分は、母の考え方でどうもやってきたような思いもします。

しかしアイヌとして活動を始めてみると、「何でこんなことで差別されなければならないんだ」という思いが改めて込み上げてきました。それでいろいろ、まわりと相談しながら、いろんな活動をやってきました。

たとえば、だれでも家を建てる時、お金を借りるのは当然のことです。ウタリ資金[注1]からの貸付制度があります。金融公庫で金利五％の時代に、ウタリ資金なら二％です。

「絶対に有利なんだから積極的に利用しよう」

とまわりにも声をかけて、自分も借りようとしたんです。ところが、私たちの当時の支部長には、

「借りるというのは、ちょっとどうもな」

と言われました。それまで（借入金の）返済を滞らせる人がけっこういたんです。

「借りちゃダメなのか」

「ダメとは言わないが、ただ返していない人がいる。その部分で、町の福祉課に（新たな借り入れ申請の）

注1　国土交通省の「アイヌ住宅資金等貸付事業」として、自治体が実施する「アイヌ住宅新築・改築資金貸付」事業のこと。「北海道ウタリ福祉対策」の一環として一九七四年度から実施。

話をするのは……」

「いいよ、だったら俺が自分で話をするから」

自分に関する手続きは、自分で何でもできる知識を得ていました。法務局に行ったりしながら、いろんな手続きをやっていくうちに、町役場がやっていた手続き自体がおかしいぞ、ということに気づくんです。国から北海道を通じて出てくる（ウタリ福祉対策の）お金（補助金）は、自治体が自分のお金として（あるていど自由裁量で）動かせるはずなのに、まるで金融機関で借りるような手続きをさせているんです。やらなくてもいい手続きをいろいろやって（貸し付けのハードルを上げて）いることが分かってきました。

「浦幌町ではこれまでずっとこうやってきたんだから」

と法務局の職員には言われましたが、私は、

「なら自分で交渉に行きます」

それで役場に行ってみますと、「町長も助役もいない」との説明で、福祉課長と町民課長と、課は忘れましたけど、参事のひとりが対応に来て、それに私の四人で話し合いになったんです。

「差間さん、いろいろあるだろうけど、いままで通りの手続きを進めてほしい」

私は近くの受話器を取って、電話をかけ出しました。

「どこにかけてるの?」

「いや、釧路の法務局さ。浦幌町役場のやっていることはどうなのか、あなたたちも一緒に電話で話してみましょう」

そしたら一人が電話のフックを押しました。一人が二階に走って、すぐ降りてきて、

「いまこの場でカネを出します」

町長も助役も部屋にいたんです。成り行きを見守っていたようです。だけど、こんなふうに自分がじょっぱる（頑張る）とどうなるか明白です。自分の居場所がなくなってしまうんです。

こんなことがありました。お店でお酒を飲んでいると、突然、私と全然関係のない人が、

「おい、厚内《あつない》のア……！」

と――。私は立ち上がって言いました。

「俺は、（浦幌町）厚内の差間正樹という者だ。なにか用か？」

まわりで飲んでいる人たちはみんなシーンとなって、下を向いているばかりです。

私は（因縁をつけてきた相手の）座っているイスを蹴飛ばして、床に転ばせて、上からビールをかけたんです。

「やめろ、やめろ」って、仲間に羽交い締めにされて、店の外へ引っ張り出されました。もう、その店には行けません。もう、行けないです。

何でこんなことになるんだろう？　相手のちょっとした言葉尻にカチンと来て、「何、この野郎！」と取っ組み合いになって……。

結局、自分の居場所がどんどん、どんどん、なくなっていくんです。

女房に泣かれるのも辛かった。このままだと自分はどうかなってしまうぞと思って。地団駄踏んで、悔しいなって、大声を張り上げて悔しがるんだけども、それっきり、だれにも分かってもらえない。

北海道大学医学部駐車場の「アイヌ納骨堂」で開かれたイチャルパ（2015年8月7日撮影）

アイヌ協会の活動を始めて、この道は絶対に外せないぞと。共産党の活動もやっていたもんですから、この活動も外せないぞと。

自分たちの権利、女性の権利、子どもの権利、先住民の権利……。日本はいかに（人権尊重の面で）遅れているか。（差別を解消せよと）国連がいくら勧告[注2]したって、日本政府は動き出さない。

この前、どこかの地域が世界遺産に登録されましたね（軍艦島や旧官営八幡製鉄所を含む「明治産業遺産群」のこと）。登録申請の時、「隣の国（中国・韓国など）にいくら（当時の日本の軍国主義を肯定するものだと）非難されようと、国連（ユネスコ）だって登録勧告しているんだから、われわれは力を入れて遺産登録に向けて進むべきだ」という、そんな議論をテレビでやっているのを見て、「ああ、この人たちには、俺たちの言っていることもやっていることも一切、耳に入らないし、目にも入らないんだろうな」と思いました。別に世界遺産登録に腹を立てているわけではありません。日本はいろんな問題がいっぱいあるのに、それが見えていない社会なんだということをつくづく感じております。

こうしてアイヌ協会の活動を始めてから、私は遺骨との関わりができました。自分たちの地域から持っていかれた骨が、北海道大学にあります。その北大で、北海道アイヌ協会の主催で、毎年八月にイチャルパ（慰霊の儀式）をやっています。それに参加するために、まわりの会員たちにも声をかけて、毎年毎年、札幌に行くんですけれども、やっぱり交通費だって、われわれの協会からもなかなか用意ができず、それぞれ自分たちで用意しなければならないので辛いです。最初のうちは三人、四人で参加していましたが、だんだん減って、最近はずっと、私一人で参列している状態です。

それにしても、それらの骨は、どういうふうな骨なんだろう。そう疑問に思って、自分で帯広の図書館の二階にある資料室に行って、児玉（作左衛門・北海道大学医学部教授。故人）っていう人が書いた本を読んでみました。

そうすると、「（アイヌには）死んだ人の頭蓋骨に孔を開ける風習がある人たちがいる」と書いてありました[注3]。「何を馬鹿なことを言っているんだ」って、血圧が上がりました。

昭和四〇年前後だったと思います。私たちの親戚も、自分たちの骨を再埋葬というんでしょうか、火葬して、埋葬し直したんですけれど、出てくる骨にそんな孔が開いている頭蓋骨なんてないんですよね。

注2　第8章参照。
注3　第10章参照。

この学者はいったい何をやっていたんだろう、という思いです。

そんな骨が大学で保管されている様子を、毎年毎年、イチャルパの途中に見るんですけれども、初めて行った当時は、骨はプラスチックの箱に入れられていました。まるで工具箱そのものです。当時の北海道ウタリ協会の全道総会で、私、手を挙げて発言を求めて、大声を張り上げて、こう話したんです。

「工具箱じゃあるまいし、慰霊も何もあったもんじゃない」

ついでに言えば、隣の建物のクーラーの室外機がブンブン鳴っているようなところで、毎年毎年、お祈りしているんですよ。何と言えば良いんでしょうか――


その骨を今度、白老《しらおい》に再集約するというんです。浦幌から札幌の北大まで慰霊に来るのだって、相当の時間がかかります。白老に移されたら、交通手段によってはもっと時間がかかることになりますよ。

それより何より、こんなにたくさんの骨がどうして北大なんかにあるのか。アイヌの骨を北大に集めた経緯を、いろんな本を読んだり、いろんな方たちに教えてもらったりしながら、自分の頭の中でいろいろ整理したら、これはハッキリ言って盗掘です。ドロボウされたんです。

私たちの先祖は、亡くなった人を埋葬した後は、墓に近寄りませんでした。その部分で、誤解されている向きもあります。何も（死者を）ほったらかしにしているわけではありません。城野口さんの言葉を借りると、若い人たちが山に猟に行くときは、コタンのエカシが「必ず見て来いよ」と声をかけていた。

「クマはカムイ＝神様だけれど、神様もいたずらすることもあるんだから、そういうところをよく見て来いよ」

「うん分かったよ」

そうして出掛けて、帰ってきたら

「よく見てきたよ。何ともなかったよ」

とエカシに報告したんです。われわれも、そんなふうに先祖の墓に気を遣ってきたのです。

現代では、たとえば私の場合だと「差間家の墓」を守っているんですけれど、（その墓に入っているのは）

北海道大学医学部の「アイヌ納骨堂」内で、地元・浦幌からの大勢の遺骨を納めた箱を見つめる差間正樹さん（手前、2015年8月7日撮影）

じいちゃんまでなんですよ。それ以前の先祖は（和風の墓では）守っていません。

それ以前は、現代のように一戸一戸、差間家、田村家、斉藤家、といったふうに墓を守っているんではなくて、地域の墓地に順番に並べて埋葬しながら、それぞれ幣場《ぬさば》をたてて、そこでお祈りをする。少し大きな行事になると、地域の長がお祈りを主宰する。そういったやり方だったようです。

ところが現在、北大との訴訟では、北大側は、祭祀承継者《さいししょうけいしゃ》というのかな？　民法の規則らしいんですけれど、それに沿って「はっきり係累だと分かる人には返す」と主張しています。（墓から遺骨を）持っていった時には、だれかれお構いなしに持っていっておいてですよ、返す時には「祭祀承継者じゃないとダメだよ」だなんて……。これはね、私たちに対する二重、三重の差別です。

私たちは、「先住民族の権利に関する国連宣言」の中で、先祖を敬い、慰霊する権利を認められているんです。日本政府がそれを認めていないだけです。私たちが先住民族であることを日本政府が認めているのかどうかもはっきりしないいんですけど。

私たちは、遺骨の慰霊は（直接の係累者ではなくても）地元でできると考えています。小川隆吉さん、城野口ユリさんが苦労して苦労して、やっとの思いで闘っておられる裁判のお尻にちょっと乗っけていただいて、私たちも闘っているんですけれども、私たちが声を上げなければ、団体として「地域から持っていった骨は地域に返してもらう」ということを強く言わなければ、どうも北大はさらに、私たちの先祖の遺骨を利用して、別のことを考えているようなのです。それは、われわれの骨を、遺伝子と言うんですかね、そういったことを研究する材料にしたいという、とんでもない考えです。

私たちは、そんなふうにはっきり係累をたどってもらわないと先住民族と認めてもらえない、とでも言うのでしょうか。

明治期に、本州から雪崩のように北海道に渡ってきた人たち。世界に類例をみないほど大きな集団となって渡ってきた人たち。その人たちが渡ってきた時に、すでに（アイヌは）確かにいたんです。それをがあります。

私は、法律の専門家ではありませんが、この訴訟の集まりを通じて、「おやっ?」と分かってきたことがあります。

その「係累」を昔からずっとたどらなきゃ先住民族かどうかはっきりしないだなんて、そんなことはないのです。明治期、（和人が大量流入してきた時に）すでに私たちがここに存在していた、そのことだけで私たちは先住民族と認めてもらえるはずなんです。

私たちは、みんながみんな「私はアイヌだ」と明かしているわけではありません。地元に帰って、アイヌ協会の活動、政治の活動をしながら、地域を回って歩くんですけど、初めて会う人から、

「実は自分は※※※の子どもなんだ」

「※※※のきょうだいなんです」

と打ち明けられることがあります。それは私の知るアイヌの方たちのお名前です。

「ああ、そう！　俺たちこんな活動をしているから、いつでもおいでよ」

と誘うんですが、来てはもらえません。

やっぱりね、（自分がアイヌだと明かして）子どもが差別のるつぼに落とし込まれるんじゃないか、そういったことを恐れて、行けないいんです。

私たちの運動は、自分がアイヌであることを認めて、そのうえで声を上げていこうという人が集まってやっています。私たちの浦幌アイヌ協会の会員数は現在一九名です。

私たちのこの運動は、北海道アイヌ協会本体の方針と違うことなのか。勘違いしないでほしいんです。

北海道アイヌ協会本体も「いずれは地域に骨を返してもらうこと」を目的にしています。（和人の）学者たちは違いますよ？　さらなる「研究」のために白老に遺骨を再集約したがっている。あの人たちは、おかしいんですから。「世界中でも稀なほどのサンプルが目の前に転がっている」って、考えているのかも知れない人たちです。

でも私たちはサンプルではありません。人間です。墓の中にいた人たちは、私たちの先祖です。私たちは静かに先祖に眠ってほしいんです。

墓をしょっちゅうお参りに行かないのは、放っておいたのではありません。私たちの先祖は、お墓の中で静かに眠って、あの世とわれわれの世界を行ったり来たりする。その状態でいるんです。そこへ私たちがしょちゅう足を踏み入れたりしたら、先祖は安らかな眠りを妨げられて、嫌がって、私たちの世界に災いをもたらす――これが私たちの先輩から聞くアイヌの考え方です。それを勘違いしている学者もいるようです。

北海道アイヌ協会本体も同様ですが、組織率をみれば、お話になりません。札幌近辺だけでも三〇万人のアイヌがいる、という試算も聞きます。でも、そのうちアイヌ協会の会員だという人はわずかではないでしょうか。

自分たちの組織（浦幌アイヌ協会）を維持するために、私たちも地域で努力しています。たとえば浦幌町との話し合いでは、「（浦幌アイヌ協会は）福祉の相手先じゃない。先住民の権利を要求するための団体なんだよ」と言います。浦幌町内に私たちはこれだけたくさん住んでいるということを主張します。

自分の商売（秋鮭加工）の一番の稼ぎ時、一〇月から一二月の多忙な時期に、毎晩一〇時過ぎに役場に出掛けて、午前二時、三時までかかって、福祉課の係長たちと協議しました。（福祉対策に漏れや不公平が出ないように）私たちが、

「この人はアイヌです」

と名前をピックアップして伝えます。すると職員は、

「この者が本当にアイヌかどうかについては……」

と言葉を濁す。

「違うと言うんですか？　この方は私の親たちとある時期、どこどこの地区で一緒に住んでいた人たちの家族です」

そう伝えると、職員は名簿を持ってどこかに電話をしに行って。町民課に戸籍の確認をさせているんでしょう。しばらくして戻ってきて、「はい、じゃあ次、この人は？」

もうね、こういった感じで（一人一人が本当にアイヌかどうかを）チェックしていくんですよ。こんなことが世間に知られたら――まあ私、しゃべっているんですけど。

私たちは、どうやったら自分たちが先住民だと認めてもらえるのかを模索しています。このアイヌ遺骨返還訴訟を通して、市川守弘弁護士をはじめ、いろんな方たちにお会いできて、ちょっとホッとしている面もあるんですけれど、自分の要求はこれからもドンドンしていこうと思っています。

私たちは、決して日本政府のお荷物ではありません。もともと北海道に――もしかしたら京都のあたりにまで――住んでいた、いわゆる先住民と言われる民族の子孫です。

今日のように理解ある方たちが集まっている席では、こうしてある程度しゃべれるんですけれど、（浦

幌町）議会の中ではなかなかそうはいきません。いろんな考え方の議員たちがいる中で、議長にたびたび制止されながら、それでも私は発信しています。

初めてこの話を聞いたという方は、この中にはそういないと思いますけれど、日本は決して単一民族国家などではなく、先住民族がいます。

マスコミを通じて今後、私たちの声がみなさんに届くこともあるかと思います。北海道アイヌ協会もがんばっていると思います。今後ともがんばってまいりますので、どうぞご支援をよろしくお願いします。

二〇一五年七月一八日、北海道新ひだか町での出前講座「アイヌの遺骨はアイヌのもとへ in 新ひだか」におけるスピーチから。

第5章　墓地を掘られた悔しさを晴らす

山崎良雄

山崎良雄です。私は城野口ユリの弟です。

私は、高校生時代までは浦河で過ごしましたが、卒業後は東京に出て就職し、それ以来、ずっと関東で暮らしてきました。一昨年の夏、浦河在住の姉が体調を崩してしまい、介護のために北海道に戻ってきたのですが、それから一年七カ月ほど経った今年（二〇一五年）三月二七日、姉は入院先の病院で亡くなりました。さぞ無念だったでしょう。姉の遺志を継いで、私は遺骨返還請求訴訟の支援に加わったところです。

長く地元を離れていたせいもあって、私は姉とは違って、アイヌのしきたりや、アイヌ語をあまり知りません。でも、大学の研究者たちが杵臼コタンの墓地から持ち出して長くそのままにされてきた先祖たちの遺骨がいま、裁判所の和解勧告によって返されようとしていることは、いいことだなと思っています。

やまざき・よしお
1946年、北海道浦河町杵臼コタン生まれ。アイヌ遺骨返還請求訴訟原告だった故・城野口ユリさんは実姉。2015年3月に亡くなった姉の遺志を継ぐ形で同訴訟の支援に尽力している。

浦河では、小川隆吉さん、城野口ユリ――旧姓は山崎です――と、もう一人。この三家族の先祖の遺骨が返ってくるというお話です。

でもそれらの遺骨のうち、お名前が分かっているのは、小川隆吉さんの（先祖の）一人だけだそうですね。[注1] その方の遺骨だけ、小川さんが北海道大学医学部の納骨堂の中に入ってじかに見せてもらうことができた、と聞きました。[注2]

これはちょっと理不尽なことだと、私は思うんです。それ以外の遺骨は、どれが山崎の先祖で、どれが小川の先祖なのか、何も分からない、ということじゃないですか。一緒にされて、まるで「混ぜご飯」です。その混ぜご飯を、どうやって元に戻すというんでしょうか？　それは不可能に近いことです。でも、あんまりなんだかんだとチャランケ（談判、の意）つけ過ぎると、返るものも返らなくなる。これはもう目をつむって、こちら側が折れて、「杵臼コタンから持ち去られた遺骨」だということで、ひとつの墓の中に埋葬しようかなと、いまあちこち（調整のために）奔走しているところです。

二〇一五年七月一八日、北海道新ひだか町での出前講座「アイヌの遺骨はアイヌのもとへ in 新ひだか」での発言から。

注1　北海道大学に対する遺骨返還請求訴訟で、三遺族が返還を求めた浦河町杵臼コタンの墓地から持ち去られた遺骨のうち、被告・北海道大学によれば、身元が判明しているのは小川隆吉さんの祖父一人の遺骨だけだという。

注2　原告側が、遺骨の保管状態を確認するため、北海道大学医学部の「アイヌ納骨堂」への立ち入りを求めたところ、被告・北海道大学は「プライバシー保護」を理由に、身元不明遺骨の開示を拒否した。

第6章　シオイナ　ネワ　ハヲツルン　オルスペ

葛野辰次郎著『キムスポ』より

解説・葛野次雄

『キムスポ』は、私の父で、アイヌ文化の継承に力を尽くした故・葛野辰次郎《くずのたつじろう》エカシ（一九一〇年ー二〇〇二年）が一九七八年から一九九一年にかけて、「アウタリ（同胞）に唱えてもらうこと」を願って私財を投じて出版した書籍です。全五巻からなり、アイヌ語（著者は「アェイヌ語」と記述）の祈りの言葉、伝承、唱え語など合わせて約四〇編が、日本語の対訳とともに収録されています。「キムスポ」は「倉庫」を意味し、同書第一巻の「まえがき」で父は「イタツ　キムスポと云うのは言葉の倉庫、云うならば話術なのである」と記しています。二〇一五年一月、北大開示文書研究会が主催した都内での「出前講座」で私が冒頭部分を朗唱した「シオイナ　ネワ　ハヲツルン　オルスペ（尊いものとの仲裁の話）」は『キムスポ』第五巻（一九九一年刊行）に収録され、次のような父の解説文がついています。

「人間は万物の霊長であるというけれど、戦争をしたり毒素（放射能など）を撒き散らしたりして生きているものを変死させたり、魔物に等しい様なことをする。／大自然の尊さとその人間の悪をどう仲裁するか……。／はたして誰が仲裁するか……。／神に任せる、自然界に任せる……しかないだろう。／そうすると、人間は、自分がいいことをしたか、悪いことをしたか、自ら悟って、反省するのではないか。／古い伝説、物語をひもとき辿ってみますならば、我々の祖先であるアエイヌラックル（半神半人）が非常な苦労をして、人々が人生の味を知るまで長寿できますようと、この下界を創りましたことが解る。／太古の時代より、神代の時代より、古き昔のエカシ（祖父）達が創作致してありました唱え語、どんなものであろうかと、発掘いたすなら、古き言葉の中に含みます誠なる真実、はっきりと解るでしょう」

なお本書収録の「シオイナ　ネワ　ハヲツルン　オルスペ（尊いものとの仲裁の話）」は、私が一九九九年に出版した合冊復刻版を底本としました。オリジナルでは一単語ずつに訳語が添えられていますが、本書ではアイヌ語の原文と対訳とを上下に分離しました。

葛野辰次郎著『キムスポ』

※上段はアイヌ語、下段は訳文

シオイナ　ネワ　ハヲツルン　オルスペ（抜粋）
尊いものとの仲裁の話

シノーセーウッ　シアツイ　リリカシー
オイカキー　ススーリーウカー
シーフシコートイ　オローワノー　カムイツターヌ
オーローワノ　ターアン　カンナルイノー　ヤイ
カシピ　アエーアシカーイキ　シーノオイナーネ
ラークン　モシロール　ホアシキワ　オカイロッキ
アコーロカ、
ネーウッ　シイッヌウッ　モイモイーケウッ　アエ
トイタ　キーイッカ　イサウムキオロータ　カント
コロ　シノオイナ　ネ　カムーイ　エカーシ　ラ
メパーカーリキカーネ　ヤーイヌ　キイーアーナッ
エネ　オカイ（タア　コラチネ）（タア　コラチネ
ルエネ）。

最も巾広い大海原の上
架け渡る柳橋
太古の時代より神代の時代よりこの再度二度甦りの
出来ますする聖なる尊い下界（を）起源致して有りま
したけれども、
何生物動物植物であれど無い時に天界の聖なる神祖
父（が）計画しながら考えましたのはこうである（こ
の様である）（この様である）。

タアン　ラクンモシーロル　シノピリカーノ　アテ
ケカルキワー　ネウッ　アエトーイターウッ　シッ
ヌ　モイモーケウッ　ネェーヤーッカ　スクーウッ
　ホラリ　キイー　エイーアシカイキイ　クニネー
ノ　アリ　ラーメパーカーリ　キーアクース　モシ
リ　カル　エイアシカイキ　シノーオイナネ　ヌプ
ル　ツウム　コロ　カムイ　ラメトッ　オーレン
アコニンコロ　キツラーノ　ニスウッ　アンキアー
ワ、
モシリ　カル　カームイ　シーヤンノ　シールンノ
　ラムコシネ　キツラーノ　カントコロカームイ
イタッキ　ネイコッポッタ（イタウッ　カルパレキ
ネイコッホッタ）　コシムシシカ　キーイーネ、
ラクンモシロル　オーレン　コオラキーイネ　タナ
シワ　オカイ　テシトマッキ　クニネーノ　ルウッ
ルツキーワ　ペウッ　モウム　クーウース　オロ
ネェーヤーッカ　シーヤンノ　シノピリカノ　ウカ
ウル　オケレ　キーイタ、

この下界最高完全に手作り致して何植物生物動物であれど生活致す事出来ます様にと計画致したので国土造りの出来ます最高尊い偉力有す神豪傑へ御頼み致すと共に願い致すなら、

国土作る神非常に実に気も軽やかに致すと共に天界の神申しますすぐ後に（言葉創作致すすぐ後に）うなずかれてから、

下界へお下りになられて小高い場所平になる様におしつけて川流れ通る所であれど非常に全く完全に造り終わりました時、

タアコラチノ　ネワネーヤークン　ネウッ　ハルラタシケーウッ　ネェヤッカ　アエートイタ　シッヌ　モイモイケウッ　ネェーヤッカ　シーヤン　ピリカノ　スクパシヌ　キカーネ　ツウッノ　キクシキロッアイー　アーアンノアウムキリ　アンキアクース、

シカント　モシロル　オーレン　アコ　イワッ　ホシピ　クシキ　エトコータ　シアツイ　ノシキケーエン　アコー　ウレロシキ　アンキロッアワー　オウム　クウルスッ　パウッノ　ローシキ　アンキイーネ、

シカント　モシロル　エンー　シエターヱ　アンキカネー　ホシピ　アンキーイタ、

シーカント　コルロッア　シノオイナ　カムイ　エカシ　オーレン　ラクン　モーシーリ　カンナ　ルイノ　ヤイカ　シピ　アエアシカイキ　ラクンモーシリ　アカウルキイネ（アカルキ　オケレキ　イネ）

タネポ　エアシリ　ヘマカラヱ　アンキロッアイ

この様になりますなら何穀物食物（代用食）であれど植物生物動物であれど完全に豊になりながら生長致しますのをはっきりと解りましたので、

天空高い天界へお帰り戻ります前に大海原のど真ん中へお足立て致しましたなら股の付け根まで立たれ致して、

天空高い天界へ自ら抜け致しながら帰り致す時、

天空領する聖なる神祖父へ下界再度二度甦り甦りの出来まする下界お作り致して（お作り終わらし致して）只今初めて戻り致しましたのを神様に申し上げ致しますなら、

カームイ　アコ　イウシテ　アンキロッァクース、
シンリッネ　カムイエカシ　イコー　オウッテム
オッテム　キツラーノ、
ハアパーパー　オイオーイ　エアシイリ　ヌプル
ツウム　コロ　オイナ　ラメトッ　エネアクース
イヤイライケーレ、
アラウキーカネ　アノカ　アナッーネ　シーヤンノ
シンキ　モンライーケ　アンキロッ　アクース
ヌシンネノ　オモンラッチノ　シニアンキナンコー
ローナ　アーリ　シンリッネ　カムイ　エカーシ
　ハウキイッ　ネアークス　（イタウッ　カルパレキ
イッ　ネアクス）　シニアンキアーワ、
シノパセー　エカシ　カームイ　ハウキ　ハヱ　エ
ネオカイ。

モシリ　カル　カムイ　ラクンモシリ　オーロ　テ
ケカル　オケレキーワ　ホシピキロッアクース　シ
ウピシカニタ　オカイキローッア　カムイ　ウータリ

御先祖様なる神祖父様我にうなじ上下にしながら、
はぁ、よかったよかったさすが偉力有す尊い豪傑貴
殿なので有難うさん、
と云いながら貴殿は実に疲れ仕事致しました事なの
でゆっくり心安らかにお休み致すであろうと御先祖
なる神祖父申されますので（言語創作致す事なので）
休みますなら、
尊き重き祖父神申す声こうである。

国土造り神下界を手造り終わらして帰りましたので
前後左右に居られます神様方集まります様にお招き
なさいと云いながら神様の使用人に云い付けまする

ウエカルパ　キクニネーノ　アシケ　ウッキーヤ
ン　アラウキカネ　カムイ　コルローッア　ウイ
テッウッシュ　コチャヲテンケ　キロッアーワ、
カムイ　コル　パクサ　ネ　ウータリ　モシリ　パ
エン　モシリ　ケシ　エン　ウホユプレ　キロッ
アーワ、
ウサノオカ　ウオヤイキンネノー　オカ　カムイ
ウタリー　シノオイナネ　カムイ　エーカシ　コロ
チャシ　タテ　オシケ　エン　コウエカルパ
キーイタ、
シノオイナネカムイ　エカシ　イタウッ　キ　ハウ
コーンナ　（イタウッ　カルパレ　キ　ハヱ）　ウコ
ロンローラッキ　シンネノ　エイタンネニンパキ
ハーヱ　エネオーカーイ。
ラクンモシロル　アカウル　オーケレ　キロッア
クース　ネコンアン　カームイ　アーランケ　アン
キワ　ネェーヤークン　モーシリ　ヘープニ　キイ

なら、
神の使者達国土の東方へ国土の西方へ走られますなら、
色々な色々入りまじりな神様聖なる尊い神祖父の城館中へ集まられます時、
尊き聖なる神様申されます声は（言語創作されますのは）轟き響き渡りますかの様に長引かせまするのはこの様である。
下界作り終わらしましたのでどの様な神様お下げ致しますなら国土発展致すであろうと申しますなら、

ナンコーロヤ　アラウキアーワ、
クアニ　ホーモン　ラクンモシリ　タ　シエチパ
コロぺネ　オカアンキヤークン　アラウキカーネ
カムイ　ナンコッチャサーモロ　コオマンキーイネ
　ツワナン　オンカミ　レワナン　オンカミ　ウカ
クステキアーワ、
カント　コロ　カームイ　パースヱスーヱ　キカ
ネー　エアニ　アリ　アンヱウッ　アナッネ　フミ
　ユウッケ　カームイ　エネ　アクース　ネウッ
ネーヤッカ　ウレシパ　キーイカ　エイラカシカル
　キローッアクス　オアウルタウッネーワ　アラウ
キアワ、
ネイツターヌ　（ネイトウッケセタ）　キームン　イ
ヲロソ　オーロ　エプンキネ　ヌープーリ　コロ
クウル　シオイナネ　カムイナンコッチャサーモロ
　コオサンキイネ、
チオカ　ホーモン　ルイノカンナ　ヤイカシピーキ
イ　アエアシカイキ　シノオイナネ　ラクン　モシ

私ならば下界（地球）に指揮・指導致す者に居りま
すならと申しながら神の御面前の方へ行かれまして
から二重の礼拝三重の礼拝重ね上げますなら、
天界の神様頭振り振りしながらお前と云う者は音高
い神お前なので何物であれど育てはぐくむ事も出来
ない事なのでとても駄目であると申すなら、
その次に（その次に）山の獲場を番致す高山の人（三
峰様、熊神）聖なる神様の御面前へ行かれまして、
私こそ再度自ら甦りの出来ます聖なる下界国土に指
揮指導致す者に居られますなら国土地集落又は人々

ロルタ　シエチパコロペネ　オカアンキヤークン
モシリ　ヌタウッ　コタン　ウサ　アェイヌ　ウー
タリ　ネェヤーッカ　ネウッ　カムイ　ウアッテノ
　オカイキイアヤーッカ　ネイオッカタ　オカアン
キワ　ネヤクン　ピイリカキナンコロワ　アラウキ
アーワ、
カント　コロ　カムイ　ハウキ　ハーヱ（イタッ
カルパレキ　ハヱ）　エネオカイ、
エアニ　アリ　アンヱウッ　アナーッネ　ラム
ターッネ　サカンラウム　コールペ　エネ　アクー
ス　オアウッ　タウッ　ネーワ　アラウキ　イーネ
　キムン　イヲロソ　エプンキネ　キームン　カー
ムイ　アンエマカ　キアークス、
ネイツターヌ　アェイヌラックーウル　カムイ　ネ
　エカシ　シノオイナネ　カント　コルロッ　エカ
シ　コルローッア　ナンコッチャサーモロ　アコオ
マンキイーネ　クアニ　ネワネヤークン　アラウキ
カーネ　ツワーナン　オンカミ　レワナン　オン

方であれど何神大勢居られましてもその上に居られますなら良い事であろうと申すなら、

天界の神申すのは（声）こうである、

お前と云う者は短気者短腹持つ者お前なのでとても駄目であると申されて山の獲場取り扱う三峰様きらわれますので、

その次に人間に等しい（半神半人）神なる祖父聖なる天界領す祖父領す御面前の方へ行かれまして私であるならと申しながら二重の礼拝三重の礼拝重ね上げますなら集まられました神様方に私があざ笑われるのはこうである。

カミー　ウカクステ　キアクース　ウエカルパキ
ローッア　カムイ　ウタリ　ワ　イエラメミナキ
ハヱ　エネオーカーイ。

エネアン　ヤヤンアェイヌ　ネウッ　エイラメトッ
コルペ　ネワタ　アラウキカーネ　シルンノ　イ
パンペ　オシケ　アンキアコーロカ、
カムイ　オイナ　ウタルパ　オーレン　ツーワーナ
ン　オンカミ　レワナン　オンカミ　アウカクス
テ　アンキカーネ　ニンコロ　ニスウッ　アンキ
ローッアーワ、
シオイナーカームイ　エネアーン　ヌプル　ラメ
トッ　サウッ　ヤヤンアェイヌ　エネアクース　オ
アウルタウッネワ　アラウキアコーロカ　カームイ
コルローッア　シノオイナーネ　ケウツム　アコ
ツマッケサマ　レマッケサーマ　アコニンコロ
ニスウッ　アンキオロータ　カームイ　ニンテッ
ニンテッ　アンキカーネ　ニンコロニースウッ　ア

あの様な普通の（並の）人間何豪傑（豪力）もつ者
なのでと云いながら非常に私は小馬鹿にされました
けれど、
神尊き偉人へ二重の拝み三重の拝み重ね上げ致しな
がら頼み願い致しますなら、

尊い神（は）この様な偉力無き並の人間お前なので
とても駄目であると申されましたけれど神の領する
聖なる心へ二度三度御念願致します時神にすがりす
がり致しながらお祈願致しますなら、

ンキアクース、
タアーコラチーノ　エ　ハウキ　ハヱ　ネーヤクン
マタ　マンタチ　ノイワンマンタチ　サッ　マン
ターチ　ノイワンマンタチ　エチコサンケ（エチコ
サウッケ）アンキワ　タパン　マンタチ　エイ
オポソ　キワ　ネェーヤークン　ラクンモシロー
ルタ　シエチパ　コルペネ　エ　アンキナンコロー
カ、
タアン　マンタチ　アーナッネ　エフイ　ヌプル
ラメトッ　コロ　カムイ　ネェーヤーッカ　コラウ
ムニユケシペネェコーロカ　タアコラチーノ　エ
ハウキ　ハヱ　ネ　ヤークン　マタマンタチ　サッ
マンタチ　エチ　コ　サンケ　アンキナ　アーリ、
マタマンタチ　サッマンタチ　ノイワンマンタチ
エチコ　サンケ　キナ　アリ　カームイ　イタッキ
ワ　モーイレ　ネコンネ　カーツ　チコル　ツーマ
ウム　メチラサシパキーワ　エッ。
ターアンペ　ホーモン　マタマンタチ　ネーワ

この様にお前申しますなら冬の試練六段の試練夏の試練六段の試練お前に試してこの試練を通過致しますなら下界に指揮指導もつ者にお前居られますであろうが、

この試練はいかに偉い豪傑の神様であれど通過致す事の出来ぬものであるけれどこの様にお前申します（声）ならば冬の試練夏の試練お前に出しますよと、

冬の試練夏の試練六段の試練お前に試しますと神申しますのはおそし何と云うのか私の身体（體）寒気さして来る。

このものこそ冬の試練だわと思いました私の歯

アーリ　ヤイヌ　アンキアーワ　アコルロッ　イマキ　ネェヤーッカ　ウケレケ　レ　キ　タアンペアーリー　エイモンポコオキヤークン　シヤンノセミンキサシケ　ネワ　アーリ　ヤイヌ　アンキー　アコーカロ　エフイ　シアリキキ　アンキ　アコーロカ　アシキ　エトコ　ウコ　ルパルパウッキアーワ　エネアシクニーイッ　アアッタヱキ。

シタウッネノ　ネヤ　シタンネノ　ネーヤ　タカウル　ネーヤ　アエラムシッキ　アンキ　イネ　モオシ　アンキ　アワ　アレエ　クスコーンナ　アコルロッア　ツーマウム　オーロワ　チュウ　モウム　キ　シーイリ　コーンナ　エイーカンナ　ユウカル。

タネアナーッネ　ライー　ネェーヤーッカ　ヘウムカツネノ　アンライ　アンキクシキ　ルヱエンタアーナ　アーリ　ヤイヌ　アンキカーネ　ヤイケウツム　オーロ　チシ　ヌーペ　クスパレ　アンキ

であれどカチカチとなるこの事で負けまするなら非常に大恥（大恥辱）であると思いましたけれどいかに頑張り致しましたけれども我目先互にぐらつきますならどの様になったのか意識不明になりました。

　短時間なのか長時間なのか夢なのか我気苦労致してから目覚めますなら思いもよらぬ偶然に私の體より水流れますかの様に物語る。

　これでは死亡なれど無様な死亡致すのであろうかなと思い致しながら自身の心に泣きの涙にじませ致してからこの物が夏の試練であると思い致してからほんの一寸居りましてから、

イーネ　タアンペ　ホーモン　サウッ　マンタチ
ネワ　アーリ　ヤイヌ　アンキー　イネ　イルカイ
　ポオンノ　オカ　アンキイーネ、
カンナールーイノ　チコルローッア　ツーマウム
シノピリカーノ　アシルワンテ　アンキアーワ
ネーコンネルーヱ（ネコンネ　カツ）　アコルローッ
ア　ヘルアン　サランペ　カシケーワ　ネウッタ
オーカイペ　ウコヘツクレキワ　エッ（アリキ）。

再度私の領す體（身体）良く良く調べ致しますなら
何という事なのか私の只の死骨（屍）の上より何か
有りし物互に生えおがって来る。

ネワアン　オウッタ　オーカイペ　カウム　ネ
キーワ　シープーシケ　カウム　カシケー　ワ　カ
ウッ　ネエヤーッカ　ウヘツクーレ　カウッ　カシ
ケー　ワ　ヌマ　ネヒネヤーッカ　ウコヘツクレ
キ　アコルローッア　サーンーペ　ネヒネヤーッカ
　ウコトウッヌ　フミ　カ　アヤイコ　アムキリア
ン。

その何か有りし物肉になって増える肉の上より皮で
あれど生える皮の上より毛であれど互に生えおがり
ます我の心臓であれどどうき打つ音も自ら解り知り
ました。

ネワアーニタ　シーヤンノ　ヤイコヤイレンカ　ア

この時に非常に自分で嬉しい思い致しました。

ンキ。

アッレン　カームイ　アエコーテ　カムイ　オレン　ネェーヤーッカ　シヤンノ　ヘポキ　アンキ。（アシセリマッ　ウシテ　カムイ）

ネワアニタ　ヤヨッテムース　ホプニアンキーイネレヱーシヌ　アンキ　ツーラノ　シノーオイナネカームイナンコッチャ　サーモロ　オレン　オマンアンキイーネ　ツワナン　オンカミ　レワナンオンカミー　アウカクステ　アンキアーワ、ウエカルパ　キロッア　カムイ　ウータリー　シールンノ　ラヤウッ　シイリクランテネ　インカルキーカネ　イートイコ　イシケライカ　キ　オーロタ、

シーカントー　コルロッキーア　シノオイナネ　シンリッネ　エーカシ　オツカイノン　オレカイーノン　ウカエルウッパ　キーカネ　イタウッ　エイサナ

私に付きそう神様（守護神）我を見守る神様へであれども誠に感謝致しました。（私の守護神）

その時にかろうじて起き上がり致して這いずり致すと共に聖なる神様の御面前の方へ行かれまして二重の礼拝三重の礼拝お重ね上げ致しますなら、お集まりになられた神様方非常に感心不思議な見仕ながら我を鋭くにらみつけます時に、

天空天界領する聖なる尊き御先祖なる祖父二ケのつば三ケのつば互にのみこみながら言葉を長引かせます声、

ニンパ　キ　ハヱ、
ハウキ　ハヱ　エネーオカイ。

申す声（は）こうである。

ウコクシシノ　アエーラメミナ　アンキローッア
アェイヌ　タアーコラチノ　シチャリ　キシーリ
アヌカルキワ　ネェーヤークン　タアン　アェイヌ
ラメトッ　カンナーシーピ　アエーアシカーイキ
ラクンモシロル　エン　アランケ　クシキナ　ウ
エカルパキーロッア　カムイ　ウタリ　ネェヤーッ
カ　アーウムーキリキークーニッ　ネールーヱータ
パンナ　アラウキ　アーワ　ウエカルパキローッア
　カムイ　ウタリ　ウコーシムシーシカーキ。

お互にあざ笑い致しました人間（が）この様に頑張るのを見ましたからにはこの人間豪傑（を）再度甦りの出来ます下界地球へ下げますので集まられました神様方であれど解ります事なのでありますねと申しますならお集まりになられました神様互に了承致しました。

ネイツターヌ　カンナルーイノ　ハウキ　ハヱ（イタウッ　カルパレキ　ハヱ）　エネオカイ。

その次再度申すのは（言語創作致しますのは）この様である。

アェイヌ　アリ　アンヱウッ　アナーッネ　アタナンペ　ネアークス、

人間と云う者は何も解らん者なので、

セミンチャ　ヤイキレ　ケウツム　コルペ　エチウタ　ツウムタ　オカイ　ルーヱ　アークスナアムキリ　クース　イーンカネイーペカ　イオチャコテキワ　ネェヤークン、

タアン　シオイナネ　イーナウ　キケチノヱ　ピンネ　イーナウ　ネーワ　キケパールセ　マーッネイーナウ　ウムレッ　イーナウ　タアン　アェイヌ

　コルローッア　ケウツム　オシケ　エーン　ラマッ　オーマレ　ラマッコレ　アンキルヱ　ネアクース、

イララ　キワ　オカイペ　アンキワ　ネェーヤークン　シカント　モシロル　オロパーッノ　イーラウムヌウッパ　キーイタ　オソンココテキ　イポロセ

　イタウッ　ネエーヤーッカ　タアン　アェイヌコルローッア　カムイ　ラモロ　オシケ　エーンラマウッ　オーマレ　アンキシーイリ　ネールーヱータパンナ。

卑しき気まま心持つ者お前達の中に居るのをはっきり見通して解るのでもしや事によって災難与えますならば、

この聖なる尊い御幣房ねじる男子御幣と房ねじらぬ女子御幣夫婦御幣（を）この人間領する心中へ入魂霊上げ致しますので、

災い致す者居りますならば天国まで訴えます時お告げ致す唱え語であれどこの人間領する神心中へ霊魂入れ（入魂）致しますのでありまする。

インカネイペーカ　カムイ　シクツル　ツウスマッ
キーワ　アェイヌコ　イオチャコテ　キワ　オカイ
ペ　オカイワネヤークン　エノンキラシヌイナッ
キアヤッカ　アンエシタン　キーワ　カムイコロ
イパーカーシヌ　アンキクシキ　ネルヱーネアーク
ス　イーテッケ　アェイヌ　コー　オチャコーテー
エチウータリ　キナンコーローナ　アリ　ウエーカル
パキ　カムイ　ウターリ　エン　ヌレキーイネ、
タネネテッ　ウコラウムコロー　アオシレパレ　ア
ンキナー　アリ　カムイ　ハウキ　アーワ、
ウエカルパ　キローッア　カームイ　ウータリ　エ
ソンソイネキーイネ　エイワッ　モシロル　オーレン
　ウエサカンチャッ　キワ　ホーシーピキーイネ
アルパキ　アーワ、
シオイナネーエーカシ　エアニ　ウサー　エウム
コータ　ラクン　モシロル　エンー　ランキ　ア
リー　カムイ　イホタッケレ　キーイタ　ツワーナ
ン　オンカミ　レワナン　オンカミー　アーウカク

もしや神様のまなざし競い致して人間に災難与えます者居りまするならどこへ逃げ隠れ致しましても探し出して神様の罰あたえます事なのであるから絶対人間に災難与えお前達致すんでないよと互に集まられた神様へ聞かせて、

これにて話し合い（会合）を終わらせ致しますと神申しますなら、

集まられました神様方外へ出られて住み居る（自らの）国土へ散会致して戻られて行きますなら、

聖なる神様お前も早く下界の国土へ下れと神様我を急がせます時二重の礼拝三重の礼拝お重ね致しながら頂戴致しました聖なる夫婦御幣戴いて出ました時に、

ステ　アンキカーネ　アーウンケライ　キローッア
シーノオイナネ　ウムレッ　イーナウ　アニ　ア
ンキイネ　ソエンパ　アンキイータ、
ラクンモシリー　オーレン　ランアンキワ　ネェー
ヤークン　ハール　カムイ　ホーモン　アーリ　ヤ
イヌ　アンキイネ　カムイ　コルローッア　キムス
ポ　オーシケーワ　ハルオイーナマッ　アヤイコ
ヌイナ　アンキ　アーワ　キームスポ　エプンキネ
エンレヱウッ　アェーイヌラックル　ハル　エー
シカ　キーナ　アラウキカーネ　イウラムヌウッパ
キーイタ、
タアン　ウヱンペ　アラウキ　アンカーネ　カムイ
フーチ　コロ　ツウル　レヱウッ　パロ　オシケ
アコ　ヤウッキリ　アンキ　イーネ、
シーオイナネ　ラクンモシロール　エンー　ラウッ
アンキワ　オカアンキアワー　シノーピリカ　シ
レトッ　コロー　カムイ　ネノ　アン　モイレマッ
ツーラノ　ウエチセヌ　アンキー　イター、

下界へ下りますなら穀物の神様こそと思い致してか
ら神様の持たれる倉庫の中より穀物の女神（を）自
らかすめ致しますなら倉庫番致す悪犬（が）半神半
人（が）穀物盗みますと云いながら訴えます時、

この悪犬と云いながら神様の垢犬の口中へ投げつけ
致してから、

聖なる尊い下界へお下りになって居りますなら最も
美しい器量の良い神の様な（神に等しい）姫君と共
に一緒に暮らし致します時、

カムイモイレマッ　ツラ　ケシト　シンネノー　ウコー　テッツリリー　アンキー　イータ　テッ　カトモーシマ　アンキイータ　ウコー　ミナーハウム　カルキイカー　アンキー。

神姫君と毎日の様に互に手をのべ致します時手も触ります時互に笑みもたたえ致します。

ウサー　シネー　アペーケシ　ツー　アペーケシ
アウコ　オイカ　キカネ　アカアンーキーイター
カームイ　レンカイネー　オカイペ　ネーアクース
エカシー　フチー　カルロッアー　シーカタヌー　アンキーロッアーワ　タウッ　タアコラチノー　シウピシカン　モシロルター　アーエイヌ　ウータリ　ウオポマカー　キ　シンネノ　ウーアッテトーパ　オカイキーワ　シイリアンキルヱネー。

又一ケの木尻二ケの木尻お互に跨ぎながら居りました時に神様のおぼしめし有りしものなので祖父母創作致す催し（やり方）致しましたなら今この様にそちらこちらの国土に人々方分けつ致すかの様に大勢群れ居られます事なのであります。

シフシコー　ウチャシクマ　オルスペ　アオーサ
イピタ　アンキワー　アエーピシシ　アンキワ
ネェーヤークン、
シーネンネ　エカシー　ネーワ　フチー　アウコ

古い伝説物語をひもとき致して辿り致しますならば、
一人の祖父と祖母（を）お互に持たれます事なのに

コーロキ　ルヱネーイケ　エコンネ　ハーヱ　シー
オイナネー　シンリッツネ　エーカシ　カルロッキー
ワ　アェイヌ　ウタリー　アエーカシヌカルキツー
ラノ　アエオテッヌカ　キロッア　シーオイーナネ
　シーローウル　ネーワ　アーヨロ、
シーアツイ　イヲロソ　オロタ　オカイローッア
レプン　ウン　イソーネ　チヨキ　ヤウン　イヲロ
ソ　カシケタ　オカイーローッア　キムン　イーソ
ネ　チーヨキ　ネヒネーヤーッカ、
アーェイヌ　ウタリ　エン　アエーカシヌカールペ
　エウナラ　キイアナッ　アェイヌ　オレン　パ
テッ　エーウナラキイソモーネ　カムイ　オレーン
　ネェーヤッカー　エウナラ　キイッ　ネロアクー
ス、
カムイ　シアンテ　オカイキワ　ネェヤークン、
アェイヌ　コッチャータ、
アェイヌー　コッチャネキワ　モンタサ　キワ
ネェーヤークン、

何と云うのか聖なる御先祖なる祖父お造りになって
人々方へ授けますと共にお与えいたしました尊い大
自然と宇宙、

大海原に居ります沖の（沖に住む）漁幸陸の山岳上
に有ります山獲幸であれど、

人々達へ授けられます物（なのに）与えないのは
人々へだけ与えないのではない神様へであれど与え
ないものなので、

神の怒り有りますなら、
人間の代わりに、
人々の代わりになって敵討ち致しますなら、

イシタイキ　レラー　トイソソー　レラー　ムンホラッテ　レラー　アシ　キノー　ヌタウッ　アンパンナシシカー。

突風風土はがす風草たおす風吹きながら土地荒れすさむ。

カニー　サラウネ　ターテ　アオペンタリレーキーノ　ピチユポネーネー　アウコー　チャルパ、シーロウル　ホタヱ　キコンノ　シーユウッケ　シイリシモヱ　アリ　コタン　アペワンカ　キーノコルリアシ、アェイヌー　ネェーヤーッカ　アペーワンカ。

鉄骨造りの館倒壊致してこっぱみじんとなって散らばし、大自然突起するなら激しい地震にて集落破壊すると共に壊れ、人間であれど傷む。

シイリシモヱ　オカネコーンノー　アエー　オリパッ　オーレプンペ　ネェーヤーッカ　ヤンキーコンーノー　ウコーヤヨッセーリケ　アニーターパンナー、

地震の後になるならば恐ろしい津波であれど揚がりますなら互に困りはて致しますもの、

カントー　ニソロー　オロター　オリパーッ　クーロリ　ソイネー　キコンノー　ツーウルセ　タースウムルラーキーコンノー　オリーパッ　ネルヱーネー

天空の所に天変地異の雲影出ますなら伝染病運びますなら恐ろしいものなのである。

ナー。

イテッケ　ランパーッノ　ヱエンノワ　オーカイペ
レワレワッワ　オーカイーペー　アーコイキー
コンノー　カムイ　コロー　インカラウル　オカイ
ペーネーアクスー　イーシトマ　アンペ　ネルヱ
ターパンナ。

ウサー　カーント　アヨロ　シロウル　キサマムス
キ　コンノー　シローウル　ヤーシケ　キーカネ
スーウス　キーイッネ　アーリカ　シフシコ　テ
エータ　エカシ　ウタリ　コペウッカ　キーワ　オ
カイペネー、
ホイヨ　カミヤシ　ウタリ　エイヌプルキ　オヨヨ
ネ　ルカニスルク　パーナ　カルキ　アーコラッ
イコイキロルンペ　エイ　ホシキイッ　サンケ　キ
カネ　エイーパケサラ　キイーアコーロカ　イケウ
ムヌキ　カームイ　アナッネー　ランペテッペ　ソ

あまりにも弱々しい者弱々しく居りし者いじめます
なら神の見せしめ有ります事なので恐ろしい事なの
であります。

又天宇宙大自然汚染になるなら自然（は）洗面しな
がら入浴致すものとも古き昔の祖父達語られて有り
ますもの、
妨害（する）魔物達自分で偉ぶります恐ろしい猛毒
素作られて争い戦争を先駆け致しながら誇らしげに
致しましても哀れむ神様は解らぬ者ではありません。

モ　ネルエーネー。

カムイ　アナッネ　ルイノー　ルイノー　ラミンカ
レ　キ　アコーラッ　ネン　エン　キヤー　シヤン
ピリカノー　ヌカルキ　アコラッ　パカシヌ　キ
イッ　ネルエーネ。

カムイ　コルロッ　シポウッケウッ　アリ　アンエ
ウッ　アナッネ　シーヤンノー　アエヤイカタヌ
キイッ　ネーアクース　シカント　アヨロ　シロウ
ル　オーレン　アコ　ヤイカタヌ　アンキーナンコ
ロナ〜〜〜。

タパニ　ネーテッ　ネイ　ツターヌ　エフイ　エン
ラム　コロペカ　オカイーコーロカ　シノピリカー
　ケウツム　コロペカ　オカイペ　ネーアクスー
インカネイペーカ　カムイ　コルロッキーア　イケ
ウムヌ　モンタサ　ロールンペ　ターアン　ラクン

神様は良く良く研究致してだれ悪いか完全に見調べて罰当てますものである。

神様の領す武器と申すものは実に慎みます事なので天界宇宙大自然へお慎み致しましょう〜〜〜。

これまでにてその次いくら悪心の者も居るでしょうが最も良い心持つ者も居りますものなのでもしや事によって神様持たれます哀れなる慈悲の敵討ち争い（を）この下界の地球へ下げられまするならば哀れ悲しくも何ら関わり無き者であれど友を引くかの様

モシロル　オーレン　アコランケ　アンキワ　ネェ
ヤークン　ヘメラウムポーソ　ネウッ　オカアウム
キリペ　ネヤーッカ　イリクルパラキーノ　アオチ
シテレ　アンキワ　ネェーヤークン　エフイー
カームイ　アンネアコーロカ　エイヤイカムイネ
レー　キクニイッ　ソモ　ネルーヱネアクース、
タアン　ウヱン　イシメモッカキー　ウヱン　クウ
ル　コルロッア　ウヱン　ケウツム　シノピリカ
キクニネーノ　シヤン　カムイ　コルロッア　シノ
ピリカ　ケウツム　アーリ　ウヱン　ケーウツム
サウヌ　キーノ　ホオンネ　キクニネ　カムイーコ
ルローッア　シピリカ　ケウツム　アーリ　ウヱン
　ケウツム　アエマッカイパ　アンキワ　ネェヤー
クン　ウケレロシキー　ウエポウッパ　キーイカ
コイサウムノーポ、
テウンノ　アーナッ　ウエカタローッケ　アンキ
カーネ　オナコルロッ　クウル　オナカシオーイキ
　ソケシ　コルロッ　クウル　ソケシ　ツーラノ

に痛め付けられ（泣かされ）致しまするならばいか
に神貴君であれど自ら自分を尊敬致します者では有
りませんので、

この意地悪致す悪人領する悪心完全に良くなる様に
誠なる神様の領す最も良い心にて悪い心緩んで楽に
なる様に神領する最も良い心にて悪心を遠のかせ致
しますなら毛嫌い憎しみ合います事すらも御座無く、

今からは親しみ合いながら親もたれる人親を養い妻
女もたれる人妻女と共に心にむちうちながら互に励
まし合いながら最高良い生活が出来まするならば、

ウーラウムケシカチュ　キカーネ　ウラウムコパシテー　キカネ　シノピリカ　スクウッ　ホーラリエイアシカイ　キワ　ネェヤークン、ネウン　モシロル　オロ　エン　シノウッキクスシネヱ　アンキアヤーッカ　ウケレロシキーカ　コイサウムノーポ　ウオシッヌカ　アンキカーネ　ヱン　ケウツム　アエマッカイパ　アンキー　ウコラウムコロ　アンキツラーノ　シヤンノーアン　ウイタカアムキレ　アンナンコロナ。

どこの国土の所へ遊びますのに旅行致しても互に憎しみます事すらもなく親しみ合い致しながら悪心逆折り（方向を逆に変える）致す話し合い致すと共に完全に話のやりとり致しましょう。

ツイマーオンルプス　アンキーヤクン　ネウンモシロルタ　オカイロッキア　アウタリネェヤーッカホタシヌ　キーマッ　ラムツイ　キーイカコイサウムノーポ　シノオイナネ　シロウル　コロー　テウム　コロ　オシケタ　カムイ　オロワ　ウオクンヌカ　ウオマウッ　ウツワシカラウッ　アンキカーネ　アエカシヌカルキロッア　シイッヌ　ケラ　ヌアンキナ。

遠い旅立ち致しますならどこの国土に居られます民族であれど恐れおののきびっくり致しますことも無く最も聖なる大自然の腕の中に神様より愛され可愛可愛がられ致しながら互に授け与えられた生涯の味聞き（知り）ましょう。

シネアニタ　タアン　アシトマ　ルカニ　スルクパナ　コロ　オルスペ　アコペウッカ　アンキアーワ　タネ　アナーッネ　ライ　ネヤーッカ　ヘウムカッネノ　アンー　ライ　アンキクシキ　ルヱ　エンターアーナ　アーラウキーカーネ　ランケーヌーペー　ヌムス　アウットー　シンネノ　ナンカコンナ　コラウッナタラ。

とある時にこの恐ろしい猛毒素の話語りましたならこれでは死亡なれど変な（無様な）死亡致すのであろうかなと申しながら下げる涙大粒の雨の様に頬をつたって落涙する。

タアンー　アシトマキ　ルカニスルク　パナ　エイツカンキヤークン　ネアン　アーウルコンタケオヨヨー　ウータリ　シコメヱ　キクニネーノ　カムイ　コ　ラウムテレ　アンキ　アッカリー　アーナッ　ネコン　アンヱウシカ　タパニ　アーナッアコツライヌ　アニタパンナ。

この恐ろしい猛毒素を弾かしますならその片われ（は）悪人達自分へ向わす様に神様に任せます以外は何と申しますにもこの事は何と致すにも致しかねます。

タパン　シユッケ　ネ　イーレンカ　ウコサワンーアコ　ハヲツルン　アンキオロタ　シフシコー

この厳しい問題に対し仲裁致します時古き神代の時代より有りました神なる祖先の話御先祖様の物事を

カムイ　ツタヌ　オロワーノ　アンロッァ　カムイ
ネシンリッ　オルスペー　シンリッコルローッァ
オルスペ　アオサイピタ　アンキーカーネ　アエー
ピシシ　アンキワ　ネェーヤークン、
ラムコルペ　ネェヤークン　オワイネー　シヤンペ
　ネワ　アーリ　ヤイヌ　キ　ナンコロカ、
エフイー　ネコンネヤーッカ　ハヲツールンキ
オッテナ　コロ　ラム　オシッチュウ　キーノ
シーフシコ　ツタヌ　ワーノー　オカイロッァ
シノオイナネー　ウパシクーマ　オサイピタ　キ
カーネ　エピシシキイタ　シヤンパルン　クウルー
　アーリ　ハヲツルン　キクニーネ　アノミ　キ
ローッァ。
シオイナ　シロウールタ　エイロッロッーキー　シ
オイナ　カムイ　ウタリ　オーレン　アコー　ニン
コロ　ニスウッ　アンキワ　ネェヤークン　カムイ
　オイナ　ヌプルペ　アェイヌ　ウタリ　カシ　オ

ひもとき致しながら辿り致しますなら、

心ある者ならば本当に誠であると思うであろうが、いかにどうあろうと仲裁致します使者の心落ち着い（定まりまし）て太古の時代より有りました最も尊い伝説ひもときながら辿ります時最高の雄弁者にて仲裁致す様にお祭りいたします。

聖なる大自然に御鎮座致す聖なる神様へ御頼み願い致しますなら神尊き者人々達へ馳せ参じて下さいませ。

チャシキワ　イコレーキーヤンー。
ネウン　モシロルタ　オカイローッア　アェイヌ
ウタリ　ネェーヤーッカ　ヤイキイッ　ニユケーシ
キイッ　ネルヱネーナ。

タアン　シーオイナネ　カムイ　カルロッキア　ラ
クンモシロル　オロタ　アェイヌ　ウータリ　ウウ
スキワ　イサウムキワ　ネェーヤークン　カームー
イ　ネー　ヤーッカ　エイヤイオイナネレ　キクー
ニイッ　ソモネルヱ　タパンナ。

アェイヌ　ウタリ　オカイロッキアクース　カムイ
　ウタリ　ネェヤーッカ　アリッレロッテ　アキニ
イッ　ネルーヱ　タパンナ。

カムイ　オカイキロッ　アクース　アェイヌ　ウタ
リ　ネェヤッカ　ケシト　ケシパ　シノオイナネ

どこの国土に居られます民族達であれど自愛［ヤイキイッ（自愛）＝自分が殺される時に残念だと思う心］致します事なのであります。

この聖なる神（が）お創りした下界の所に人間達消えて無くなりますならば神様であれど（いくら神様であっても自ら自分を神と認めることはできない）自らを尊敬致しますものでも有りません。

人間人々達居られますので神様であれど崇め奉ります事なのでありまする。

神居られますので人間人々達であれど毎日毎年尊い聖なる大自然のふところ中に神様より可愛がられ致しましたのを誠に尊い大自然へ感謝致します。

シロウㇽ　ウゥッソロ　オシケ　タ　カムイ　オローワ　ウツワシカーラウッ　アンキロッアイ　シヤンノー　オイナ　シロウㇽ　アコヘポキ　アニタパンナー。ウケレロシキ　ソモアニネヤーッカ　アオイナネレキローッア　シロウㇽ　シキリマウンパ（シイリシモヱ）キコンノ　キ　ウオヤイキンネー　ウサノオカ　カッコロキイーッ　ネェアクース　オリパッ　ネルヱーネ。

ネイータ　ホラルパキ　アェイヌ　ウタリーネェーヤーッカ　カムイ　アナッネ　エウホセーケウツム　ソモコロキーノー　ウツワシカラウッアニネコーロカ　アェイヌ　アリ　アンヱウッ　アナッネ　ワヤサウッペ　ワイル　キイッネアクースウサノーオカ　セミンチャーヤイキレ　キーコロカ　アエコッタヌ　アンキワ　ネェヤークン　シノオイナ　カムイ　カウルロッア　オイナ　シーロウ

互に憎しみ致さぬとも御尊敬致す大自然動き（地震）ますなら色々様々な色々な形持ちます事なので恐ろしいものである。

どこに暮らされます人々達であれど神様は別け隔ての心持たずに可愛がられ致しても人間と云う者は愚か者間違い致しますので色々な勝手気まま致すけどほったらかしますなら聖なる神創られた聖なる大自然破壊致して壊れて人々達全く泣いて下界より溶けて流れます様に消えていなくなりますならと思いますなら非常に我心を乱し（我心を乱しながら）残念でありまする。

ル　アペワンカキーノ　コルリアシキワ　アェイヌウータリ　アオラル　チシテレ　キーノ　ラクンモシロル　オーロワ　メンピモウムキ　シンネーノウウスキワー　イサウム　キワ　ネェヤークンアーリ　ヤイヌ　アンキコ　シールンーノ　ヤヨラウムサーッカ（ヤヨオラムポーソ　キーノ）　ニイシチャンー　アニータパンナー。

アェイヌ　アナッ　ネウッ　ウアッテーヤーッカオッカタ　アシ　アオッカンテレキイッネ　アラウキ　コーロカ　アェイヌ　アリ　アンヱウッ　アナーッネ　セミンキノアン　オヨヨー　イコンノウッ　ネーノ　オカイペネロッアーイ　アアンノアムキリ　アンキ。

人間は何もの大勢居れど上に立つ霊長であると云うけれど人間と云う者は奇しき恐ろしい魔物に等しく居りますことをはっきりと解りました。

先住民族としての主権を求めて

二〇一五年一月三〇日、「閣議決定に基づく遺骨再集約は、アイヌの人たちの信教の自由を著しく侵害する」として、北海道在住のアイヌ・和人二一人が、日本弁護士連合会人権擁護委員会に人権救済を申し立てました（本書巻末の補足資料に全文を収録）。手続きの直後に東京・司法記者クラブで開かれた記者会見のもようをお伝えします。

清水裕二　清水といいます。私は、いま紹介がありました北大開示文書研究会の共同代表をしています。私自身は教育現場にいた人間なんですけど、当時、教育現場で、アイヌのことを語ること自体が（いつか差別やいじめにつながるのではないかと感じて）恐い、という現実がありました。まさに私の職場、教員の世界の職員室が針のむしろという意識で、何

申し立て後に東京都内・司法記者クラブで開かれた記者会見の様子

とか定年まで勤務をまっとうできたという思いなんです。ですから、お骨のことについても、その他の（人権侵害）問題についても、直接的にはこれまで行動を起こすことができませんでした。退職後、この問題に関わってきているアイヌの清水であります。

今回は特に、原告で、八二歳になられる城野口ユリさんの思いを背負って、人権救済委員会に申し立てをさせていただきました。都会、東京、関東のみなさん方に、よりよき理解を求めて、そしてご支援いただきたいという思いがあったものですから、今日はこのようにみなさまに耳を貸していただきたい、という気持ちで座らせてもらっております。どうぞ調べていただきながら、報道していただき、広く国民のみなさまがたに理解を求め、支援をくださるような、報道機関としてのご協力をお願いしたいと思います。

殿平喜彦　清水さんと共同で北大開示文書研究会の代表を務めております殿平と申します。私は和人です。アイヌではありません。この遺骨の問題に、私はかなり前から関心を払いながら、アイヌの人たちと調査をしてきた者です。

アイヌのエカシで、今回はどうしても来られなかった原告のお一人に、小川隆吉さんがおられます。二〇〇八年、小川さんが北大に対して、（かつて大学が集めた人骨の台帳などの）関連文書の公開を求める開示請求をしたわけですよね。小川さんと私は昔から友人で、親しくさせていただいていたものですから、文書が出てきたから、一緒にこれを読んで、これからどうするかを一緒に考えようと言われて、それじゃあアイヌと和人と、その中には研究者の方とか、弁護士さんもいるし、ジャーナリストやら宗教者――牧師さんとか、私は浄土真宗というお寺の僧侶をしている住職ですけれども、そういう多様な人たちがこの研究会を構成したわけです。

北大が開示した文書をずっと読み続けていくと、小川隆吉さんもそうですし、いま清水さんがおっしゃった、浦河の城野口ユリさんというフチも、本当に直接自分の先祖のお骨を持っていかれていたことが分かりました。しかもユリさんの場合、ユリさんのお母さんが死ぬ時に、ユリさんに「どうしても我慢できない」と。骨を掘られてそのままにされているし、一片の骨も戻ってきていない、と。「だから必ずこれを取り戻せ」と言って、彼女はユリさんに遺言をして亡くなったと言うんですね。ただ取り戻すだけではなくて、ちゃんと元通りにさせて、「罰金も取れ」と言って、ユリさんにそのことを強く遺言して亡くなられたそうです。ユリさんは「私はそれを必ず実現する」という強い思いで、怒りを本当に秘めておられる。（活動を通じて）そういう方に私たちは出会うことになったわけです。

原告であるアイヌの、直接自分の先祖の骨を持っていかれたまま取り戻すことができないでいる、その怒りに触れて、この問題を知らない顔をしたままで、アイヌと和人がともに生きていく社会なんて生まれるはずもありません。北海道が植民地であることを、私たち（和人）はもう一回、改めて自分の過去の歴史を呼び覚ます必要があると思っています。

この問題を解決するためには、北大だけではなくて、全国の大学とともに、これは日本政府が深く関わってやったことですから、必ず政府もきっちりこのことは反省をして、アイヌに謝罪をするべきだと僕は思っています。そうして自分たちの責任で、基本的に少なくともお骨をコタンに全部お返しすることが必要だと強く思っていて、そのためには可能な限りの努力をする責任が和人の側にあるというふうに、私は感じています。

人類学者たちは今なお、このお骨を使って研究をしたいと言っていて、私も何回か（人類学者の）講演で直接（その考えを）聞きました。「お骨をアイヌに返すことは何が何でも我慢できない」「お骨はわれわれの研究対象としてどうしても必要なんだ」と、人類学者は強く主張していますけれども、あの人たちこそが、僕は、お骨を無断で掘り返したことに対してちゃんと反省すべきだというふうに思っています。そのことを申し上げたいと思っています。

――幹事社のNHKから質問させていただきます。差間さんにおうかがいします。それぞれの集落で、遺骨のない状態で慰霊行為をせざるを得ないことが、宗教上の権利を侵害しているというふうに（申立書に）書かれていますが、アイヌの方々の本来のやり方で慰霊行為ができないということへの思いを、改めてお聞かせください。

差間正樹　私どもの先祖は、そもそもお墓に行って、そこでお参りをするという習慣はなかったと聞いております。現在は和人と同じような生活をしており、私の父、祖父、そのあたりまでは（和人同様に）お墓を管理して、それで慰霊をしております。しかし私たちの先祖は、お墓にしばしば立ち寄っていると、先祖がお墓の中で落ちついて眠っておられない、そうすると、それは先祖を大事にしている行為とは言えないという考えなのです。そこで墓地に行ってお墓参りをする代わりに、ヌサ壇、慰霊のための施設、祭壇ですね、それを家のそばに作って、縁者が集まってそこで慰霊をする。大きな慰霊の催しであれば、コタンの長が（司祭となって）慰霊をする、そういったところもありますけれど、まあ一軒二軒集まったような状態で、その中で儀礼をする。われわれはそもそも先祖を非常に大事にします。そういう慰霊の時に捧げたものが先祖の世界に渡っていって、先祖たちの世界で先祖たちが豊かな生活をされる。その結果、先祖もまた大きなものを私たちに返してくれる。私たちはですね、先祖と現在の私たちとの間でこういった「やりとり」をしながら生活するという精神世界を持っていると理解しております。遺骨そのものが私たちの土地からなくなった状態、それが放置されているという問題に対して、私たちは、そういった先祖を慰霊するという行為そのものが妨げられていると理解しております。

清水裕二　このご質問に関連して、基本的には差間さんがおっしゃったように、アイヌはお墓に参ることはない、ということは伝統的にそうだと思いますが、今日ここに来られなかった城野口ユリさんは少し違う言い方をしていたものですから、それをお伝えさせください。どんなことをおっしゃっているかというと、狩猟民族であるアイヌは、例えば若者がクマを捕りに（コタンを出て外へ）行くという場合には、必ず年寄りが――エカシと言いますけれど――エカシが「お前、お墓を見てこいよ、必ず調べてこいよ」というふうに指示をしていたそうです。若者は狩猟などのさいには必ずお墓に行って（動物に墓所が荒らされたりしていないかを）チェックして、コタンに戻ったらエカシにそのことを報告をしていたと。ですから一部の研究者が言うような、「アイヌはお墓を放置しっぱなしにしている」というようなことは全くありません。それ（アイヌは墓を放置するという説）を理由にして、いわば盗掘までされてしまったというのが、今回の人骨問題なんですね。アイヌがお墓をまったく顧みないとか、そういうことはなかったんだと、城野口さんは声を大にして知らせてこい、と私に言われましたので、そういう側面もあるんだということをご理解いただきたいと思います。

――朝日新聞です。北海道大学やほかの大学に保管されている骨をご覧になって、どういうお気持ちでしょうか。

差間正樹　骨は今は、北大の敷地内にある納骨堂に納められております。アイヌの（復権）運動について、私自身が活動し始めたのは、平成四年ごろからなんです。それまで、人前でアイヌと言うことをね、しゃべるというのはやっぱりなかなかできない。親戚や縁者の人に迷惑をかけるんじゃないかとか、いろんな思いからです。ただその当時、こうした活動を始めて、北大にわれわれの先祖の骨が持っていかれているということが分かって、北大で開かれるイチャルパ（慰霊の儀式）に参加し出したんですけれども、その当時は骨はプラスチックのケースに入れられていました。北海道ウタリ協会（現・北海道アイヌ協会）の全道総会の場で発言を求めて、私はこう言いました。「工具箱じゃあるまいし、あの状態は何だ?」と。（納骨堂に隣接するビルの）クーラーの室外機がそばにあってブンブンうなっていて、アイヌのお祈りの言葉もなかなか聞き取れないような状態で行なわれていたんです。そのことを私は大声で叫びました。次の年に行ってみると、納骨堂の骨が全部、白木の箱に入れ直されていました。私たちが発言すると、それに対してまあ（北大は）反応はするようです。いま私たちが骨を返せ！　と言って、今度はどう反応するのか。私たちの、その人骨に対する思いを、学者の人たちはいったいどう考えているのか。（人類学者らが引き続き人骨を研究したいという意向を示しているのをみると）いまだに私たちの先祖に対して、単なる実験材料としか思っていないんじゃないか。そういった思いで遺骨を眺めておりました。言い出せばきりがない、私たちの先祖の遺骨に対しては本当にいくらしゃべってもきりがないほど思っているんですけど、これでとどめておきます。

清水裕二　北海道大学のアイヌ納骨堂におけるイチャルパ、昨年（二〇一四年）まで三一回が行なわれていますけれど、私も一〇回目くらいから、年休を取ったりして参加していたんですね。その時にどんな思いだったかをお話ししますと、いま差間さんからお話があったように、お骨がプラスチックの箱に無造作に入れられていたわけです。それでなくても、人骨があるところ（納骨堂の中）に入るのに寒気をおぼえるのに、体中がざわざわし、もう行きたくないという思いがありました。北海道ウタリ協会江別《えべつ》支部（現・江別アイヌ協会）の支部長を仰せつかっているものですから、欠席するわけにもいかず、出席し続けていたという経緯があります。いまは（お骨が）若干整理がされましてね、各地区ごとに何体、と箱に入れておかれるようになったんですけれど。無造作に入れていたのを二〇一二年前後に整理してみたら（人数が）倍以上になったわけです。それでアイヌ納骨堂は倍の面積に増築されました。そういう状況にあります。しかし、学者は、気持ちの上では依然として、お話にあったようにさらに研究材料にするようです。学者のみなさん方の倫理観ていうのかな、いったいどこにあるんだと。おまえたち、人間なのかよ！　という思いが強く、いまだにそう思っています。特に城野口ユリさんの思いからすると、（ユリさんは）「アイヌは死んでからもバカにされるのか、ふざけるな！」と某解剖学者に対して怒鳴ったこともありますけれどね、許せない思いでいます。

差間正樹　北大の学者が、私たちの骨に対してどんな研究をしていたのか知りたいと思って、仕事の合間に帯広市立図書館の二階の郷土資料室に入っていって、その先生たちの書いた本を読ませていただきました。「死者の頭骨に穴を開ける風習をもつ民族がいる」と書いてありました（児玉作左衛門『アイヌの頭蓋骨に於ける人為的損傷の研究』一九三九年など。本書第一〇章参照）。もう、怒りが頂点に達しました。何を馬鹿なことを言っているのか。（児玉らが）頭骨だけを集めたのかと思っていたら、（近年）いろいろ学者先生たちが（保管されている遺骨を）調べ直したんだと思いますが、四肢骨、手足の骨も出てきた。それもたくさんの数が出てきた。いったい最初にどうやって、私たちの先祖の骨を管理していたんだろう。そんな思いで一杯です。

――東京新聞です。中立書の、去年の閣議決定で遺骨を集約すると決めたことが民族差別だという部分についてうかがいます。この閣議決定をみなさんはどのように受け止めたのか……。（政府は）言葉としては「友好を図る」とかですね、理由をつけていると思うのですけれど、それをどう受け止められたのか。現実にそうやって集約されることがみなさんにとって、どう怒りをお感じになっているのかをお伺いしたい。持って行っちゃったものを返せというのは当然の主張だと思うのですが、そのうえで、今回「二〇二〇年までに集約される」ということについて、どう思われているのかを知りたいです。

清水裕二　昨年（二〇一四年）六月一三日ですか、閣議決定が出ましたね。翌日の新聞、私は『朝日』を読んでいたんですけれど、ガイドラインとやらが出ましたと。これを見て、私はものすごい怒りを感じたんですね。つまり中立書でも言っているように、掘り起こした地域が分かっているお骨はその地域に返してください、というのがアイヌの願いなのに、ガイドラインには（個人が特定されている）二三体以外は「象徴空間」に――だいたい象徴って……私の口から言わせたら象徴ということ自体が許せないです――そこに集約しちゃうと。

このこと自体がまさに人権蹂躙《じゅうりん》だと思うんですけどね。そういうことを平然とやる今の政府に対しても、本当に、何というか、道徳観というか、そういうものが一体どこにあって進めているんだよというふうにすら思います。アイヌ政策推進会議という国の会議に、アイヌの代表とされる人たちがいるんですけれども、こんな結論を導き出されて、もし会議のアイヌ委員が積極的に賛成したんだとすれば、アイヌがアイヌを売ったことになるんじゃないでしょうか。厳しい言い方になりますけれど、そうだと私は思いながら、怒りをもって受け止めたガイドラインでした。簡単に言うと、あれは返還ガイドラインではなくて「返還しないためのガイドライン」だと、あえて強く申し上げます。

差間正樹　そもそも私たちの先祖の遺骨を盗掘、ドロボウですね、収集したのは学者たちです。私たちはそのことを糾弾しているのです。集約施設に集められてしまうと、その責任があいまいにされてしまうんじゃないか。この話が出てきて、私は本当に焦りました。(現代の)学者たちは自分たちの先輩がやったことをウヤムヤにしておいて、それを政府に預けてしまう。一部のアイヌの団体はそのことを了解してしまう。それによって、だれがこの骨を集めていったのか、だれが関与していたのか、その部分の責任を置き去りにして、新しい施設に預けられてしまうなんて、私たちにとっては本当に我慢のならないことです。私たちの先祖がまたまた研究資料に供されてしまう。そういった恐れを私は抱いています。

――朝日新聞です。差間さん、実際に骨をご覧になった時に、骨がこう思っているんじゃないかとお感じになったと思うんですが、それについて教えてもらえないでしょうか。

差間正樹　この人権救済の申し立てや、札幌地裁への訴訟の対象ではないのですけれど、札幌医科大学にも骨が保管されていまして、そこは私たちと話し合いの中で返してくれるという方向です。そこで骨を見た時に

「ああ、これはすぐに（元の場所に）返してあげたい」「何とか地元で安らかに眠って欲しい」という気持ちになりました。北大の遺骨に関しては、実は私は見ておりません。全部箱の中に入った状態でしか見ておりません。

――お二人にお伺いしたいのですが、今回、政府がアイヌの気持ちをちゃんとくみ取った上でガイドラインを作ったかどうか、という点について、ご感想と、政府は今後どういう形でアイヌの意見を聞くべきなのか、ご見解を教えていただけますか。

差間正樹　日本政府は、国連の場に出て行っていると思うんです。「先住民族の権利に関する国連宣言」、またはＩＬＯ一六九号とか、日本（政府のアイヌに対するふるまい）は世界の目の前にさらされているはずなんです。でもそれがどこで行なわれているのか、国内の私たちは全然分からない。もしかしたら世界に向かっている時の日本政府と、私たち（アイヌ）に対する日本政府は違うものじゃないかという思いを私はずっと持っています。正当な権利を持った先住民族として私たちに向き合って、もう少し、ものごとを決める前に私たちの意見を取りあげて欲しいという思いでおります。

清水裕二　極めて重要なことを聞かれたんですけれどね。日本政府がガイドラインを出した経緯を知って、アイヌの思いを汲んでいるとはいささかも思わなかったわけです。「返せばいいんだろう」と。〔冗談じゃない。簡単に返せばいいという、そういう問題じゃないのです、本当は。そういう（政府の）姿勢をありありと感じとりました。

いま何年経ったのかな、俗にアイヌ文化振興法といいますけどね、それが出来ましたけど、この法律は文化振興に特化されていましてね。いま私たちが訴えようとしているのは、先住民族としての主権を求めたものです。主権を求めなくてはいけないわけですよ。そうでなければ何一つ解決しないはずなんです。そのためにアイヌ民族法などの制定も必要なはずなんですけど、そういうことには一切触れようとしていないのが日本政府の実態ですよ。

われわれ、海外の先住民族との交流をするために、あるところ（アイヌ文化振興法に基づいて設立された公益財団法人アイヌ文化振興・研究推進機構）に（助成支援の）申請をしようと思いまして、アイヌ民族の自立を考えていこうというふうにしたら、「自立」という言葉が引っかかって、一切ダメになりました。つまり文化だけに特化して、アイヌを文化だけに押し込めておくのが日本政府のやり方であって、（アイヌ政策推進会議の中でも）先住民族としての権利うんぬんについては何一つ主張されていない。

私も、数多くはないですけれど、北欧のサーミの方々と懇談したり、ペルーでの世界先住民族教育会議（二〇一一年）で先住民族のみなさんに会ったりして、ペルー隣国のボリビアではモラレス大統領政権下で三年間に三つも民族大学を創設したとか、そういうことを聞きましたが、日本政府は一ミリたりともそんなことを考えていないでしょう。本当にアイヌのことを思っての行政をやっているとは、いささかも思わない、というのが私の実感です。

差間正樹　北海道アイヌ協会の組織率についてちょっと地元の例を出してみます。私たちの浦幌アイヌ協会は現在、一九名で組織されています。ここから先が問題なんですけれど、じゃあどれくらいのアイヌが私たちの地区に住んでいるのか。八〇世帯から九〇世帯は確実に把握しています。しかしこれは重大な問題でありまして、地元で生活する中で、「おい、お前アイヌだろう」と問いかけた場合、相手に子どもがいたらこれは、相手は（アイヌと認めたら差別され、子どもがいじめを受けるのではないかと怯えて）何て言うか……。そこらへんを考えながら私たちは自分たちの活動がどうあるべきか、いつも悩んで、現在は「私はアイヌです」と自分で（積極的に）いう人と一緒に活動をしております。

でもですね、アイヌ料理講座やアイヌ刺繍講座など、いろいろ行事を組みながら活動しているんですけれど、たまに「私は△△の子どもですよ」「私は○○の兄弟ですよ」と申し出て来られる人もいます。ただ、私が「ああそうか、元気かい？　じゃあ（協会に）おいでよ」と言っても、なかなか（公然と自分がアイヌだとは）言えないんです。相手も、入会はできないけど私にそう言って話しかけてくれます。そういった状況の中で私たちは、民族って何なのか、子どもの時から「何でこんな差別をされなければならないのか」と悩みながら活動しているんですけれど。

全道組織である北海道アイヌ協会の理事者の中には「札幌周辺だけでも三〇万人のアイヌがいる」と述べる方もいるんですよ。もしそうなら北海道アイヌ協会の現会員数三〇〇〇人あまりの数字と比べたら、組織率は……。北海道アイヌ協会自体もそういった問題を抱えながら活動していると思います。私自身は北海道アイヌ協会に属して、役員をやっています。自分が入会している協会のことを正面切って非難する気にもなかなかなれなくて悩んでおります。

ただ今回の動きは、北海道アイヌ協会の活動方針とははっきりと違った動きです。私自身、覚悟しての活動ですが、こういった動きを（北海道アイヌ協会の）ほかの理事者たちも注目しています。私たちの組織（北海道アイヌ協会）は、本当にアイヌを代表する組織なのか。全道でさまざまな問題を抱えてさまざまに活動しているアイヌを、私たちの組織はいったい代表しているのか。そんな疑問を投げかけている人たちが、今ここに来ていない中にもいっぱいいます。そういう人たちの思いも含めて、この人権救済の申し立てや、遺骨返還請求の裁判を通じて、そういう問題を抱えながら暮らしている全道や関東の人たちに対して、一石を投じたい。私たちの動きが、彼らの背中を押す。そういったことになればと思っております。

第2部

発掘遺骨「白老再集約」の人権侵害を告発する

二〇一三年の文部科学省調査によれば、全国の一二大学に、個体ごとに特定できる一六三六体と、特定できない五一五箱分のアイヌ人骨が保管されている。今後、博物館施設などでの調査が進めば、数はさらに増えるだろう。日本政府が二〇一四年に閣議決定した「個人が特定されたアイヌ遺骨等の返還手続に関するガイドライン」に従うと、その九九％は元のアイヌ・コタンに戻ることなく、北海道白老町に新設するという国立の「慰霊施設」に再集約される見込みだ。政府がいう〝返還〟とは、名ばかりなのだ。表向きの言葉に惑わされず、本質を見抜く眼力が求められている。

第7章　アイヌ民族の遺骨を欲しがる研究者

この章では、遺骨問題を理解するために必要な背景について、おもに研究者側の状況を説明します。研究者たちがどうして大量のアイヌ遺骨を集め、何のために使おうとしたのか、あるいは、しているのか、という問題です。

研究者たちの遺骨収集

そもそも、なぜ北海道大学をはじめとする全国の大学に、数多くのアイヌ遺骨が保管されているのでしょうか。

その背景は一九世紀にさかのぼります。そのころヨーロッパの研究者の間では、人間の頭骨への関心が高まっていました。脳が人間の心と深くかかわっていることが理解されるにつれ、脳の容れ物である頭骨の形や大きさを計れば、人間の精神

植木哲也

うえき・てつや
1956年生まれ。苫小牧駒澤大学国際文化学部教授。哲学、科学技術社会論。著書に『学問の暴力――アイヌ墓地はなぜあばかれたか』（春風社、2008年）、『植民学の記憶――アイヌ差別と学問の責任』（緑風出版、2015年）など。

的能力を明らかにできるのではないか、と期待されたのです。たとえば、オーストリアの解剖学者フランツ・ヨセフ・ガルが始めた「骨相学」という研究は、専門の研究者だけでなく、広く一般の人びとの関心も呼んでいたと言われます。

アメリカの解剖学者サミュエル・モートンは、一八二〇年代から一八五〇年代にかけて、アメリカ先住民族の墓地などから一〇〇〇以上の頭骨を収集し、その容積を計測しました。また一八五九年に世界最初の人類学会を創設したフランスのポール・ブローカも、刑死した囚人などから数多くの頭骨を収集し、その容積を測定しました。

頭骨の容積は脳の大きさを反映し、それは取りも直さず精神的能力の優劣を明らかにすると考えられました。具体的にいえば、白人は黒人など他の「人種」より脳が発達していて精神的能力が高い、と証明したかったのです。実際の測定が目論見通りにいかない場合でも、研究者たちはさまざまな理由をつけて、この「仮説」の正しさを証明しようと努めました。[注1]

そうした中で、アイヌ民族の頭骨はとくに注目されていました。というのも、アイヌの人びとはアジアに住みながら、その風貌がヨーロッパの人びとと似ていると思われたためです。

そのため、江戸時代の末期、欧米人によるアイヌ墓地の発掘が始まりました。

よく知られているのは、一八六五年（慶応元年）に箱館《はこだて》（函館）近くの森村《もりむら》と落部村《おとしべむら》（当時）で起きたア

注1　詳しくは、スティーヴン・グールド『人間の計りまちがい——差別の科学史』上・下（河出文庫、二〇〇八年）を参照ください。

イヌ墓地盗掘事件です。当時の英国箱館領事館の関係者が、両村のアイヌ墓地から遺骨を盗掘します。これを知ったアイヌの人々が箱館奉行《ぶぎょう》に訴え出て、イギリス政府はこれを犯罪として処罰しました。盗まれた遺骨は返還されたとされていますが、とくに森村の四人分の遺骨は偽物で、本物は英国に持ち去られたと言われています。

明治時代になって日本でも近代的学術研究が開始されると、日本人の研究者が大量にアイヌ遺骨を持ち去るようになります。

帝国大学医科大学（現在の東京大学医学部）の教授だった小金井良精《こがねいよしきよ》は、日本人で最初に解剖学の講義を行なった人物として有名ですが、一八八八年と一八八九年の二回にわたって北海道を旅行し、各地の墓地から一六〇前後の頭骨と数多くの副葬品を持ち去りました。かれはこれをもとにドイツ語で論文を発表し、アイヌ研究の大家として国際的に知られるようになります。

また大正時代になると、京都帝国大学医学部教授の清野謙次《きよのけんじ》が、当時日本領だった樺太《からふと》に遠征し、五〇程度のアイヌ頭骨を収集しました。この清野という人物は、生物兵器研究で悪名高い陸軍七三一部隊の石井四郎隊長とつながりの深い人物で、自分の教え子を数多く石井機関に送りこんだことでも知られています。

ふたりの帝国大学教授に共通しているのは、幕末の盗掘とちがって、発掘が犯罪とされなかったことです。むしろ多くの和人たちが協力しました。

しかし、その一方で、発掘はアイヌの人びとの眼を避け、無断で行なわれました。アイヌ側から見れば、盗掘であることに変わりありません。

国家的発掘

アイヌ墓地発掘は昭和の時代になるとさらに大規模化します。一九三三年（昭和八年）に科学技術の推進のために日本学術振興会が発足します。日本学術振興会の第八小委員会は一九三四年から「『アイヌ』の医学的民族生物学的調査研究」を開始します。国の政策の一環としてアイヌ研究が行なわれたのです。

この研究の一部として、北海道帝国大学医学部教授の児玉作左衛門が、北海道各地、樺太、北千島から大量のアイヌ遺骨を収集しました。戦前だけでも、実に五〇〇以上の頭骨が収集されました。

北海道大学は戦後になっても、アイヌ墓地の発掘を続けました。一九五六年には児玉の所属していた医学部解剖学第二講座が中心となって、北海道静内町《しずないちょう》（現在の新ひだか町）で一六六の墓地を発掘しました。規模的にはこれらほどでないものの、ほかにも小規模な発掘が各地で行なわれました。また北海道大学以外の研究者もアイヌ遺骨を収集しました。

一九八〇年代、当時の北海道ウタリ協会からの返還要請によって、北海道大学の遺骨のごく一部三五体が返還されましたが、それ以外は依然として大学に残されています。

その結果、二〇一四年一月の時点で、全国一二大学に、個体として確認できるアイヌ遺骨一六三六、そのうち個人が特定できる可能性のあるものが二三、一人分の遺骨かどうかさえ確認できないものが五一五箱分存在することが、文部科学省の調査などから分かっています。[注2]

遺骨再集約を閣議決定

では、これらの遺骨について、日本政府はどう考えているのでしょうか。

二〇〇七年九月に国際連合総会で、「先住民族の権利に関する国際連合宣言」が採択され、先住民族は遺骨返還の権利を持つことが明らかにされました。

翌二〇〇八年六月、日本の国会で、「アイヌ民族を先住民族とすることを求める決議」が衆参両院とも全会一致で可決されました。これを受けて日本政府は同年七月に「アイヌ政策のあり方に関する有識者懇談会」を設置しました。

翌二〇〇九年七月、この懇談会は「民族共生の象徴となる空間」を整備するという報告を政府に行ないました。この「象徴空間」の一部に、アイヌ人骨の「尊厳ある慰霊が可能となるような慰霊施設の配置」をするというのです。

この報告を受けて、内閣官房長官を座長とする「アイヌ政策推進会議」が設置され、遺骨問題を含むアイヌ民族への政策が検討されることとなりました。

そのアイヌ政策推進会議の「民族共生の象徴となる空間作業部会」は、二〇一一年六月に報告書を提出しました。その中で、「アイヌの人骨について、遺族等への返還が可能なものについては、各大学等において返還するとともに、遺族等への返還の目途が立たないものについては（略）象徴空間に集約し、尊厳ある慰霊が可能となるよう配慮する」という見解を明らかにしました。

これを受けて日本政府は、「アイヌの人々が民族としての名誉と尊厳を保持し、これを次世代に継承していく」ために、「民族共生の象徴となる空間」の整備及び管理運営に取り組む、という閣議決定を行ないました（「アイヌ文化の復興等を促進するための『民族共生の象徴となる空間』の整備及び管理運営に関する基本方針」二〇一四年六月一三日）。

この閣議決定では、「先住民族にその遺骨を返還することが世界的な潮流となっていること」を踏まえて、「象徴空間に遺骨等を集約し、アイヌの人々による尊厳ある慰霊の実現を図るとともに、アイヌの人々による受入体制が整うまでの間の適切な管理を行う」としています。またこの目的を達成するために、象徴空間にはアイヌ文化博物館などと並んで、「遺骨等の慰霊及び管理のための施設」を設置するとされています。

このように、アイヌ遺骨について返還可能なものは返還し、不可能なものは象徴空間に集約する、というのが政府の表向きの基本方針です。このことから、遺骨返還に向けて一歩が踏み出されたかの印象も受けますが、実際には見過ごしにできない問題がひそんでいるのです。

なるほど閣議決定の文言を見るかぎりでは、象徴空間に集約した遺骨はアイヌ側の受け入れ体制が整うまでの一時的保管であるように読めます。しかし、アイヌ政策推進会議が提出した報告書には、遺骨を「研究に寄与することを可能にする」状態で保管することがうたわれています。集約した遺骨を研究に利用す

注2　発掘の歴史的経緯については、植木哲也『学問の暴力――アイヌ墓地はなぜあばかれたか』（春風社、二〇〇八年）を参照ください。

ることが検討されているのです。

こうした考えは、閣議決定後も繰り返し表明されています。たとえば、アイヌ政策推進会議第一八回政策推進作業部会（二〇一四年九月一八日）の議事概要には、遺骨について「返還できる遺族がいないという状況になってきたときには、研究対象になり得る」という発言が記載されています。

遺骨返還ガイドラインへの疑問

このことの問題性は、返還の具体的指針と照らし合わせたとき、いっそう明確になります。閣議決定に先立つ二〇一四年六月二日の第六回アイヌ政策推進会議で、「個人が特定されたアイヌ遺骨等の返還手続きに関するガイドライン」が明らかにされました（本書巻末の補足資料に収録）。実は、このガイドラインの内容に、大きな疑問があるのです。

まず、その名称からもわかるように、このガイドラインは「個人が特定された」遺骨に関するガイドラインです。全国の大学に保管されている一六三六体と五一五箱の遺骨のうち、個人を特定できる可能性のあるのは、わずか二三人分に過ぎません。それ以外の、おそらくは二〇〇〇人分近いと推測される遺骨は、返還の対象とされないのです。

これらがすべて研究に利用されるというのであれば、遺骨の集約は「尊厳ある慰霊」というより、研究者の便宜のためと言わざるをえないでしょう。

これだけでも、このガイドラインは「返還しないため」のガイドラインではないかと疑いたくなりますが、問題はまだあります。

それは、二三人分の遺骨の返還先が「祭祀承継者」に限られている点です。「祭祀承継者」とは民法で「祖先の祭祀を主宰すべき者」とされています。先祖代々の墓を引き継いでその管理や供養を取り仕切る人と言えるでしょう。

戦前の旧民法では、家督を相続する戸主が祭祀承継者とされるのが普通でした。このことからもわかるように、「祭祀承継」という考え方は、「家《イエ》」を単位にして先祖代々の墓を守ってきた和人の伝統にのっとったものです。

一方、アイヌ民族の伝統的な先祖供養は、コタンによって執り行なわれてきました。墓地はコタンごとにつくられ、先祖の霊は家単位の墓参りでなく、コタン単位の供養祭によって祀られてきました。特定の個人が祭祀を承継するという考え方は、アイヌの慣習にはないと思われます（二二頁のコラム「アイヌプリの葬送」参照）。

祭祀承継者に返すには、誰の遺骨か判明しなくてはなりません。アイヌ流のやり方であれば、コタンに返すということになるでしょう。コタンへ返すのであれば、個人が特定できなくても、どの墓地から持ち出されたかが分かれば充分です。大学に保管されている遺骨の多くは、発掘地が分かっています。にもかかわらず、今回のガイドラインは、わざわざ特定困難な祭祀承継者への返還に固執しているのです。

それだけでなく、祭祀承継という風習は和人流の風習です。ですから、ガイドラインの言っていることは、「和人流のやり方にしたがう者にだけ返す」ということです。明治時代以来の同化政策の延長上にある発想と言えます。

「アイヌ民族のための研究」？

では、いったい何のために研究者たちはこれほどまでにアイヌ遺骨にこだわるのでしょうか。
アイヌ遺骨をもっとも多く収集した北海道大学の児玉作左衛門は、「人種的分類」のために必要だと述べていました。アイヌ民族を「人種」としてどのように分類し位置づけるか、そのために頭骨の形状や大きさを計測し比較検討しなければならないと言うのです。

しかし、頭骨の大きさや形状を実際に計測するという手法は、いまではあまり使われていないようです。むしろ現在は、遺伝子分析を通じて人類の起源を明らかにしようという研究が注目されています。そのために必要なミトコンドリアＤＮＡを取り出すために、数多くの遺骨が必要だとされているのです。

アイヌ政策推進会議の委員の一人である篠田謙一氏（国立科学博物館人類研究部人類史研究グループ長）も、こうした人類の起源の研究に携わっている研究者の一人です。

研究者たちは、こうした研究はアイヌ民族のための研究だと言っています。

たとえば、自然人類学者の百々幸夫《どどゆきお》氏（東北大学名誉教授、元日本人類学会会長）は、二〇一四年八月に北海道アイヌ協会が開催したシンポジウム（札幌）の質疑応答の中で、アイヌ人骨研究がアイヌ民族にどんな利益をもたらすかとたずねられて、以下のように答えました。

「私が言っているように、アイヌ民族は北海道に在来の人たち、先住している、縄文時代、あるいはそれ以前にさかのぼる、（略）縄文時代からずーっと続いている人たちである、という（ことがわかれば）

……これはプライドになりませんかね？」[注3]

ここでは、遺骨研究はアイヌ民族の起源を明らかにする研究であり、アイヌ民族の先住性と深くかかわっている、と言っているように読み取れます。

先住民族であるかどうかは、アイヌ民族の立場や権利を考えるうえで、たいへんに重要な事柄です。そのことを明らかにする研究だとすると、遺骨研究はアイヌ民族にとってきわめて大切な研究であるように思われてきます。

もしそうだとすると、遺骨の研究が行なわれなくなると、先住民族としてのアイヌ民族の地位が脅かされるのではないか、といった不安が生まれるかもしれません。実際、百々氏は、先の発言に続いて、次のような発言もしています。

「(研究が)なくなったらね、アイヌが北海道の在来の人じゃなくなるんだ、っていう人が出てくるんですよ。(略)それを守るために(略)我々は研究を続けなければいけない」

人骨研究が行なわれないと、アイヌが先住民族でないと言う人が出てくる、そんなことにならないためにも人骨研究が必要なのだ、そう言っているように聞こえます。

こうした研究者の言い方のために、多くの人たちが人骨研究をアイヌ民族の先住性にとって必要不可欠な研究だと考えるようになりました。このことはアイヌ自身にも当てはまります。実際、北海道アイヌ協

注3　http://hokudai-monjyo.cocolog-nifty.com/blog/2014/08/post-c835.html.（　）内は引用者による補足です。

会の幹部の人たちも、同様な見解を表明しています。つぎの引用は、二〇一四年一一月四日に開催された北海道アイヌ協会の理事会議事録からです。文中の「八月九日の先住民の日記念事業」とは、百々氏らが講演したシンポジウムのことです。

「アイヌ民族が先住民族であるということは、研究なくしてあり得なかったということが、八月九日の先住民の日記念事業でも明確になったと思う」

研究なくして先住民族ではありえない――ここには、アイヌ民族にとって遺骨研究が必要不可欠だという思いが見て取れます。

もしも事実がこの通りだとすれば、アイヌの人びとが遺骨の返還を求めるのは、自分で自分の首を絞めるようなものです。せっかくアイヌの先住性のために研究しているのに、それに協力しないとはなんと愚かな奴らだ、といった嘆きさえ聞こえてきそうです。

先住性とは

しかし、これは根本的な誤解です。アイヌ民族が先住民族であることと、民族の起源や由来はまったく無関係の話です。

そもそも先住民族であるとはどういうことか、代表的な説明を見てみましょう。たとえば、一九八三年に国際連合に提出された報告書では、次のように説明されています。

「先住の諸共同体、人々、諸民族とは、侵略及び植民地化以前に自身のテリトリーにおいて発達してき

た社会との、歴史的な連続性を有する（略）人々である」（『先住民への差別問題に関する調査報告書』一九八三年）

あるいは、日本政府の有識者懇談会の報告書は、民族の先住性を次のように説明しています。

「一地域に、歴史的に国家の統治が及ぶ以前から、国家を構成する多数民族と異なる文化とアイデンティティを持つ民族として居住し（ている人々である）」（『アイヌ民族のあり方に関する有識者懇談会報告書』二〇〇九年）

どちらの場合も、先住民族とは、近代国家による侵略や統治が始まったとき、すでにその地域に暮らしていた人びと（と歴史的なつながりを持つ人びと）、と書かれています。民族の起源にまでさかのぼって、その地域に最初に住みついた人びと、という意味ではありません。

江戸幕府が蝦夷地の統治に乗り出したのが一七九九年（寛政一一年）、明治政府が北海道開拓を始めたのが一八六九年（明治二年）です。松前藩が統治していたのは、和人地《わじんち》と言われる北海道のごく一部にすぎません。たとえ松前藩時代を含めるとしても、せいぜい一七世紀初頭のことです。

そのころ北海道で暮らしていたことを示せば十分なのです。縄文時代や、さらに民族の起源にまでさかのぼる必要はありません。アイヌが先住民族であることは、起源研究とは別の事柄なのです。

もちろん、研究者たちもこのことを理解していないわけではありません。

次の発言を注意深く読んでください。さきほどの百々氏と同じシンポジウムで、人類学者の篠田謙一氏が質問に答えて述べた言葉です。

「（研究をしないと）アイヌだけは『北海道の先住民族です。一三世紀ごろに成立したんです』ということだけしか出てこない状態が生まれ（略）、私たちはもしかすると、未来に対する責任というのを放棄したことになるんじゃないかというふうに思います」

不注意に読むと、「研究しないと大変なことになる、先住民族と認められなくなる」と言っているように見えますが、よく読むと「北海道の先住民族……ということだけしか出てこない」ことになる、という言い方をしています。つまり、研究がなくても先住民族であることはすでに決まっているのです。そのことを篠田氏は理解していて、慎重にえり分けて語っているのです。

話し手が慎重に先住性の話と区別しているのに、聞き手が勝手に誤解したということでしょうか。もちろん、そうではありません。研究者自身がまぎらわしい話し方をしていることは、先ほどの百々氏の発言からも見てとれますが、篠田氏もまた、先ほどの引用に続く部分で、次のような言い方をしています。

「オーストラリアやアメリカは一五世紀より前の骨を掘ればもう、先住民しか出てこないわけですね。ところが日本の場合は、そういう社会ではない。根本ではアイヌの人たち、それから和人の人たちもどっかでつながっているかもしれないという、この社会で（遺骨を返還すると……）将来的には問題が大きいんではないかな、と個人的には思います」

オーストリアやアメリカで出る遺骨は先住民のものだが、日本は違う。だから、遺骨を返還すると「将来的には問題が大きい」。あたかも遺骨を研究しないと、アイヌが先住民族でなくなるかの言い方です。厳密にはそう言いきっていませんが、そういう読み方を誘発させる、まぎらわしい言い方であることは間違いありません。

「先住民族＝最初の民族」ではない

ですから、起源と先住性とがまったく無関係であることを、きちんと理解する必要があります。起源が解明されなければ先住性も明らかにならない、と思い込むと、むしろ先住性の理解に混乱が生まれます。

起源の問題、たとえば、アイヌ民族はどこからどのようにして北海道にやってきたのか、あるいは、アイヌ民族が北海道に最初に住み着いた人びとなのか、といった点については、まだまだ不明なことだらけです。

ですから、起源の問題と先住性とを混同すると、アイヌ民族の先住性は証明されていないといった勘違いが生まれます。

実際、インターネット上の書き込みには、アイヌの起源は縄文人だから和人と同じ民族だ、オホーツク人こそ先住民族でアイヌは植民者だ、といった類の発言があふれています。

民族の起源をめぐる不用意な発言は、アイヌ民族の先住性を守るどころか、むしろ「アイヌ民族否定論」の温床となっているというのが実情なのです。

遺骨の返還請求は、研究を全面的に否定しようというのではありません。とうぜんアイヌの人びとの中にも、民族の起源に関心のある人はいるでしょうし、そのために祖先の遺骨を提供しようと考える人もいるでしょう。

しかし、研究に協力するかどうかは、当事者に任されるべきことです。そして、アイヌ民族の場合、当事者は祭祀承継者でなく、コタンとするのが妥当だと考えられます。

ですから、墓地に埋葬された遺骨を研究に用いるには、コタンの了解を得なくてはなりません。了解が得られない場合は、研究に使うことはできないでしょうし、コタンが返還を求めればすみやかに返還すべきでしょう。これは、人体の一部を対象とする研究であれば、かならず守らなければならない原則のはずです。

ところが、返還できない遺骨を研究に利用するという方針は、この原則に真っ向から反するものと言えます。関係者の了解を得るどころか、関係者がわからないことにして研究に使ってしまえ、という方針なのですから。

これは、科学的研究が踏むべき基本的手続きを踏んでいないように思われます。

アイヌ墓地の大量発掘は昔のことであり、いまさら過去を断罪してどうなるのか、と言いたい人もいるかもしれません。

しかし、過去の遺骨をこれからも利用するというのであれば、これは現在の問題であり、未来の問題でもあります。

過去を放置したまま研究に着手すれば、現在の研究がいぜんとして過去と同質なままにとどまっているだけでなく、未来もまた過去を引きずっていくことを意味します。

過去に発掘された遺骨であっても、現代の規範や倫理にのっとって取り扱うことが重要と思います。関係者の了承のとれない人体標本を用いることは、一般に言って、現在の研究倫理では認められないでしょう。当然、返還の要請は最優先されなければなりません。

返還できないから研究利用するのではなく、返還先が確定した後に研究への協力を依頼するのが、未来へ向けた適切なやり方ではないでしょうか。

第8章　これでいいのか？　政府主導の新アイヌ民族政策

榎森　進

えもり・すすむ
1940年生まれ。北海道松前町史編集長、函館大学教授、東北学院大学文学部教授を経て同大学名誉教授。著書に『日本民衆の歴史・地域編8　アイヌの歴史』（三省堂、1987年）、『アイヌ民族の歴史』（草風館、2008年）『新版北海道の歴史　上　古代・中世・近世編』（共著、北海道新聞社、2012年）など多数。

はじめに

二〇一五年七月三一日付『北海道新聞』は、「国立アイヌ文化博物館、デザイン、建設地を年内決定、文化庁、基本計画を公表」との見出しで、「文化庁は三〇日、二〇二〇年に胆振《いぶり》管内白老町《しらおいちょう》のポロト湖畔に開設予定の国立アイヌ文化博物館（仮称）の基本計画を公表し、建物のデザインは『アイヌの精神世界を尊重した個性と魅力ある象徴的な施設とし、周辺の自然景観と調和し、親しみやすさを備えたもの』と打ち出した」と記し、同博物館は、政府が開設するアイヌ文化振興の拠点「民族共生の象徴となる空間（象徴空間）の中核施設」で、運営にはアイヌの人々が主体的、積極的に参画できる旨を報じている。

この記事のみからすると、二〇二〇年に文化庁が北海道胆振管内の白老町に日本最初の「国立アイヌ文化博物館」(仮称)を建設するという極めて前向きなアイヌ民族政策を実施するようにも受け取れる。北海道には、アイヌ民族の生活・文化に関する博物館がそれなりに存在するものの、北海道は言うまでもなく、日本全国にも国立の「アイヌ文化博物館」は未だ存在していないからだ。そのためであろうか、知人の話によると、現在、北海道内の考古学・歴史学などの研究者や博物館関係者たちが当該博物館の建設と展示に向けた活動を開始しているとのことである。

しかし、この「国立アイヌ文化博物館」の新設計画には大きな問題点が存在している。というのも、右の『道新』の記事でも若干触れているが、「アイヌ文化博物館」の新設は、当該博物館の建設のみを目的とした国の単独事業ではなく、二〇一〇年、官邸内に設置された「アイヌ政策推進会議」が新たなアイヌ民族政策の内容を決定し、二〇一四年六月一三日、その内容を政府の新たなアイヌ民族政策として閣議決定した「アイヌ文化の復興等を促進するための『民族共生の象徴となる空間』(「象徴空間」)」の中核部分を構成しているものであるからだ。そこで本稿では、現在のアイヌ民族に関する唯一の法律である「アイヌ文化振興法」(一九九七年制定)以降の政府の新たなアイヌ民族政策の立案に関する動向の特徴と問題点を指摘しておきたい。

世界の先住民族を巡る新たな動向

二〇〇七年九月一三日、国連総会は「先住民族の権利に関する国際連合宣言」(以下「国連宣言」と略記)を多数決で採択した。同宣言は、全四六カ条からなり、植民地化など歴史的不正義によって、先住民族の土地や資源が奪われたことに憂慮を表明し、先住民族の政治的自決権や土地・資源に対する権利、文化を復興し、発展させる権利を謳い、各国が「達成を目指す基準」を明記したもので（奥脇直也・小寺彰編『国際条約集』有斐閣）、法的拘束力はないが、アイヌ民族を含む世界の先住民族が歴史上初めて国際的な「権利の章典」を獲得したものである。それだけに、その歴史的意義は非常に大きい。この「国連宣言」に賛成した国は一四三カ国で、時の日本政府（第一次安倍晋三内閣）は、「民族自決権は国家からの分離・独立を含まない」「集団の権利は、一般に認められない」との保留をつけて賛成した。この保留意見、特に後者の意見が、その後の日本政府のアイヌ民族政策の内容に決定的な影響を与えるのだが、この問題については後述したい。

また反対した国は、アメリカ合衆国・カナダ・オーストラリア・ニュージーランドの四カ国であるが、このうちオーストラリアが二〇〇八年に、カナダとニュージーランドが二〇一〇年に反対を撤回した。また棄権国は、バングラディシュ・ブータン・ケニア・ブルンジ・ナイジェリア・ロシア連邦・アゼルバイジャン・ウクライナ・ジョージア（グルジア）・サモア・コロンビアの一一カ国、欠席が三三カ国である。このように、二一世紀に入って、世界の先住民族を巡る国際的環境が大きく変化するに至ったのである。

こうした国連の動向を背景に、翌二〇〇八年五月、国連の人権委員会が日本政府（福田康夫内閣）に対して、この「国連宣言」の国内適用に向けて、アイヌ民族と対話するように勧告した。この時点でなぜ国連の人権委員会が日本の政府に、こうした内容の勧告をしたのであろうか。そこには、日本政府が、アイヌ民族を先住民族として認めることを頑なに拒んできたという歴史的経緯があった。

すなわち、すでに一九九〇年の国連総会は一九九三年を「世界の先住民のための国際年」とすることを決議していた。ところが翌一九九一年一二月、日本政府は、国連人権規約（正確には、B規約「市民的及び政治的権利に関する国際規約」で定める「締約国の報告義務」）に基づく第三回報告書で、アイヌ民族を初めて「日本の少数民族」として認めたものの、「先住民族」としては認めなかったのである。宮沢喜一内閣の時である。

なお、「先住民族」の定義について、現在実務的定義として最も有名なものは、エクアドルの人権専門家ホセ＝R＝マルティネス＝コーボが国連への特別報告書で行なったもので、「先住民の共同体、人民および国民は、彼らの領土に発達した侵略前の、あるいは植民地前の社会との歴史的継続性を保ちながら、その領土、あるいはその一部に現在優勢である社会の他の集団から、彼ら自身を明白に異なっていると考えている人々」のことである（上村英明『先住民族――「コロンブス」と闘う人々の歴史と現在――』解放出版社、一九九二年）

つまり、この時まで、日本の政府は、アイヌ民族を「日本の少数民族」としても認めてこなかったのである。ではなぜこの年に日本の政府は、アイヌ民族を「日本の少数民族」として認めたのか。その裏には、これまた次のようなアイヌ民族を巡る新たなできごとがあった。

北海道ウタリ協会の「アイヌ民族に関する法律（案）」

一九八四年（昭和五九年）五月二七日、時の北海道ウタリ協会が総会で「アイヌ民族に関する法律（案）」を決議し、その制定を国に求めるというアイヌ民族の歴史上画期的な出来事があったことと、その後の国内における「アイヌ新法（仮称）」制定運動の高まりがそれである。

この北海道ウタリ協会の「アイヌ民族に関する法律（案）」は、前文と制定理由および基本的人権・参政権など全六章で構成されているが、まず前文で「日本国に固有の文化を持ったアイヌ民族が存在することを認め、日本国憲法のもとに民族の誇りが尊重され、民族の権利が保障されること」を求めている。制定理由では、「明治維新によって近代的統一国家への第一歩を踏み出した日本政府は、先住民であるアイヌとの間になんの交渉もなくアイヌ・モシリ全土を持主なき土地として一方的に領土に組み入れ」「アイヌ民族は、まさに存在そのものを脅かされるにいたった」こと、また「アイヌは、給与地（一八九九年［明治三二年］制定の「北海道旧土人保護法」で下付された「給与地」のこと。榎森注）にしばられて居住の自由、農業以外の職業を選択する自由をせばめられ、また、教育においては、民族固有の言語をうばわれ、差別と偏見を基調とした『同化』政策によって、民族の尊厳をふみにじられた」ことなどの差別の実態を記したうえで、「アイヌの民族的権利の回復を前提にした人種差別の一掃、民族教育と文化の振興、経済自立化対策など、抜本的かつ総合的な制度を確立すること」が緊急の課題になっているとし、「屈辱的なアイヌ民族差別法である北海道旧土人保護法」を廃止し、新たなアイヌ民族に関する法律を制定することを求めたものである（北海道ウタリ協会機関誌『先駆者の集い』第三六号）。この「アイヌ民族に関する法律（案）」は、アイヌ民族の歴史の上でまさに画期的な内容を有したものであった。

ではなぜ、時の北海道ウタリ協会が、かくも内容の充実したアイヌ民族に関する新たな「法律（案）」を作成することができたのか。この点でまず指摘しておかなければならないことは、第一に、一九六六年（昭和四一年）一二月一六日、国連総会が国際人権規約の三規約を採択したことである[注1]（前掲『国際条約集』有斐閣）。この国際人権規約のB規約第二七条（少数民族の保護）に「種族的（ethnic）、宗教的又は言語的少数民族（minorities）が存在する国において、当該少数民族に属する者は、その集団の他の構成員とともに自己の文化を享有し、自己の宗教を信仰しかつ実践し又は自己の言語を使用する権利を否定されない」と謳われている。ところが、これより一一年前の一九五五年（昭和三〇）三月一五日、時の北海道知事がアイヌ民族の伝統的な送り儀礼であるいわゆる「熊祭り」を「生きたクマを殺す野蛮な行為」として禁止する旨を市町村長に対して通達し（『北海道年鑑』北海道新聞社）、この国際人権規約が国連で採択された年も依然としてこの知事通達が機能し続けていたのである。なお、北海道知事がこの通達を撤回したのは、驚くなかれ二〇〇七年四月のことである。つまり、一九九七年にアイヌ民族に関する現在の唯一の法律である「アイヌ文化振興法」が制定されてから一〇年後のことなのである。

第二に、一九八〇年（昭和五五年）一〇月、時の日本政府（鈴木善幸内閣）が、先の国連人権規約のB規約第四〇条（締約国の報告義務）に基づき、第二七条（少数民族の保護）との関係で、国連に「自己の宗教を実践し又は自己の言語を使用する何人の権利も、わが国法により保障されているが、本規約に規定する意味での少数民族は、わが国に存在しない」と報告したことである。

第三に、こうしたアイヌ民族を巡る国連及び日本政府の動向と並行する形で、一九七〇年（昭和四五年）前後から「北海道旧土人保護法」の廃止を求める声が次第に高まり、当時の社会党の国会議員の紹介を介してアイヌ民族の訪中団が中国の少数民族政策を学ぶとともに、カナダやアメリカを訪問し、各地のイン

注1　A規約＝経済的、社会的及び文化的権利に関する国際規約（社会権規約）、B規約＝市民的及び政治的権利に関する国際規約（自由権規約）、C規約＝市民的および政治的権利に関する国際規約の選択議定書（自由権規約（第一選択議定書））のこと。

ディアンと交流するなど、世界の少数民族との交流を積極的に行なうようになったことである。

第四に、こうしたアイヌ民族の新たな動向と並行して、日本社会党・自由民主党・日本共産党などの政党が戦後初めてアイヌ民族政策を決定したことに加え、アイヌ民族が北海道の静内町で「シャクシャイン祭（供養祭）」や根室半島のノッカマップで「クナシリ・メナシの戦い」で死亡したアイヌの「イチャルパ（供養祭）」を行なうようになったことである。

以上が、北海道ウタリ協会が総会で先の「アイヌ民族に関する法律（案）」を決議するに至った主要な要因と考えられる。

「アイヌ新法（仮称）」制定運動の高まり

では、その後、この北海道ウタリ協会の決議は、どうなったのか。まず同じ一九八四年（昭和五九年）七月、北海道ウタリ協会は、北海道議会議長及び北海道知事に対し「アイヌ新法（仮称）」制定の実現について要請すると同時に、道市長会・道町村会・道市議会議長会・道町村会議長会・各政党・各市町村長に対しても要請した。こうしたかつてない状況の中で、同年一〇月、北海道知事が私的諮問機関「ウタリ問題懇話会」を設置した。北海道知事がこうした性格の諮問機関を設置したのは、戦前（戦前の北海道庁時代は「北海道庁長官」）・戦後を通じ初めてのことである。

かくして、同懇話会は一九八八年三月、北海道知事に対し「アイヌ新法（仮称）」問題について答申した。その内容は、アメリカ・オーストラリア・ニュージーランド他の諸国における先住民政策と先住民の現状調査結果を参考にして、北海道旧土人保護法・旭川市旧土人保護地処分法の廃止と北海道ウタリ協会が決議した右記の「アイヌ民族に関する法律（案）」の内容をほぼ踏襲した「アイヌ新法（仮称）」を国会が制定することを提言したものであった。ただし、北海道ウタリ協会が求めた「国会及び地方議会におけるアイヌ民族の特別議席」の件は、憲法に抵触する疑いが濃厚として、「アイヌ新法（仮称）」に謳うことを退けた（『先駆者の集い』第四七号）。次いで同年八月、北海道知事が右記の「懇話会」の答申内容を踏まえて、時の政府（竹下登内閣）に対して北海道旧土人保護法・旭川市旧土人保護地処分法の廃止と、それに代わるアイヌ民族の権利宣言やアイヌ文化の振興・自立化基金の創設などを盛り込んだ「アイヌ新法（仮称）」の制定を要請するとともに、「アイヌ新法（仮称）」制定のための窓口を設置するよう求めた。

この間の一九八六年一〇月二一日、時の中曽根康弘首相が衆議院本会議で「日本単一民族国家」論を強調したことが、アイヌ民族をはじめ多くの国民の反発を招き、それが、皮肉にも右のような動向にプラス要因として機能したことは間違いない。かくしてアイヌ民族をはじめとする国民の「アイヌ新法（仮称）」制定運動が急速に高まっていった。なお、この運動に関する国内外の諸動向については、拙著『アイヌ民族の歴史』（草風館・初版第一刷・二〇〇七年三月。現在の市販本は第四刷）で可能な限り詳細に記しているので、その詳細な内容については同書を参照していただきたい。

「アイヌ文化振興法」制定に至るまで

ところで、一九九二年の参議院議員の比例代表選挙で社会党から立候補した北海道沙流《さる》郡平取町《びらとりちょう》二風谷《にぶたに》

表１　「ウタリ対策のあり方に関する有識者懇談会」（1995年３月）委員

伊藤正巳（座長）	東京大学名誉教授、元最高裁判所判事
佐々木高明	国立民族学博物館館長、文化人類学
司馬遼太郎	作家、1996年２月死去
原ひろ子	お茶の水女子大学教授、文化人類学
内山昌之	東京大学教授、歴史学
横路孝弘	北海道知事、後に堀達也と交替
中村睦男	北海道大学教授、憲法学

の萱野茂《かやのしげる》が一九九四年七月一九日、参議院議員に繰り上げ当選し、アイヌ民族初の国会議員が誕生した。萱野茂参議院議員は、以後しばしばアイヌ語を交えて国会で質問したため、国会の議事録にアイヌ語の質問内容が記されることとなった。アイヌ民族の国会議員の誕生とそれに伴う国会でのアイヌ語による質問が行なわれたのは、日本の憲政史上初めてのことであった。村山富市連立内閣の時である。翌一九九五年三月、「アイヌ新法（仮称）」制定運動の高まりの中で、こうしたアイヌ民族の国会議員の誕生という新たな動向におされて、政府は、内閣官房長官の私的諮問機関「ウタリ対策のあり方に関する有識者懇談会」（以下「有識者懇」と略記）なるものを設置するに至った。「有識者懇」の委員を表1に示す。

しかし、この委員名を見てすぐ分かるように、委員に当事者であるアイヌ民族の代表はおろか、アイヌ民族の歴史に詳しい歴史学研究者が一人も含まれていないところに、この「有識者懇」には当初から大きな欠陥が存在していた。

こうした性格の「有識者懇」ではあったが、翌一九九六年四月、内閣官房長官に報告書を提出した。その主な内容は次のようなものであった。第一に、「アイヌの人々の先住性」について、「少なくとも、中世末期以降の歴史の中でみると、学問的にみても、アイヌの人々は、当時の『和人』との関係において日本列島北部周辺、とりわけ我が国固有の領土である北海道に先住していたことは否定できない」としながらも、他方で「我が国からの分離・独立等政治的地位の決定にかかわる自決権や北海道の土地・資源等の返還・補償等にかかわる自決権という問題を、我が国におけるアイヌの人々に係る新たな施策の展開の基礎に置くことはできない」とし、当時国連で検討されていた「先住民族」の権利について否定的な見解を提示しているところに大きな特徴があった（北海道ウタリ協会編『国際会議資料集』一九八七年～二〇〇〇年）。これはおそらく、先に見た一九九一年一二月の日本政府の国連人権規約に基づく第三回報告書でアイヌ民族を初めて「日本の少数民族」として認めたものの、「先住民族」としては認めなかったという政府の対国連報告の内容を強く意識したことによるものと思われる。しかも、傍線部分のような非歴史的表現をしていたのである。

また、「新しい施策の基本的考え方」では、「ウタリ対策の新たな展開の基本的理念は、今日存立の危機にあるアイヌ語やアイヌ伝統文化の保存振興及びアイヌの人々に対する理解の促進を通じ、アイヌの人々の民族的な誇りが尊重される社会の実現と国民文化の一層の発展に資することであり、この基本理念と関係施策の具体性との調和を図ることが必要」とした上で、「この基本理念に基づくウタリ対策の新たな展開は、過去の補償又は賠償という観点から行う」ことを強く否定した。さらに、従来行政施策で「ウタリ」と呼称してきたが、これを「アイヌ」と改め、北海道にアイヌに関する共同研究などを行なう「アイヌ研究センター（仮称）」の設置の推進、アイヌ語を含むアイヌ文化の振興策を行なうための「アイヌ文化振興基金（仮称）」の設置、アイヌ文化を総合的に伝承するため、アイヌの伝統的生活空間の場（イオール）の再生をイメージし、様々な展示施設を盛り込んだ空間を公園等として整備すること等の諸施策を提言するとともに、北海道旧土人保護法と旭川市旧土人保護地処分法の廃止を提言した（前掲『国際会議資料集』）。

以上から分かるように、「有識者懇」の報告書の内容は、アイヌ民族の先住性を認めながらも、国連で検討されていた先住民族の権利については否定的な見解を提示しただけでなく、新たなアイヌ民族政策についても、基本的には、アイヌ民族の生活基盤に関わる具体的施策を全く提示していないことなどの点で先にみた北海道ウタリ協会が総会で決議した「アイヌ民族に関する法律（案）」の重要な部分を骨抜きにした内容になっているだけでなく、先の北海道知事の私的諮問機関「ウタリ問題懇話会」の答申の内容よりも極めて低レベルの内容で、全体として「アイヌ文化の振興」を中心にした施策になっているところに大きな特徴が見られた。

その後、一九九六年四月一六日、北海道ウタリ協会が理事会を開催して、この報告書の内容について協議し、その結果、同協会が求めてきた要望に応える内容ではないが、新しい立法措置の必要性を求めていることを評価し、この報告書の内容を条件付きで受け入れることを決定した。その条件とは、

(1) アイヌ民族の「先住権」は新に制定する法律の「根拠」となるので、「先住民族の権利に関する宣言」が国連で採択された時、日本政府は、これを速やかに受け入れ遵守すること。
(2) この法律の対象は、国内に住むアイヌ民族全体におよぶものであり、居住する地域で区別されるべきでないこと。
(3) この法律に基づく施策の実施は、政府の責任で行なうこと。
(4) この法律は、従来の福祉対策として施行されるものではなく、民族の誇りが確保できる民族政策として位置づけること。そのためには、教育支援策や生活基盤の安定に関する対策を拡充するとともに、

現行ウタリ福祉対策と報告書が述べている文化面に関する施策を一本化し、全ての施策が法的根拠に基づき施行されるようにされたいこと（傍線引用者）。

以上がその主な内容であった（前掲『国際会議資料集』）。

「アイヌ文化振興法」とその問題点

こうした経緯を経てアイヌ民族に関する新たな法律「アイヌ文化の振興並びにアイヌの伝統等に関する知識の普及及び啓発に関する法律」（略称「アイヌ文化振興法」）が一九九七年五月八日、衆議院で可決成立した（同年五月一五日公布、七月一日施行）。同法は、全一三カ条の本則と六カ条の付則で構成されているが、第一三条は、同法で謳う施策を実施するための受け皿団体となる「指定法人」と同法人に関する規定で、これにより、同年六月、「財団法人アイヌ文化振興・研究推進機構」（略称「アイヌ文化振興財団」）が設置された。また、付則で北海道旧土人保護法・旭川市旧土人保護地処分法の廃止と、北海道旧土人保護法第一〇条で規定していた北海道知事の管轄下にある「北海道旧土人共有財産」の共有者への返還に関する規定を記している。

ところで、同法は、アイヌ民族が求めてきた「アイヌ新法（仮称）」の内容を十分に反映したものなのか。答えは否である。それどころか、これまで見てきた同法成立に至る経緯と同法第一条でその目的を「この法律はアイヌの人々の誇りの源泉であるアイヌ民族の伝統及びアイヌ文化（以下『アイヌの伝統等』という）が置かれている状況にかんがみ、アイヌ文化の振興並びにアイヌの伝統等に関する知識の普及及び啓発（以下『アイヌ文化の振興等』という）を図るための施策を推進することにより、アイヌの人々の民族としての誇りが尊重される社会の実現を図り、あわせて我が国の多様な文化の発展に寄与することを目的とする」とし、第二条で、この場合の「アイヌ文化」を「アイヌ語並びにアイヌにおいて継承されてきた音楽、舞踊、工芸その他の文化的所産及びこれから発展した文化的所産」と定義していることが端的に示しているように、アイヌ民族の経済的生活を保障する施策を何一つ記さず、単にアイヌ民族の文化の振興策を謳ったものに過ぎなかった。

しかも看過できないことは、同年三月八日、札幌地裁が「二風谷ダム訴訟」判決で、原告側の主張を全面的に認め、二風谷ダムの建設を不当とするとともに、アイヌ民族を「先住民族」として認め、アイヌ民族の「文化享有権」が日本国憲法第一三条（個人の尊厳と公共の福祉を謳った条文）で保障されているとした画期的な判決の内容を全く無視して、アイヌ民族の「先住権」を認めなかったことからもうかがえるように、アイヌ民族が求めてきた「アイヌ新法（仮称）」の内容より著しく後退した内容の法律であることだ。先に見たように、北海道ウタリ協会が有識者懇の報告書に対し、アイヌ民族の生活基盤の安定に関する施策を拡充することを強く要望していたにもかかわらずである。

アイヌ民族の先住権を認めたくない政府

こうした状況下の二〇〇一年三月二〇日、日本政府がＩＬＯ（国際労働機構）第一六九号条約[注2]をいまだ批准していないことに対し、国連の「人種差別の撤廃に関する委員会」が日本政府に次のような最終勧告を提示した。「締約国（日本）に対し、先住民としてのアイヌの権利を更に促進するための措置を講ずることを勧告する。この点に関し、委員会は、特に土地に係わる権利の認知及び保護並びに土地の喪失に関する賠償及び賠償を呼びかけている先住民の権利に関する一般的種族に関する勧告第二三（第五一会期）に締約国（日本）の注意を喚起する。また、締約国（日本）に対し、原住民及び種族民に関するＩＬＯ第一六九号条約を批准すること、及びこれを指針として使用することを慫慂《しょうよう》する」と。これに対して日本政府は、「『先住民』という言葉の定義については、国際的な定義がなく」「アイヌが『先住民』であるかどうかについては、国際的な論議との関係において慎重に検討する必要があると考えている」として拒否したのみならず、「ＩＬＯが本来取り上げるべき労働者保護以外の事項が多く含まれており、また我が国の法制度に整合しない規定が多く残されているという問題もあるため、ＩＬＯ総会での採択の票決において我が国政府は棄権したところであり、直ちに批准することには問題が多いと考えている」との意見を国連の人種差別撤廃委員会に提出して、ＩＬＯ第一六九号条約をただちに批准しないことを明言した（財団法人人権教育啓発推進センター編『主要人権関係条約資料集』）。

こうした状況の中で二〇〇七年九月、先の「国連宣言」が採択され、翌二〇〇八年五月、国連人権委員会が日本政府に対し、この「国連宣言」の国内適用に向けて、アイヌ民族と対話するように勧告した。日本政府は同宣言に賛成したものの、日本国内のアイヌ民族を先住民族と認めることを拒否し続けてきたか

注2　独立国における先住民族の権利を記したもの。従来の一〇七号条約が「統合主義」にもとづいて同化政策を推進するものだったのに対し基本的に先住民族の自主的権利を尊重する内容になっている。

らである。こうした国連の勧告を大きな契機として、同年六月六日、衆参両議院本会議で「アイヌ民族を先住民族とすることを求める国会決議」を全会一致で採択するに至った。この国会決議の主な内容は、「我が国が近代化する過程において、多数のアイヌの人々が法的に等しく国民でありながらも、差別され、貧困を余儀なくされたという歴史的事実を、私たちは厳粛に受け止めなければならない。すべての先住民族が名誉と尊厳を保持し、その文化と誇りを次世代に継承していくことは、国際社会の潮流であり、また、こうした国際的な価値観を共有することは、我が国が二一世紀の国際社会をリードしていくためにも不可欠である。特に本年七月の環境サミットと言われるG8サミットが、自然との共生を根幹とするアイヌ民族先住の地・北海道で開催されることは、誠に意義深い。これを機に次の施策を早急に講ずべきである」とし、「一、政府は『先住民族の権利に関する国際連合宣言』を踏まえ、アイヌの人々を日本列島北部周辺、とりわけ北海道に先住し、独自の言語、宗教や文化を有する先住民族として認めること」「二、政府は、『先住民族の権利に関する国際連合宣言』が採択されたことを契機に、同宣言における関連条項を参照しつつ、高いレベルで有識者の意見を聴きながら、これまでのアイヌ政策を更に推進し、総合的な施策の確立に取り組むこと」というものであった。

「アイヌ政策のあり方に関する有識者懇談会」の設置とその『報告書』の問題点

右のような動向のなかで、この国会決議が採択された日に、政府（福田康夫内閣）は、この決議を受けて、時の官房長官が「官邸に有識者の意見を伺う『有識者懇談会』を設置し」、「アイヌの人々のお話を具体的に伺いつつ、我が国の実情を踏まえながら検討して参りたい」との談話を発表するや、以後北海道ウタリ（現アイヌ）協会と首都圏のアイヌ民族の団体をはじめ、当該問題に関心のある多くの国民が政府に対してこの「懇談会」の委員に複数のアイヌ民族の代表を加えるように強く要請したが、この要請は聞き入れられず、同年七月一日、官邸内にアイヌ民族の代表として加藤忠北海道ウタリ（現アイヌ）協会理事長のみを加えた「アイヌ政策のあり方に関する有識者懇談会」（以下「あり方懇」と略記）を設置した。委員は表2の通りである。

こうして、同年七月二九日、この「あり方懇」が官房長官に『報告書』を提出した。

この『報告書』は、「一、今に至る歴史的過程」「二、アイヌの人々の現状とアイヌの人々をめぐる最近の動向」「三、今後のアイヌ政策のあり方」の三つの部分から構成されているが、このうち特に「一」と「二」の内容に大きな問題点が含まれていた。まず「一」に関して言えば、『あり方懇』に課せられた課題からすれば、アイヌ民族の歴史を「史実」を重視して記述しなければならないのに、この部分の記述内容が極めて杜撰であることだ。

代表的な問題点を指摘すると、まずもって「民族」としてのアイヌ民族の形成について記述しなければならないにもかかわらず、一四世紀の日本社会側の記録である『諏訪大明神絵詞《すわだいみょうじんえことば》』の記述に依拠して、室町時代に「夷島《えぞがしま》」に日本語の通じない「異文化びと」が存在していることが日本社会に知られるようになったことなどについて記しているものの、「アイヌ民族の成立」の問題については一切触れていないことである。しかも「異文化びと」なる言葉は、従来のアイヌ民族の歴史を記した論文・史書では一切使用されたことがなく、この「報告書」のみで使用された造語であることだ。また、蝦夷島《えぞがしま》に成立した松前藩が蝦

表２　「アイヌ政策のあり方に関する有識者懇談会」（2008年７月）委員

佐藤幸治（座長）	京都大学名誉教授、憲法学
安藤仁介	世界人権問題研究センター所長
加藤忠	北海道ウタリ協会（2009年４月１日、北海道アイヌ協会と改称）理事長
佐々木利和	国立民族学博物館教授、歴史学
高橋はるみ	北海道知事
常本照樹	北海道大学大学院法学研究科長、同大学法学部長、同大学アイヌ・先住民研究センター長、憲法学
遠山敦子	新国立劇場運営財団理事長
山内昌之	東京大学教授、歴史学

夷島を和人専用の地域としての「和人地（松前地）」とアイヌ民族の居住地としての「蝦夷地《えぞち》」の二地域に区分した上で、上級家臣に対する知行《ちぎょう》（俸禄《ほうろく》）として「蝦夷地」の海岸部の一定地域にアイヌ民族との交易の場としての「商場《あきないば》」を与えたこと（こうした知行のあり方を「商場知行制《あきないばちぎょうせい》」という）については触れているものの、この地域区分体制の歴史的意味については全く記していないことである。

さらに、近代におけるアイヌ民族の歴史で重要な位置を占める北海道旧土人保護法の性格については、その概要を記してはいるものの、同法の柱である農業に従事するアイヌに対する五町歩以内の「給与地」の下付とアイヌ小学校（旧土人小学校）の新設がアイヌ民族の強制的な農耕民化とアイヌ民族の皇民化教育を介してアイヌ民族の和人社会への同化を強要したという同法の本質を記すことなく、単に「アイヌの人々の窮状を十分に改善することにはならなかった」と記しているに過ぎないことである。

また、「三、今後のアイヌ政策のあり方」では、「あり方懇」に課せられた課題からすれば、当然のことながら、国連宣言と国連人権委員会の日本政府に対する勧告の内容、および国会決議の内容を真摯にうけとめた新たな政策を提示すべきであった。ところが、この報告書では右でみたように、アイヌ民族の歴史を正確に記述していないだけでなく、「国連宣言」の各条文で謳われている先住民族の権利については、わずかにアイヌ文化の伝承活動との関わりで触れているに過ぎず、「国連宣言」の重要な部分を構成している土地・領域・資源に対する権利（第二五条〜第三二条）をアイヌ民族に適用することを意識的に避けた内容になっていることである。

たとえば同宣言第二六条の内容は、「1　先住民族は、自らが伝統的に所有し、占有し、または他の方法で使用し、もしくは取得してきた土地、領域および資源に対する権利を有する。2　先住民族は、自らが伝統的な所有権、他の伝統的占有または使用により所有し、あるいは他の方法で取得した土地、領域及び資源を所有し、使用し、開発し、かつ、管理する権利を有する。3　国は、これらの土地、領域及び資源に対して、法的承認および保護を与える。このような承認は、当該先住民族の習慣、伝統および土地保有制度を十分に尊重してなされる」というものだが（前掲『国際条約集』有斐閣）、この条文が謳っている土地、領域及び資源に対する権利について、この『報告書』は一切触れていない。しかも、看過できないことは、カナダ・オーストラリア・ニュージーランドなどの政府（首相）が当該国の先住民族に対し、過去の政策に関して公式に謝罪しているにもかかわらず、同報告書では、国のアイヌ民族に対する公式な謝罪を一切要求していないことである。

アイヌ政策推進会議と新アイヌ民族政策

二〇〇九年一二月二九日、政府は、右の「あり方懇」の報告書を受け、官邸内に「アイヌ政策推進会議」

（以下「推進会議」と略記）なるものを設置した。委員は、表3の一四名で、うちアイヌ民族の代表は、加藤忠・阿部一司・川上哲・能登千織・丸子美紀子の五名になった。

そして翌二〇一〇年一月、第一回アイヌ政策推進会議が開催された際、「民族共生の象徴となる空間」作業部会と「北海道外アイヌの生活実態調査」作業部会の二部会を設置することを決定した。前者の委員は、佐々木利和（部会長）・加藤忠・川上哲・佐藤幸雄（北海道アイヌ協会事務局長）・篠田謙一（国立科学博物館人類研究部人類史研究グループ長）・常本照樹の六名、後者の委員は、常本照樹（部会長）・阿部一司・佐々木利和・佐藤幸雄・本田優子（札幌大学文化学部長、後同大副学長）・丸子美紀子（関東ウタリ会会長）の六名であった（「アイヌ政策推進会議」ホームページ）。以後、推進会議がこの二つの作業部会と並行して開催されてきたが、推進会議の座長（議長）が内閣官房長官であるという事実が象徴的に示しているごとく、右の二つの作業部会を含む推進会議は、政府主導の会議であり、そのためこれらの会議の議事概要（官邸が会議の概要をまとめ、公表した文書）を読む限りでは、アイヌ民族の代表を含めてこれらの会議の委員が、国連宣言で謳う先住民族の権利を日本国内での適用を求めた積極的な提言をした形跡をうかがうことができない。それどころか、北海道アイヌ協会理事長の政府に対する「感謝」の言葉やそれに類する発言が目立つのがまことに残念である。

かくして、二〇一一年六月、右の両作業部会が具体的な政策の内容をまとめた報告書を作成し、その内容が推進会議の新アイヌ民族政策としてそのまま採用されるに至ったのだが、その内容には大きな問題点が存在していた。

まず前者の作業部会の報告書の内容は、わずかにアイヌ民族の歴史や文化を理解するための「野外博物

表3　「アイヌ政策推進会議」(2009年12月) 委員

平野博文	座長、内閣官房長官
小川勝也	内閣総理大臣補佐官、座長代理
阿部一司	北海道アイヌ協会副理事長
安藤仁介	世界人権問題研究センター所長、京都大学名誉教授
上田文雄	札幌市長
大西雅之	鶴雅グループ代表
加藤忠	北海道アイヌ協会理事長
川上哲	北海道アイヌ協会副理事長
佐々木利和	人間文化研究機構国立民族学博物館教授、後に北海道大学アイヌ・先住民研究センター教授
高橋はるみ	北海道知事
常本照樹	北海道大学大学院法学研究科長、同大学法学部長、北海道大学アイヌ・先住民研究センター長
能登千織	北海道白老町学芸員
丸子美紀子	アイヌウタリ連絡会代表
横田洋三	人権教育啓発推進センター理事長、中央大学法科大学院教授

館的空間」(筆者の用語)を整備し、同空間内に国立のアイヌ文化博物館(仮称)を新設すると共に、全国の各大学で保管しているアイヌの人骨(遺骨)について、個人名が特定された遺骨は、民法でいう「祭祀承継者」個人への返還を基本とし、遺族への返還の目途がたたないものは、この「象徴空間」に集約して、その慰霊を行なうとし、しかも集約した人骨(遺骨)を「アイヌの歴史研究」の材料として利用するというものである。

また後者の報告書の内容は、調査対象地域を全国に拡大したものの、一九八九年の『東京在住ウタリ実態調査報告書』では、在京アイヌのみで五一四人(推定二七〇〇人)を数えているにもかかわらず、調査対象者数は全国でわずかに二一〇人に過ぎないのである。その地方別、都府県別内訳は表4の通りである。いかに安易な調査であったのかをよく示している。なお、二〇〇六年の北海道在住アイヌの人口は二万三七八二人であったが、二〇一三年の人口は一万六七八六人に減少している。二〇〇六年比で六九九六人減少している原因は不明である（北海道環境生活部『平成二五年北海道アイヌ生活実態調査報告書』）。道内、道外ともに、アイヌ差別社会の中で、本人がアイヌと認めた人のみの人口である。

むすびにかえて

こうした経緯を経て、二〇一四年六月一三日、政府は、アイヌ文化振興のナショナルセンターとしての「民族共生の象徴となる空間」を北海道白老町の一カ所のみに整備することを閣議決定した。政府はこの政策を、国連宣言の内容を踏まえた新たなアイヌ民族政策だとするが、これまで見てきたところから明らかなように、国連宣言で謳う先住民族としてのアイヌ民族の先住権をほとんど認めず、アイヌ民族を愚弄した政策と言わなければならない。

しかも残念なことは、二〇一四年四月一日、公益社団法人北海道アイヌ協会と改組した同法人の定款第四条に、「事業」として「民族共生の象徴となる空間整備に関する施策の推進」と記されていることである。先に見たように、一九九六年四月、有識者懇が「アイヌ新法（仮称）」の制定に関する報告書を内閣官房長官に提出した際、時の北海道ウタリ協会は、「『先住民族の権利に関する宣言』が国連で採択された時、日本政府はこれを速やかに受け入れ遵守すること」を条件付きで受け入れたことを考慮すれば、現在の北海道アイヌ協会は、当時の性格から大きく変質してしまったと言っても過言ではない。

北海道在住のアイヌ民族はいうまでもなく、日本全国に居住しているアイヌ民族全体が当初期待した新

表4　アイヌ政策推進会議「北海道外アイヌの生活実態調査」作業部会による調査対象者数。『「北海道外アイヌの生活実態調査」作業部会報告書』（2011 年）に基づいて作成。

地方	人数	全体に占める割合	都府県別の人数
東北	9	4.3%	青森２、岩手１、宮城３、山形３
関東	137	65.2%	栃木４、茨城７，埼玉 19、千葉 24、東京 58、神奈川 25
中部・北陸・東海	38	18.1%	新潟１、石川１、山梨１、長野４、静岡 19、愛知 12
近畿	14	6.7%	京都２、大阪 10、兵庫２
中国・四国	7	3.3%	岡山１、広島４、香川１、愛媛１
九州・沖縄	5	2.4%	長崎２、沖縄３
合計	210	100　%	

たな民族政策とは全く異なる内容なのだ。

国連宣言で謳っている先住民族の権利をほとんど認めていない、このような政府主導の新たなアイヌ民族政策が実施されようとしている今日、我々はその矛盾点を解明し、アイヌ民族側に立ったアイヌ民族政策にすべく、多様な角度から再検討することによって、政府主導の現アイヌ民族政策の内容を改めていく必要があろう。そしてこの作業こそがまさに「民族共生」の作業と言えるのではなかろうか。

（一部敬称略）

第9章　アイヌ人骨返還を巡るアイヌ先住権について

市川守弘

はじめに

二〇一二年九月一四日、浦河町のアイヌが北海道大学（旧北海道帝国大学。以下「北大」）に対し、北大の保有する先祖の遺骨返還を求めて訴訟を提起し、[注1] 二〇一四年一月、北海道紋別市のアイヌが北大に対し、同じく遺骨返還を求める訴訟を提起し、さらに同年五月二七日、浦幌アイヌ協会が六四体の遺骨返還訴訟を提訴した。[注2]

北大は現在アイヌ人骨として一〇二七体の「個体として特定できた遺骨」を保有し、うち個人が特定できる遺骨は一九体と発表している。個体として特定できない遺骨は箱に入ったままでその数は公表されていない。[注3] 北大がこれほど多くのアイヌ人骨を保有するに至った事情は基本的には戦前戦後を通じて「学

いちかわ・もりひろ
1954年生まれ。1988年、札幌弁護士会登録。アイヌ遺骨返還請求訴訟原告代理人。

術研究」のために各地のアイヌ墓地を発掘、蒐集《しゅうしゅう》した結果とされている（一部「寄託」がある）。この「学術研究」は戦前は優生学的思考（優秀な「大和民族」）を背景にした解剖学の研究を中心とし、戦後も「土人骨格ノ蒐集ト計測、其ノ他一般解剖学的調査」「アイヌ頭蓋大後頭孔損傷の研究」などの目的であったとされる。[注4]

これらの研究目的のために一九七〇年代まで北海道各地のアイヌの墓地が発掘され人骨が蒐集された。墓地発掘の際はタマサイなどの多くの副葬品も発掘されていたがほとんどの行方は現在不明である。[注5] また

注1　札幌地方裁判所平成二四年（ワ）第二〇四九号事件。

注2　札幌地方裁判所平成二六年（ワ）第七七号事件（紋別）及び同二六年（ワ）第一〇六四号。いずれも平成二四年（ワ）第二〇四九号事件と併合。

注3　北海道大学『北海道大学医学部アイヌ人骨収蔵経緯に関する調査報告書』（二〇一三年）。この報告書では発掘した場所はわかる。なお、内閣官房アイヌ政策推進会議政策推進作業部会（二〇一三年四月一九日議事録、http://www.kantei.go.jp/jp/singi/ainusuishin/dai11/gijigaiyou.pdf）によると日本全国の大学・研究機関が保有するアイヌ人骨は、個体ごとに特定できた遺骨数が一六三五体、うち個人として特定できた遺骨は二三体、個体ごとに特定できなかった遺骨は五一五箱（容量は不明）とされている。

注4　植木哲也『学問の暴力　アイヌ墓地はなぜあばかれたか』（二〇〇八年、春風社）九一～九二頁、前記注3『調査報告書』二二～六六頁。

注5　前注4、一〇五頁。なおタマサイとはガラス玉等で作られた首飾りであり、副葬品にはこのほか刀剣類、漆器類など民族資料、民俗資料として重要なものも含まれる。

注6　前注3『調査報告書』でも明確な了解等を得ていた事実は確認できない。前記注4植木参照。

アイヌ人骨発掘の経緯を研究している学者からは人骨の多くは盗掘であったと指摘されている。[注6]

本稿では専ら北大が保有するアイヌ人骨の返還を巡る、アイヌ側の返還請求の法的根拠を検討するものであり、特にアイヌ先住権という権限に注目するものである。

訴訟における被告・北大の主張

平成二四年（ワ）第二〇四九号事件等における被告北大の答弁書において、北大は「保管しているアイヌのご遺骨」を「祭祀承継者等」に「お渡しする」とし、その祭祀承継者等の該当性は裁判所に委ねる、とする。[注7]ここで最も大きな問題は、「祭祀承継者等」を返還対象者と限定していることである。「祭祀承継者等」のうち「等」の意味は不明であるが、祭祀承継者への返還を明言する以上、旧民法の相続法および現民法八九七条をアイヌ遺骨返還の根拠としていると思われる。

アイヌ人骨の返還問題については、内閣官房アイヌ総合政策室アイヌ政策推進会議の政策推進作業部会（以下「作業部会」）が政府としてのとりまとめをしている。部会長には北大の憲法学者である常本照樹が就任している。作業部会では、二〇一三年六月一四日に「アイヌ遺骨の返還・集約に係る基本的な考え方」として次のようなまとめをしている。[注8]

＊（遺骨について）海外では、民族または部族に返還する事例があり、アイヌ人骨もコタンまたはそれに対応する地域のアイヌ関係団体に遺骨を返還することが望ましい。

＊一方、現在、コタンやそれに代わる組織など、返還の受け皿となる組織が整備されていない。
＊このため、祭祀承継者たる個人への返還を基本とする。

政府はこの考え方に基づき人骨を「返還」するとし、返還対象とならないアイヌ人骨について、内閣官房アイヌ総合政策室および国土交通省が北海道白老町に計画している一種のテーマパークである「民族共生の象徴となる空間」に慰霊施設を設け、そこに収蔵する計画が進行していたが、[注9]二〇一四年六月一三日、正式に閣議決定を受けて国家プロジェクトとして動いている。

この政府の論理は、諸外国と同様に「コタンまたはそれに対応する地域のアイヌ関係団体に遺骨を返還」することが望ましいとしつつ、現在このようなコタンやそれに代わる組織はないと断定した上で、祭祀承継者へ返還する、とするものである。北大の考え方も、この政府見解をまとめた作業部会部会長が北大の常本であることから、基本的には政府見解と同じとみてよい。

この政府および北大の結論である「祭祀承継者への返還」は、事実上アイヌへの遺骨返還拒否を意味している。注3の議事録にあるとおり、個体として特定される人骨のうち個人が特定されるものは全国で二三体、北大では一九体しかないから、たとえ祭祀承継者への返還が行なわれても、それは全国で二三体の祭祀承継者への返還にすぎない。残る一六一二体の人骨は返還されないのである。また、この政府の考

注7　平成二四年一一月二六日付答弁書、一五頁。
注8　前注3　議事録三
注9　アイヌ政策推進会議　http://www.kantei.go.jp/jp/singi/ainusuishin/meetings.html　参照。

え方には次の重大な疑義がある。まず、なぜ諸外国では「民族または部族」に返還するとされているのか、それが法的裏づけをもつのであればアイヌの場合も同様に捉えるべきでないか、またアイヌには「現実問題」として返還を受けるべき集団が存在しないと断定できるのか、さらに、仮にアイヌにはこの「受け皿」組織がないとした場合に、それが直ちに祭祀承継者へ返還すべきという結論に導かれるのか、という諸点がそれである。

アメリカにおける先住権

なぜ諸外国では遺骨を「民族または部族」に返還するとされているのか。たとえば、アメリカ連邦法の墓地保護及び返還法（the Native American Graves Protection and Repatriation Act）では、連邦職員や連邦の博物館に対し、収集した人骨や副葬品などを元のトライブへ返還することを定めている。[注10] 二〇〇七年に採択された「先住民族の権利に関する国際連合宣言」でも一二条に「先住民族は」「遺骨返還に対する権利を有する」とされており、同宣言の他の条文にある「先住民族である個人」という文言と異なる文言を用いている。[注11] 権利主体の問題として、この個人と異なる「先住民族」とは何か、その権利はいかなるものなのか、が遺骨返還に際しては重要な問題となる。従来日本では「先住民族」という言葉があいまいに使われてきた。「先住民族である個人」と「先住民族の中の集団」と二つの意味を分けて考えなければならない。一般にこの「集団」としての権限を先住権と称しており、先住民の人骨の帰属、あるいは墓地の管理権限は、この先住権の内容と捉えることができるので、まずこの先住権についてアメリカインディアン法[注12]を参考に概観することとする。

アメリカでは先住権（aboriginal title, Indian title、original title などと称される）とは、長年慣行的に行使されてきた土地を占有し、使用し、利用を享受する権限をさす。[注13] 具体的には占有する土地内での狩猟、漁獲などのほか土地資源の利用権などの具体的諸権利を包括した権限である。[注14] 先住権の主体は、トライブ（tribe）という集団である。トライブというのは、日本では「部族」などと訳されているが、法学的には法的意味付けを持った概念であり、日本では適正な法的表現が存在しないためトライブと表現することとする。[注15] 実態としてはアイヌコタンがこのトライブと言える。アメリカ大陸では、有史以前から各地に広が

注10　25 U.S.C.A. §3001-3013, DAVID H. GATCHES et al. FEDERAL INDIAN LAW 4th EDITION 232（1998）

注11　英文では「Indigenous peoples 」であるが、この言葉は「自己決定権を有する人民」とされており、集団、つまり「民族又は部族」をさしている。http://www.un.org/esa/socdev/unpfii/documents/DRIPS_Japanese.pdf　は和訳で他の条項との比較ができる。

注12　インディアンという表現は日本では差別語として最近使われない。しかしアメリカではIndian Lawという分野があり、ロースクールの講座名もIndian Lawであるから、本稿ではインディアン、インディアン法という表現を用いる。拙稿 Understanding the Fishing Rights of Ainu of Japan: Lessons Learned from American Indian Law, the Japanese Constitution, and International Law, Colorado Journal of International Environmental Law and Policy,（2001）参照。

注13　State v. Coffee, 556 P.2d 1189（Idaho 1976）

注14　FELIX S, COHEN et al. COHEN'S HANDBOOK OF FEDERAL INDIAN LAW 442（1982）. ゆえに権限ととらえるのが妥当であろう。

るインディアンがトライブごとにそれぞれの土地を支配し、その占有する土地を占有、使用、利用し、収益を享受していたことから、この土地を占有、使用、利用、享受し、支配していたトライブという集団が先住権の権限の主体となる、ということである。[注16]

先住権が肯定される根拠となる権原《けんげん》は主権であるとされている。アメリカ連邦最高裁は、ジョージア州が州内にあるインディアン・カントリーに白人が入ることを禁止していたにもかかわらず、州法を無視してトライブの承諾のみで入った白人に、州裁判所が刑事罰を科した事件について、一八三二年、白人を無罪とする判決を出した。[注17]理由は次のようなものである。

＊ヨーロッパから隔たったアメリカ大陸は、すでに人々がおり、かれらは多くの国民（nations）に分かれ、それぞれが独立し、それぞれが自らの法によって自らを統治していた。

＊ヨーロッパ人による大陸の発見は、発見したヨーロッパ人に開拓のための土地を取得する権利をヨーロッパ人に与えた。その限度において完全な主権というのはなくなるが、土地を占有し自らの裁量で土地を使用する正当性は認められる。[注18]

＊インディアンは、常にそれぞれ区別された独立した政治的集団であり、有史以前からの権利を有しているが、唯一の例外は、最初の発見者が属する国とのみ、交渉、交易（intercourse）しなければならないことである。

この判決の意味は、そもそもインディアンはトライブごとに独立し、それぞれが主権団体として自らの法による支配をしていたが、ヨーロッパ人の大陸発見によって、それまで自由に交易していた相手が、その「発見国」に限定され、これに反しない範囲において有史以前からの独立性や土地の使用や利益の享受は妨げられない、としたことである。[注19]この考えは連邦最高裁によって、一八二〇年代から一八三〇年代において確立し、その後に引き継がれている。[注20]コロラド大学ロースクールのインディアン法学者であるチャールズ・F・ウィルキンソンは、交易や土地の売買などという他国民との交渉事項がヨーロッパ諸国の支配の要求に服されたものの、対内的な統治権（internal self-government）は保持された、と評している。[注21]同じくインディアン法の権威として知られるコーエンは、対内的統治権（internal self-government）

注15　したがって民族学的には部族（tribes）より小さい血族集団であるbandsであっても法的主体としてはトライブと表現することにする。

注16　United States v. Washington, 520 F.2d 676, 688（9th Cir. 1975）、同じく前注COHEN et al.. 451

注17　Worcester v. Georgia, 31 U.S.（6 Pet）515,542（1832）。判決ではトライブに入ることはトライブの承認だけでよく、州法は適用されず白人は無罪とした。

注18　County of Oneida v. Oneida Indian Nation, 470 U.S. 226, 234（1985）では、Worcester v. Georgia 判決を引用し、さらに「弱い国家はより強力な国家の保護の元に身をおくかもしれないが、その場合であっても国家であることを止めたり、政府としての権利を捨て去ることはない」と判示している。

注19　VINE DELORIA et al.. THE NATIONS WITHIN 2（1984）。この考え方はthe Doctrine of Discovery「発見の理論」といわれており、古く十字軍時代の考えの影響を受けているといわれている。

注20　Johnson v. McIntosh, 21 U.S.（8 Wheat.）1823, 前注18のCounty of Oneida v. Oneida Indian Nationなど。

注21　CHARLES F. WILKINSON, AMERICAN INDIANS, TIME AND THE LAW, 56（1987）

は主権（Tribal Sovereignty）として保持されていると述べている。[注22] 前記事件は主権団体であるトライブに州法は及ばない、としたものである。このようにトライブは主権団体との理解から、連邦政府は、各地のインディアントライブとの間で条約を締結しながら、土地や自然資源を取得していったのである。つまり、アメリカインディアン法においては、インディアンの各トライブは、対内的には主権を有する団体として認められ、団体内の自主決定権が認められている。各トライブは州政府とは同等の地位にあるものの、連邦政府の下に置かれる。このような理解の下で、たとえばナバホのようなトライブでは支配領域内における課税権、警察権はもとより、司法権、議会などを有しているのである。結局、この各トライブの主権を根拠として、当該トライブの土地支配が正当化され、土地支配の内容である占有、利用等の権限としての先住権が認められるのである。

インディアントライブを主権団体と理解することによって、アメリカ独立後でさえ一七八七年にデラウェアインディアンとの条約を手始めに一八七一年までに、連邦政府との間で数百の条約が締結された。ここで重要なのは、たとえば先住権の重要な一つとされるサケ捕獲権などは条約によって「新しく認められた権利」ではなく、本来的にトライブが有していた権利を条約によって確認したものであるとされている点である。実際に条約の内容は、平和を保障すること、特定の土地を連邦政府に譲り渡すこと、境界を画定すること、譲り渡した土地におけるサケ捕獲権を保障すること、などであった。[注23] このことは反面では条約によって連邦政府に譲り渡していない権限は、本来的にトライブの現在のメンバーに引き継がれているとされる。[注24] 確かに、インディアントライブと連邦政府との条約は一方的な不平等条約であった。通訳が正確でなかったり、白人側には法律専門家が関わっていたりしたからである。[注25] しかしそれでもインディアントライブの先住権を前提としてギブ&テイクの方法をとったことは日本のアイヌ政策とは天地の差である。

近世のアイヌ先住権

アイヌの遺骨の返還も「民族または部族」に返還すべきでないのか、が次に問題となる。そこで次にアイヌの日本における法的地位をあきらかにし、先住権を有すると評価できる団体、つまり主権団体が存在したのかを、検討する必要がある。

アイヌの歴史は有史以前にさかのぼり、文献上でも七世紀には登場するが、本稿ではもっぱら近世からのアイヌを検討することにする。

江戸時代におけるアイヌの法的地位は、幕府および松前藩との関係で考える必要がある。徳川家康は

注22　前注14　FELIX S. COHEN et al. 232

注23　連邦政府に譲らずにトライブが確保した土地はリザベーション（保存地）と言われ、本来占有していた土地を保存した、という表現をとる。リザベーション内でのサケ捕獲はそれまでどおりであり、条約によってはリザベーション外でのサケ捕獲も保障される。サケの捕獲に関する判例は多い。United States v. Winans, 198 U.S. 371（1905）は連邦政府に売り渡した土地を通行して川に行く通行権や土地にサケを干す行為が認められた。

注24　State v. Coffee 556 P.2d 1185, 1189（Idaho 1976）

注25　United States v. Washington 384 F. Supp. はこれらの事実関係を詳細に認定している。

一六〇四年（慶長九年）、松前藩に対して黒印状を与え、松前藩の権益を安堵《あんど》（承認）したが、この安堵が幕府および松前藩とアイヌとの関係を規律しているからである。この松前藩の権益の安堵はその後の徳川将軍による朱印状によって継続[注26]されていく。徳川幕府は各大名に土地を安堵したが、その土地の安堵は「石《こく》」として米の生産高に応じた土地の範囲を示していた。松前藩の地理的位置はエゾ地という米作不可能な寒冷地のために、松前藩に対してはエゾ地におけるアイヌとの独占的交易権という権益を付与する内容の安堵であった。黒印状では、一般商船のアイヌに対する非法行為を禁止するとともに、商船に対する松前藩の課税権を公認し[注27]、そしてさらに「『諸国』より『松前』に出入りする一般和人が『夷仁《いじん》』（アイヌ）と『直に商売』することを『曲事《くせごと》』（法に背いた行為）と記して禁止し、松前氏に対するアイヌ民族との交易の独占権の公認[注28]」をした。徳川幕府は、アイヌの交易の相手を松前藩に限定することによって、アイヌが和人と自由に交易することを禁止したことになる[注29]。

さらにこの黒印状では、二条に「附《つけたり》　夷之儀者《えぞのぎは》、何方江往行候共《いずかたへおうこうそうらえども》、可為夷次第事《えぞのしだいいたすべきこと》」という文言が入っている。一般に「エゾのことはエゾ任せ」といわれる根拠がこの「附」なのであるが、この意味は「蝦夷地が幕藩体制的規範のわく外にあることの政治的理念の表明、ないしは、幕藩制支配がアイヌ民族に及んでいないことを幕府自らが認めたもの」と解されている[注30]。

榎森は、以上の幕藩体制下における幕府・松前・アイヌの相互関係について以下のように論じている。

＊（アイヌ）は、松前藩を介して幕藩制国家そのものと直接的な対峙関係に置かれると同時に、政治的・身分的には「野蛮人」・「化外の民」として、経済的には交易相手ないしは収奪の対象として位置づ

けられたのである。[注31]

つまり、アイヌは経済的収奪の対象とされながらも、「化外の民」として幕藩体制の支配外に置かれ、幕府と対峙する関係に立った、ということである。松前藩に独占的交易権を付与した結果、和人が居住できる和人地と、それ以外の交易地としてのエゾ地の地域が明確に区分された。和人地は、松前を中心として渡島《おしま》半島の南東部に留まり[注32]（幕末にはやや広がった）、和人地とエゾ地との境界には番所を設置して、アイヌと一般和人の往来を厳しく取り締まった。[注33] また、「化外の民」であるアイヌには「個別的直接的人的支配政策や課税を実施しなかった」のである。[注34] 幕藩体制下におけるアイヌは、一方で交易の相手方を松前

注26　徳川将軍は代々各地の大名に対し土地を安堵するための書面を交付した。この安堵の文書は、朱印が押印してある場合を朱印状、花押だけのものを黒印状と称していた。
注27　榎森進『アイヌ民族の歴史』（二〇〇七年、草風館）一六二頁
注28　前注27、榎森一六二頁
注29　もっとも、アイヌは千島やサハリンなどを通じて広く交易をし、オホーツク海から捕ったラッコの毛皮や、サハリンを経て中国から入る絹織物（蝦夷錦）などが松前藩との交易品の中に含まれていた。前注27、榎森一七四頁
注30　榎森進『北海道近世史の研究』（一九九七年、北海道出版企画センター）一八六頁
注31　前注27、榎森一八六頁
注32　地域としては渡島半島の最南端である。前注27、榎森一六七頁
注33　前注27、榎森一六六頁
注34　前注27、榎森三〇八頁

藩に限定されながらも、他方で本土の和人のように人別帳に記載され、移動を制限されたり、課税されたり、賦役を課されたりすることはなかった。

アイヌ内部での体制

次に、このような「エゾ任せ」「化外の民」とされたアイヌのエゾ地内における社会生活を概観する。一九一一年（明治四四年）七月に、北海道庁は「往時における旧土人部落の組織、酋長と部民との関係、制裁等の社会的状態」、つまり江戸時代のアイヌについて次のようにまとめている。[注35]

＜コタンについて＞

＊「アイヌは数戸或は数十戸団結して部落を成し、各所に散居す。[注36]」

つまり、数戸ないし数十戸をもって集落（コタン）を形成し、エゾ地（北海道）内に散居していた。

＊「松前氏統轄の頃は各部落に酋長あり。これを乙名と称し、其の下に小使《こづかい》及び土産取《みやげとり》なるものありて、之を補佐せり。[注37]」

つまり、各コタンには長がいて、小使および土産取と称する補佐役がいた。

＜コタンの権限＞

＊「酋長の職務は部落を統率し漁猟に部民を指揮し婚姻葬祭の禮に興り、忿諍《ふんそう》を仲裁し、外に対しては

部民を代表して種々の交渉に當り闘争には其の指揮者となれり。[注38]」

これは長の権限についての記述であるが、長の権限はコタンの権限でもある。つまり各コタンはコタンごとに長がコタンの権限を代表し、コタンごとの交渉が行なわれていたこと、コタンごとに漁猟や冠婚葬祭が行なわれていたことを示している。この冠婚葬祭の点はアイヌの遺骨の返還を求める主体が誰かを考えるうえで重要な点である。

＊コタン内における裁判権については、「罪悪を裁判するは衆人の前に於いてし、決して之を秘密に行なわず。而《しか》して罪人が容易にその罪に服すれば格別否《しか》らざれば熱湯中に石を入れてこれを探らしめ、或は掌上に草葉を置き其の上に火を載せて之を握らしめ、或は冷水の多量を飲ましめ、無事なれば以って無罪とし、損傷すれば以って有罪とす[注39]」。
これは、各コタンにおいて刑事訴訟手続きが行なわれていたことを明記している。

＊また、刑事罰に関しては「処刑の法は寶物《ほうもつ》を出して罪を償わしむるを普通とす。その他鼻又は耳を殺ぎ或は足の筋を断ち或は髪を剃り髭を抜く等の法あり。死刑は殆《ほと》ど之を行わず[注40]」とあり、刑事罰についてコタン内に一定の法規範があったことを認めている。

注35　北海道庁『北海道旧土人』（一九一一年、復刻版一九八〇年、北海道出版企画センター）二頁
注36　前注35、北海道庁二頁
注37　前注35、北海道庁四頁
注38　前注35、北海道庁五頁
注39　前注35、北海道庁五頁

＊民事法に関しては、「又二人相争ひて決せざる場合はウカリと称し一定の式により杖（夷名シュト）を以って交互相打たしめ、或はチャランケ[注41]と称し互に論争せしめその勝敗によりて罪の有無を決し[注42]」とあり、これは「罪」とあるが内容的には民事訴訟手続きも各コタンで行なわれていたことを示している。

＊このようにコタンで実際に行なわれていた内容、特に裁判手続きや刑事罰の内容は江戸時代だけでなく明治時代になっても各地で行なわれていた事実があった。[注43]「開拓使以後と雖も彼等は全く旧慣を廃すること能《あた》はず、私にチャランケを行ひ、ツクナイを取ること珍しとせず。稀にはウカリ[注44]をも行なうことあり[注45]」とされ、明治以降も各コタン内において訴訟が行なわれていた事実を明らかにしている。

明治以降の同化政策にもかかわらず、大正年間においても独自に裁判を行なっていたコタンが存在していた事実は重要である。一九二二年（大正一一年）に北海道庁が行なった「旧土人に関する調査」においても、[注46]たとえば平取《びらとり》では裁判について「現在に於いては之を行なうこと稀なり」と稀には裁判が行なわれていることを示している。[注47]門別《もんべつ》では「旧土人特有の制裁を用いることなきにあらず[注48]」とあるから、裁判が存在していたことになる。三石《みついし》の幌毛《ほろけ》では「近時酋長と定むるものなく、従って部落の裁判は凡て年長者其の権を執りて善悪を判定す[注49]」とあり、依然として訴訟が行なわれていたことを指摘している。

　このように「化外の民」とされたアイヌは、エゾ地内でコタンと呼ばれる集団を数戸から数十戸をもって形成し、エゾ地内に「散在」し、これら各コタンは特定の漁業、狩猟等の区域を有し、コタン構成員のみがその自然を享受することができ、[注50]またコタンでは、独自の民事、刑事の訴訟まで行なわれていたのである。[注51]また、コタンが有していた特定の漁業、狩猟等の区域は江戸時代までは排他的効力を有していた。[注52]

注40　前注35、北海道庁五頁

注41「チャランケとは論争のことで、長老が立会い議論の当否を裁断し、和解させた」（高倉新一郎『アイヌ政策史』一九四二年、日本評論社、三七頁）。

注42　前注35、北海道庁五頁

注43　賠償させるという財産刑の意味（前注41、高倉三八頁）。

注44　ウカリあるいはウカルといい、身体刑のことで髪や髭を剃る、鼻を削る等の刑罰の意味である。

注45　前注42、北海道庁六頁

注46　北海道庁『旧土人に関する調査』（一九二二年）五〇頁以下

注47　前注46、北海道庁五〇頁

注48　前注46、北海道庁五〇頁

注49　前注46、北海道庁五一頁

注50　前注41、高倉二二頁。コタンは漁猟区を持ち、コタン構成員はこの区域内の資源を自由に使用したが、コタン構成員以外の者が無断で侵入し狩猟することは禁止され、もし無断で狩猟した場合には贖罪が求められたとしている。

注51　司法省調査課「司法研究一七報告集」（一九三三年）七頁は、アイヌ社会の法制度について記述をしている。詳細ではなく高倉新一郎の『アイヌ政策史』などを引用しているに過ぎないが、当時（昭和八年）の司法省の研究成果として江戸時代までのアイヌ社会における独自の刑事法の存在と手続法が存在していたことを認めた意義は大きい。

主権主体としてのコタン

江戸時代までのアイヌは、交易の相手方を松前藩に限定されるという対外的な制約を受けながらも、対内的には幕府や松前藩による直接の法的制約を受けることなく自由な意思決定を行なっており、この自由な意思決定は一定の法規範をもって規律され、かつコタン内において強制力を有していたことが明らかである。アイヌの場合も対外的主権は制限されながらも対内的主権は保存されたものであったと理解することができる。もちろん、この法規範は慣習によって形成されていた。

このコタンの支配領域は、『アイヌ政策史』（日本評論社、一九四二年）で高倉が記述しているようにコタンという集団が支配し、例えばサケの漁獲権などもコタンの権限として当該コタンの構成員のみに許されるものであった。[注53]

ところで、従前からいわゆる「アイヌ民族」の権利、先住権ということが言われていた。しかし、そもそも「民族」という概念が不明確な上に、先住権の内容は前記したように慣習として行なわれてきた集団の行為をさすのであるから、それは各集団が存在していた地域ごとに考察するほかはなく、北海道、千島、樺太に広がるアイヌ民族一般の権限と捉えることは誤りである。江戸時代にあってもモベツ川（現紋別市）におけるサケ捕獲はモベツコタンのアイヌの権利であり、他の地域のアイヌがモベツ川でサケを捕獲すれば紛争、場合によってはコタン間の戦争となるのである。[注54] 考えるべきは先住権の主体として主張を保持していたコタンという集団なのである。

遺骨・墓地管理は先住権

アイヌは慣習的に各コタン集団が特定の排他的支配的領域を持ち、土地を支配し、使用し、利用してきた。しかもその裏づけは各コタンが自らの法によって自律的に統治するという対内的主権であったことが明らかとなる。この主権を権原とし、サケ漁猟権や土地資源利用権などの土地占有、土地利用、利益の享受という先住権権限がアイヌには認められる。本稿の目的である当該コタンの支配する土地内に存在した当該コタンの墓地や埋葬された遺骨の管理権限もこの主権に裏打ちされた土地利用の一つとして先住権に含まれるかを次に検討する。

アイヌの遺骨や墓地に関する理念は、家《イエ》を中心とする和人のそれとは全く異なる。そもそも遺骨は所有権の対象ではなく（したがって相続対象ではない）、墓地はコタン内の「山の中腹あるいは丘陵上」に設けられ、「共同墓地の形はとっているが一家一区画を占めるというような決まりもなく、死者のあるに従い、

注52　前注50、司法省六五頁

注53　前注41、高倉二一頁は、「部落若しくは部落集団は共有の漁猟区を持って」と記述している。

注54　石狩アイヌと千歳アイヌとのサケ捕獲を巡る紛争について、松前藩が調停をしたイサリ・ムイサリ事件（一七九九〜一八二二）は江戸末期におけるこのようなコタン間の争いである（拙稿「アメリカインディアン法の生成と発展［主権とサケ漁猟権を中心として］――アイヌ法確立の視座として――」／『現在法律実務の諸問題集録』二〇〇三年、第一法規、一〇二二頁）。

順次その隣に二・七メートルないし三・六メートルぐらいの距離で墓壙《はかあな》を掘っていた」[注55]。「墓地は屍《しかばね》を遺棄する（オスラ）所で、詣でて祀るところではなかった」[注56]のである。埋葬後、墓標（クワ）を立て、後を振り返らず家に帰る。[注57]墓地は決して近づいてはいけない場所であった。墓地は単に屍を遺棄するところであったという事実は、アイヌが死者や祖先を詣でないことを意味しない。アイヌは「死霊の祟りを恐れたためか、葬式をやって、死者を墓地に埋葬してからは、墓に近づかず、従って墓参りなどはしなかった」[注58]が、「この墓参りしないという事実だけを見て、アイヌには『祖先の祭り＝祖霊祭り』などないように誤り伝えた向きも多いが、それは事実を知らないからである」[注59]。この『祖先の祭り＝祖霊祭り』はシヌラッパ、イチャルパ（慰霊）などといわれ、和人のように特定の家族が当該家族の祖先を祀るのではなく、より大掛かりに行なわれるコタンの催しである。まず、

(1) アイヌの神々も祀る。[注60]

(2) 屋内でのシヌラッパには親戚、近隣などコタンの人たちが参加し、[注61]祈りは長老が何人かで分担して行なう。[注62]つまり、コタンの全構成員による「祀り」だったのである。

(3) 戸外のヌサ（幣所）では、男子一人、女子数名で行ない、いずれも同じ祖系に属する血縁集団のメンバー（女性は母系）に限られる。[注63]

このようなシヌラッパは、コタンの多くの者が参加し行なわれていた。[注64]アイヌはこのような「墓地は屍を遺棄するところ」で、墓標や「遺骨は埋葬後は朽ちるに任せ」、コタンの者たちを埋葬のとき以外には近づけず、死者の供養は墓地ではなくコタン内で、コタン構成員全員で行なう、という管理形態であった。そして、この管理の主体は集団としてのコタンが長を代表者として行なっていたのである。このような墓

地および遺骨に関する規律を持った管理行為は土地に対する利用権の一つとして先住権に含まれなければならない。遺骨返還請求権はこの管理権限の一つとして先住権によって根拠づけることができる。

政府の論理の破綻

国や北大はアイヌに対して、その遺骨を財産として相続対象とし、家制度を基本に祭祀承継者制度を適用しようとするが、それがアイヌの法規範と相容れないのは前記のとおりである。繰り返すが、国や北大のこの論理は和人の世界観・社会倫理を、異なる世界観・倫理観を持つアイヌに対し、一方的に強制するものであって、現代において世界に例を見ない同化政策そのものである。

注55　高倉新一郎他『アイヌ民族誌』（一九六九年、第一法規）五一五頁
注56　前注55、高倉他五一五頁
注57　前注55、高倉他五二三頁
注58　前注55、高倉他五七七頁
注59　前注55、高倉他五七七頁
注60　前注55、高倉他五八〇～五八七頁
注61　前注55、高倉他五八三頁
注62　前注55、高倉他五八三頁
注63　前注55、高倉他五八七～五八九頁
注64　前注55、高倉他五九三～五九五頁

また全国の研究機関が保管する遺骨の中には明治初期に死亡した遺骨も存在するが、[注65]旧民法制定（一八九八年）以前に死亡した遺骨に対して死後の相続法を遡って適用するという考えになり、すでに破綻がある。

いずれにしても、祭祀承継者たる個人に返還するという論理はかなり飛躍があり、アイヌの法慣習に反するなど、その法的根拠の検討に欠けること著しい。

国や北大は、祭祀承継者への返還の理由として「コタンないしコタンに代わる団体がない」とする。[注66]この主張は先住権の主体となる団体・集団が存在しないという意味で、極めて重大な問題をはらんでいる。主体となる団体・集団がないということは、そもそも日本政府が署名した「先住民族の権利に関する国際連合宣言」におけるアイヌの権限や権利を行使する主体がいない、つまりこれらの権限や権利は存在しない、という主張の裏付けとなっているからである。

そこで、この「コタンないしコタンに代わる団体がない」と政府が論ずる歴史的根拠について検討する必要がある。

明治政府は、それ以前の幕藩体制におけるアイヌコタンの法的地位を無視し、主権団体であるアイヌコタンとの条約の締結を経ることなくその土地を収奪していった。一八七二年（明治五年）、開拓使布達によって「原野山林等一切の土地官属」とし（土地売貸規則）、また「山林川沢従来土人等漁猟伐木仕来シ地」を区分し地券を発行（地所規則）するなど、それまでアイヌコタンが支配していた土地を一方的に国有地化し地券によって和人へ払い下げていく政策をとり、コタンの主権を一方的に排除した。

そもそも開拓使は太政官直属機関で、その権限は省と同じとされていたが、開拓使職制事務章程上款および下款（一八七五年）では、道路開削、郵便事業など専ら内政面の権限しか規定されておらず、アイヌとの交渉権限や土地を国有化する権限などは存在していなかった。

また、サケ漁に関しては一八七三年（明治六年）、札幌周辺の河川におけるアイヌの伝統的漁法であるウライ漁を禁止し、現在も北海道内水面漁業調整規則によって禁止している。注50にあるとおり、そもそも各コタンは漁猟区を持ち、コタン構成員はこの区域内の資源を自由に使用し、コタン構成員以外の者が無断で侵入し狩猟することは禁止されていた。なぜ日本政府がアイヌに対して、その漁猟区を廃止できるのか、その法的根拠は全く明らかではない。

各コタンが有していた司法権は、日本政府に完全にその機能を奪われた。

問題は、これらの、土地を支配する権能、漁猟区を管理する権能、司法作用の権能などが奪われた結果として、これらの機能を有していたコタンが存在しなくなった、と評されている点である。

注65　和人による最初の遺骨発掘は明治二一年である。なお慶応元年、英国人によるアイヌ墓地発掘が発覚し函館奉行所がアイヌに二五〇両を賠償させた。前注4、植木四八頁以下。

注66　常本照樹『学術の動向』（二〇一一年九月）七九頁以下。この中で常本は、アイヌが「アイヌ語を話しアイヌの文化の中で生きていける環境を失ったのは、国の北海道『開拓』政策の結果である」として、すでに権利主体たるコタンは存在しないと考えているようである。さらに常本はコタンの権利性については「先住民族固有の権利の中には、民族が権利主体となるものが少なくないが、欧米の法体系を継受した日本では権利主体は原則として個人とされている」として、そもそも先住権の主体としてのコタンの存在は認められないという見解のようにも受け取れる。常本は前注3の政策推進作業部会部会長を務めているので、少なくとも現在におけるコタンないしコタンの子孫への返還は否定していると考えられる。

そもそも政府がいう「コタンないしコタンに代わる団体がない」[注67]という現在の事態は、明治政府以降のアイヌの主権を認めない一方的侵略行為の結果なのであって、アイヌの主権の回復こそ必要であり、主権主体であるコタンの回復は不可欠である。コタンが「存在していない」のであれば回復させるのが国の義務である。[注68]

「コタンはない」は本当か

政府が主張する「コタンないしコタンに代わる団体がない」という事態は真実なのであろうか？　筆者は決してそう考えていない。

すでに検討したように明治以降の同化政策は、それまでコタンが有していた権限や機能を奪っていったが、そのすべてを奪うことはできなかったからである。たとえば現在においても多くのアイヌの人たちはカムイノミ（神への儀礼）、イチャルパ（慰霊）などを行なっている。アシリチップノミ（最初のサケ漁の儀式）は多くの場所で引き継がれ、チプサンケ（舟下ろし儀式）なども受け継がれている。これらの宗教行為を制限することは一八六九年（明治二年）公達などにより「風俗ヲ敦《ただ》スヘキ事」とされて同化政策の中心となっていたが、実際は各地で広くさまざまな宗教行為が行なわれていたのである。

アイヌの遺骨に関しては、まさにイチャルパが各コタンの構成員の子孫によって受け継がれてきている。

確かに右記のように憲法によって司法権は奪われ、北海道条例の内水面漁業調整規則によって内水面におけるサケ捕獲が禁止されていたとしても、コタンの諸機能のうち残っている機能も存在し、それを担う主体としてのアイヌの人たちも現に存在しているのである。その限度では依然としてコタンの存在を認めることも可能なのである。

先祖を慰霊するというコタンの人々の慣習は依然残っており、この慣習の内容として遺骨の管理も含まれているのであるから、[注69] アイヌの人たちはコタン構成員の子孫として遺骨返還の権限を持つと理解することも可能なのである。

「日本型先住権」などありえない

常本は、注66で引用した「学術の動向」の中で、「アイヌ民族の権利」の考察として次のように述べる。この常本の基本的姿勢は「コタンないしコタンに代わる団体がない」という国の主張をさらに法的装いを

注67　鈴木英一『開拓使文書を読む』（一九八九年、雄山閣）七二頁は、開拓使は地方官ではなく諸省と同じ権限を有するとするが、単なる官庁でしかないことは認める。一官庁が主権を有する団体（コタン）との交渉権限をもっていたとは言いがたい。このようにその権限に疑義のある開拓使が一方的に定めた布達によってアイヌの主権が法的に「消滅」することはありえない。

注68　アメリカでは一九三四年、the Indian Reorganization Act を制定し、self-government としてのトライブの再生を目的とした。トライブ構成員による投票によって団体組織の再生、憲法の採用などの権限をトライブに与えた。

注69　遺骨が持って行かれたまま、つまり遺骨を管理できない状況のままでは先祖の慰霊行為ができないと考えることは当然のことであろう。

もって正当化しようとしているように思える。

常本は、先住民族について「自決権や土地に対する権利を中心とした特別の実体的権利を享有する民族」として考えられている諸外国とは異なり、アイヌの場合には「少数民族に対して国がその同意を得ることなく、結果としてであれ打撃を加えた場合に」「それによる損害を回復する強い責務を国が負うという考え方」としての「手続的先住民族概念」を考えることとし、「国がその責務によって回復すべき民族の利益とは文化」である、と結論する。

アイヌの人たちは文化伝承を中心とした「日本型」先住民族政策ともいうべき権利を考えるべきだ、と主張しているのである。その理由は、注66で記述したように「先住民族固有の権利の中には、民族が権利主体となるものが少なくないが、欧米の法体系を継受した日本では権利主体は原則として個人とされている」とし、集団が権限を持つとする先住権についてはじめから否定しているからである。[注70] しかし日本国憲法のモデルはアメリカであり、アメリカではインディアントライブが州と同じ権限を持つ主権団体として認められ、土地所有、サケ捕獲権などが認められているのである。そもそも「先住民族の権利に関する国連宣言」で謳われている先住権は国際的に認知された内容をもつ概念であって、そこには常本の記述する「手続的先住民族概念」や、そこから導かれる権利概念が入る余地はない。つまり常本は、アイヌの人たちに対する国際的に認知されている先住権の復活を検討するという手段をはじめから放棄し、似て非なる「権利」という言葉をもって国際的に認知された内容をもつアイヌ先住権を完全に否定しようとするものなのである。常本が部会長を務めるアイヌ政策推進会議作業部会の結論、それを受けた閣議決定が、およそ遺骨返還を求めるアイヌの希望に応えていないのは、いわば当然の結果といえよう。

全国の研究組織が保有する一六三五体および箱詰めの遺骨は、発掘した場所は分かるので当該土地を支配していたコタンは明らかとなる。したがって、発掘された場所のコタンの構成員の子孫は先住権に基づく管理権限によってコタンから持ち去られた遺骨すべての返還請求をなしうるのである。

従来、先住権やアイヌの主権問題はほとんど研究されてこなかったが、明治以降の負の遺産の清算のためには法学研究の大きな課題であり、研究すべき義務である。

本稿は『法の科学』四五号（民主主義科学者協会法律部会編、日本評論社発行、二〇一四年）掲載論文に加筆修正した。

注70　前注66、常本八〇頁。常本はこの論稿を、自らが参加した「二〇〇八年八月に内閣官房長官のもとに」設置された「アイヌ政策の在り方に関する有識者懇談会」の考え方を紹介するという体裁をとって記述しているが、反面では「アイヌ民族と日本の実情に適合した先住民族政策の意義」として積極的に展開しているのである。常本は結局「日本の実情」を前面に出すことにより、過去の日本政府のなしたアイヌに対する侵奪行為に免罪符を与えている。

第10章　過ちに真摯に向きあえない北海道大学

「北海道大学医学部アイヌ人骨収蔵経緯に関する調査報告書」から見えてくるもの

市川利美
平田剛士

はじめに

国立大学法人北海道大学（以下、北大）が二〇一三年三月二八日、「北海道大学医学部アイヌ人骨収蔵経緯に関する調査報告書」を公表して間もなく、同じ北大に籍を置くある研究者から「報告書を読みましたが、北大はよくやったと思います」というメールを受け取りました。それまでアイヌのよき理解者だと信頼していた人からのメールだったので、思わず目を疑いました。

この報告書は、北大自身が二〇一〇年度から実施した内部調査の結果をまとめたも

いちかわ・としみ（右）
北大開示文書研究会会員として、小川隆吉氏とともに北海道大学に対する情報開示請求をはじめとする証拠書類の収集と整理・分析に尽力。
ひらた・つよし
1964 年、広島市生まれ。北大開示文書研究会会員。フリーランス記者。

のです。一八〇頁にもおよぶ記述は一見、緻密です。学内の現役の研究者たちが調査したというだけあって、文献調査は詳細です。しかし、最も重要な証拠書類（たとえばアイヌ墓地発掘（盗掘）当時、研究者らが現場で作成したはずのフィールドノート）が見当たりません。それを探しだそうとする「詰め」の調査もされていません。にもかかわらず、後ほど詳しく紹介しますが、その結論は非常に断定的です。「証拠もなしに、なぜこんな結論になるの？」という疑問だけが残ります。調査してもしなくても同じ結論、つまり、「初めに結論ありき」だったのでしょう。調査担当者はベストを尽くしたのかも知れませんが、途中でブレーキがかけられ、最後に結論を差し替えられたように感じます。それでも「北大はよくやった」と言えるのでしょうか。

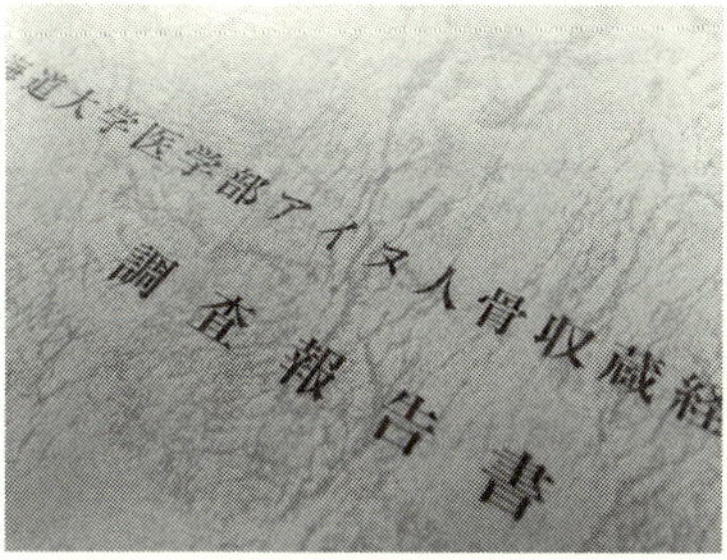

「北海道大学医学部アイヌ人骨収蔵経緯に関する調査報告書」の表紙

北大報告書は、事実を明らかにするというより、自己を正当化し、これ以上の追及を受けないようにするための防御策として作成されたに過ぎない、と言うべきでしょう。

アイヌ墓地発掘（盗掘）の経過と責任が明らかにされることを期待して読み始めましたが、浮かび上がってきたのは、北大医学部の非人道的かつ民族の尊厳を踏みにじる研究姿勢、隠蔽《いんぺい》体質、学問（えせ学問も含めて）至上主義が現在も続いている、という残念な事実でした。

とはいえ北大が、このような〝弁明書〟としか言いようのないものであれ、公式の調査報告書を作成せざるを得なくなった背景に、真実を求めるエカシやフチたちの血を吐くような闘いがあったことだけは間違いありません。報告書の分析を進める前に、北大から開示された文書などを元に、まずそのことに触れておきましょう。

海馬沢博氏の闘い

話は一九八〇年一一月に遡ります。市民団体「北海道・民族問題研究会」の代表であった海馬沢博氏（故人）は、北大学長にあてて数次にわたって手紙を出し、以下のような内容の質問や要求を伝えました（本書巻末の補足資料参照）。

（1） アイヌ人骨発掘の中心的存在だった北大医学部解剖学第二講座の児玉作左衛門教授（北大在職期間は一九二九年～五九年。一九七〇年没）が、北大の研究者として研究のために集めたものは、児玉氏の退官後、児玉氏個人の所有物になったのか。

（2） 法の手続きを経ないで勝手にアイヌ民族の墓を掘り起こし、人骨を持ち去ったのだから、研究が終わったなら元の墓地に返すのが筋ではないか。

（3） 墓を暴いたとき一緒に持ち去った付属埋葬品を公開してほしい。

（4） 発掘から研究、事後措置についての事実をすべて明らかにしてほしい。

（5） 何を研究するためにアイヌ民族の人体骨を一五〇〇体も必要としたのか。

（6） 副葬品は何を研究するために必要としたのか。

(7) 研究終了後、遺族に返還する約束になっていたが、なぜ返還しなかったのか。
(8) 合同慰霊祭を一度も実施していないのは、遺族に対してあまりにも失礼ではないか。
(9) 大学の責任について明示してほしい。
(10) 児玉コレクションと称するものの一部を白老の資料館に寄贈すると報道されているが、本来、個人の所有でないものを寄贈するなどあり得ない。

いずれもしごくもっともな疑問・要求です。

これに対して、北大側は〈学長といえども個々の研究者の研究内容には関与できない面がある〉(八二年一月二一日付有江幹男学長書簡)と消極的な態度しか示しませんでした。三浦祐晶医学部長から海馬沢氏あての同年二月三日付の手紙には、〈当時の関係者から事情を聴取し、また、記録関係を詳細に調査いたしましたが、特段に非違な点は認められませんでした〉〈故児玉教授は、広く医学的、人類学的な総合的研究の立場から道内各地において当時の関係官庁及び各地の関係者と協議の上、適正な方法で人体骨の発掘を行い丁重な慰霊祭等を実施したと聞き及んでおります〉と、およそ答えになっていない文言がつづられています。また「児玉コレクション」について北大側は、〈私費によって購入した物で〉(八〇年一一月二五日付今村成和学長書簡)、〈本学部の管理下にある物品ではない〉(前記、三浦祐晶医学部長書簡)との見解を示しました。ようするに門前払いです。

しかし、これらの回答は事実に反しています。たとえば、児玉作左衛門「八雲遊楽部《ゆうらっぷ》に於けるアイヌの墳墓遺跡の発掘について」(『北海道帝国大学医学部解剖学教室研究報告』第一号、一九三六年)によると、児玉教授は一三三の墓を掘り、刀剣三一本、タシロ（山刀）三三一本、マレップ（鈎銛）四八個、銛三三一個、マキリ（小刀）一〇〇本、煙管四八本、耳輪五三個、その他首飾りなど、多くの副葬品を掘り出しています。これらは児玉教授が「私費によって購入」したものではありませんから、大学が責任を持って所在を明らかにすべきものですが、北大は黙殺しました。

納得できない海馬沢氏はすかさず次のような内容の再質問を重ねています。

(1) アイヌ民族の墓掘りと原人骨の発掘とを同列に取り扱う考えか。
(2) 聴取した当時の関係者の職、氏名、聴取内容を示せ。
(3) 詳細に調査したという記録の写しと調査内容を示せ。
(4) 「非違」とは何を意味するのか、判定の物差はなにか。
(5) 当時の関係官庁及び各地の関係者と協議とあるが、協議の内容と関係者を具体的に明らかにしてほしい。
(6) 適正な発掘方法とは具体的にどんな方法か。慰霊祭はアイヌ式か和人式か。
(7) すべてを記載したという台帳の写しを送付してほしい。
(8) 貴重な標本というが、標本とはなにか。
(9) 一五〇〇体もの人骨を必要とした児玉教授の研究結果の報告をしてほしい。
(10) 人骨が国外に流出していることの真偽を示せ。
(11) 副葬品の行方についてを示せ。

（一九八二年二月八日付書簡）

これらの質問の一つ一つにこめられた怒りと悔しさを思うと、何度読んでも胸を打たれます。しかし北大は回答しませんでした。海馬沢氏はその後、一九八二年四月八日に北大医学部を訪れ、改めて「人体骨をコタンに返してほしい」と要求を伝えています。アイヌとしての魂の叫びを北大に直接伝えずにいられなかったのでしょう。しかし大学側がその望みをかなえることはありませんでした。

その後、北大医学部は一九八四年七月、野村義一・北海道ウタリ協会（当時）理事長の要望書に答える形で、医学部校舎裏の駐車場の一隅に「アイヌ納骨堂」を建設し、残されていた一〇〇〇体を超えるアイヌ遺骨を搬入します。ごく一部ながらウタリ協会地方支部に委ねた遺骨もありました（この「返還」がどれほどずさんだったかも後に明らかになります）。完成した納骨堂では北海道ウタリ協会主催のイチャルパ（慰霊の儀式）が執り行なわれ、それによって「この問題はすべて解決」としたかったようです。

小川隆吉氏の闘い

しかし、すべてのアイヌが納得したわけではありません。

故・海馬沢博氏の遺志を受け継ぐと固く決意し、真実を明らかにするための証拠を長年探し求めていた小川隆吉氏は、発掘・収集したアイヌ人骨をリスト化した台帳が北大学内に保管されていることを知り、二〇〇八年一月一一日、大学に駆けつけました。応対した林忠行・副学長（当時）は、小川氏の閲覧要求に対して「アイヌ人骨台帳はあります。しかし、記述内容に差別的なものがあるので、そのままでは外部に出すのは難しい」と口頭で返事をしました。

小川氏は直後の一月一七日、北大に対して「北海道大学医学部、児玉作左衛門収集のアイヌ人骨の台帳とそれに関連する文書」の開示請求を申し立てました。「独立行政法人等の保有する情報の公開に関する法律」に基づく手続きです。請求に対して北大は二月二九日、「アイヌ人骨台帳」と称するワープロで入力された簡単なリスト（計三八頁）一点を開示しました。

だが、どうもおかしい。このリストには表紙がなく、名称、作成者、作成年月日も記載されていません。これは発掘当時作られた書類ではない。元本があるはずです。しかし北大にそう問い合わせても、〈「アイヌ人骨台帳」の作成の元となった資料については、本学では把握していません。本学で保管している「アイヌ人骨台帳」は保管の当初から開示した文書のとおり、機械処理されたものです〉（高畑範昭・北大総務部広報課情報公開担当「ご質問の件について（回答）」二〇〇八年四月一四日）と返答を寄越すだけでした。

業を煮やした小川氏は同年四月三〇日、行政不服審査法に基づく異議申し立てをしました。同時に、墓地から盗掘した副葬品に関する文書資料の開示請求も行ないました。四カ月経った九月四日、北大は異議申立書を認容します。あれほど「元本はない」と言い張っていたのに、「アイヌ民族人体骨発掘台帳（写）」という手書きの台帳（の複写物）が開示されたほか、合わせて二七点もの関連する文書が開示されました（北大「法人文書開示決定通知書」二〇〇八年九月四日）。北大が初め、あわよくば一点だけの開示で追及をかわそうとしていたことがこれで明らかになりました。市民を欺く気だったわけです。

しかしこの後、二七点を開示してなお、北大が関係書類のすべてを開示していたわけではなかったことが次々に明らかになります。

小川氏の最初の情報公開請求（〇八年一月）から四年以上経過した二〇一二年三月、北大から小川氏にあてて「第一解剖移管（日高部分）」と称する書類が送られてきました。

A4サイズ、二頁分のコピーです。日高地方各地の墓地から発掘・収集した人骨の詳細なリストで、小川氏の先祖が眠る浦河町杵臼コタンの墓地から持ち出した遺骨も含まれていました。驚いたことに、それまで開示されていた「アイヌ人骨台帳」や「アイヌ民族人体骨発掘台帳（写）」とはまた異なる「第三のリスト」でした。

あちこち黒塗りされているものの、リストには各遺骨の死亡日や発掘日、年齢、発掘状態などが具体的に書かれていました。〈昭和六年九月五日発掘。発掘当時未だ軟部の残存せるもの多く〉などという生々しい記載もあります。

北大の添え書きには、このリストを小川氏に送ってきた理由がこう書いてありました。「小川氏の請求に対する開示は終わっているが、関連資料が確認されたので、参考に送付する。しかしこれは北大として任意に行なうものである」（吉田勇・国立大学法人北海道大学総務企画部総務課長「アイヌ人骨に関する資料について」二〇一二年三月一三日）。開示請求から四年も経過しているのに「任意に送る」などということは、通常の開示請求手続きではありえないことです。

こうなると「まだ隠しているのでは?」と疑われても仕方ないでしょう。そうして事実、北大にはまだ隠しごとがあったのです（後述）。どこまでも事実を隠し続ける北大……。国の最高学府たる国立大学法人が国民の知る権利（憲法二一条）を平然と侵害する、こんなことが許されるはずはありません。

二〇一二年九月一四日、小川隆吉氏や城野口ユリ氏ら三名のアイヌが、北大を相手に遺骨返還を求める裁判を提訴しました。三名は、北海道浦河町杵臼コタン出身のアイヌです。杵臼墓地で先祖の遺骨が盗掘されたことに怒り、真相を明らかにして謝罪と遺骨の返還をするよう北大に求め続けてきたエカシ、フチたちです。

北大は争う構えをみせ、裁判が始まりました。

存在した「発掘人骨台帳原本」

このように、アイヌたちや、支援する和人たちの怒りや抗議を口先や小手先であしらいながら、北大は長い間、アイヌ墓地発掘事件を自ら検証することを拒んできました。しかし小川氏が情報公開法を武器に関係文書の開示を求め続け、城野口氏らと遺骨の返還請求訴訟に踏み切ると、先住民に対する北大のそんな差別的体質に社会の批判が集まり出します。政府が内閣官房に新設したアイヌ政策推進会議が、全国の大学・博物館に保管中のアイヌ遺骨を一カ所に再集約する構想を打ち出したことも手伝い、北大はついに〝先達の業績〟を再検証せざるを得なくなったのです。そのような流れで作成・公表されたのが、二〇一三年の「北海道大学医学部アイヌ人骨収蔵経緯に関する調査報告書」（以下、北大報告書）です。しかし、ではいったい自らの暗部にどこまで肉薄できたといえるでしょうか。これ以降の引用文は、特に断りのある場合を除き、すべて北大報告書からのものです（丸カッコ内は引用した文章のある頁番号）。

北大の研究者たちが、アイヌの骨をいつ、どこで、どんなふうに掘り集めたのか――。それを知るための最大の手がかりが、当時の野帳《やちょう》（フィールド・ノート）です。野帳は、調査研究と論文作成に不可欠なので、フィールドワークをするどんな研究者も記載と整理・保管が身についているはずです。児玉作左衛門教授や一門の研究者たちの初期の論文には、発掘した状況や、発掘した骨や副葬品の詳細などに図面まで添えた記述がありますが、現地でメモした野帳から書き写したに相違ありません。北大報告書自身、野帳を〈北海道大学医学部収蔵アイヌ人骨に関する最も重要な一次資料〉（五頁）と位置づけ、アイヌ墓地発掘に手を染めた当時の研究者・学生たちが〈「発掘」現場において野帳（フィールド・ノート）を作成し、それらに基づいて「発掘人骨台帳」を作成していたことを疑う余地はない〉（五頁）と断言しています。

ところがその舌の根も乾かぬうちに〈野帳の所在は不詳である〉（同）の一言で片付けてしまっています。最も重要な証拠書類を、北大は徹底的に探索したのでしょうか。たとえば、児玉教授の遺族らに問い合わせたのでしょうか。

また北大報告書は、「解剖学第二講座の発掘人骨台帳原本」の存在を初めて明らかにしました。しかし、それ以上に驚愕させられたのは、〈（医学部は）二〇〇八年一月二四日には、発掘人骨台帳、あるいはその複写物を保有していた〉（八頁）との記述です。

すでに述べたように、小川隆吉氏が最初に林忠行・北大副学長に面会して「台帳」の閲覧を求めたのは二〇〇八年一月一一日でした。林副学長に「外部に出すのは難しい」と断られ、小川氏は同一七日に改めて情報公開法に基づく開示請求手続きを取りました。報告書は、この時点で北大医学部に「解剖学第二講座の発掘人骨台帳原本」「あるいはその複写物」があったと断定しているのです。

ところが当時、その後の数次にわたる開示請求の末に小川氏がやっと得たものは、①ワープロ入力の

表１　北大報告書に登場する「人骨台帳」（現存分。No. は北大報告書に従った）

No.	資料名	作成年	形態	所蔵先
11	医学部解剖学第二講座「アイヌ民族人体骨発掘台帳」	1980 ～ 1984 年頃	帳簿（写）	事務局
12	「アイヌ人骨台帳」	2008 年	ハードコピー（Microsoft Excel 様式のプリント）	医学部
13	「第一解剖移管」	2008 年	ハードコピー（Microsoft Excel 様式のプリント）	医学部
14	「発掘人骨台帳（抜粋）」	2003 ～ 2008 年	電子ファイル（Microsoft Excel 様式）	医学部

「アイヌ人骨台帳」と、②手書きの「アイヌ民族人体骨発掘台帳（写）」だけでした（二〇一二年三月になって③Ａ４サイズ、二頁の「第一解剖移管（日高部分）」が開示されました）。この間、「台帳の原本があるはずだ」との小川氏からの確認要請に対して、北大が〈本学では把握していません〉とご丁寧に書面で回答を寄越していたことは、前述した通りです。それが真っ赤なウソだったことを、奇しくも北大報告書は暴きました。

ところで、北大報告書には、いくつもの種類の「人骨台帳」が登場します（表1）。書き写し・複写・デジタルテキスト変換・抜粋・改変など様々な手が加えられ、そのたびに点数が増えてきたからです。

表1のうち、№14の「発掘人骨台帳（抜粋）」はさらに一〇あまりのデジタルファイルから構成され、一部を除き、いずれも医学部事務部の電子記録媒体に保存されていました（表2）。

注目すべきは、表2の№11、「20・1・24情報公開」と呼ばれる台帳です。この資料について、北大報告書は次のように説明しています。

〈二〇〇八年一月、医学部事務部は、Ｅｘｃｅｌファイルホルダー

表２　No.14「発掘人骨台帳（抜粋）」を構成するデジタルファイル、ファイルホルダー
（表中の「？」は北大報告書に現存すると記述されているものの、詳細な説明がない資料）

No.	名称	作成時期	作成者	内容	備考
	渡辺転写ファイル	1999年ごろ	渡辺雅彦教授	1998年10月に生体機能構造学講座・生体構造解析学分野（旧解剖学第二講座）の教授に就いた渡辺雅彦は、翌1999年頃に、「旧解剖学第二講座関係資料」中にあった発掘人骨台帳複写を転写入力し、電子ファイルホルダー（Excel様式）（「渡辺転写ファイル」）を作成した。	散逸、破損
1	骨分類	2003/05/27	医学部事務部	返還に関する事項等を加筆	
2	骨分類調査後（15.6.10）	2003/06/10	医学部事務部	「千島」の一部を追加入力	
3	アイヌ納骨堂遺骨保管数　平成15年6月10日現在	2003/06/10	医学部事務部	頭蓋骨929体	
4	骨（頭骨以外）	2003/06/10	医学部事務部	納骨堂内の四肢骨箱名リスト（四肢骨箱20箱の配置図）	
5	骨分類調査後（15.6.10）改訂	2006	医学部事務部		
6	頭蓋骨箱・四肢骨箱の箱名リスト	2006	医学部事務部		
7	18.10.25ウタリ協会提出用	2006/10/25	医学部事務部		
8	骨（頭骨以外）調査用	2006/10/06	医学部事務部	四肢骨箱名ごとのリスト。	「18.10.25ウタリ協会提出用」に収録。
9	アイヌ人骨整理簿	2006/10/25	医学部事務部	「骨分類調査後（15.6.10）」と「骨（頭骨以外）調査用」を重ね合わせて作成。	「18.10.25ウタリ協会提出用」に収録。
10	遺骨資料最終版（18.12.8）	2006/12/08	医学部事務部	「アイヌ人骨整理簿」から個人情報を伏せて再構成。	ウタリ協会提出に備えた（けっきょく提出せず）
11	20.1.24情報公開	2008/01/24	医学部事務部		2008年3月4日、これをハードコピーした「アイヌ人骨台帳」（資料12）を開示。ウタリ協会にも手交。
12	？		医学部事務部		
13	？		医学部事務部		

「骨分類」（03・5・27ログ）と発掘人骨台帳（発掘人骨台帳、あるいは発掘人骨台帳複写）とを照らし合わせて、Ｅｘｃｅｌファイルホルダー「20・1・24情報公開」（08・1・24ログ）を作成した。医学部事務部は、発掘人骨台帳の記載を一行ずつ（一体ずつ）、一字一句を照らし合わせて訂正・加筆し、綿密に行った。〉（八頁）

この「情報公開」が、その一週間前に行なわれた小川氏の開示請求に対するものであったことは言うまでもありません。医学部事務部は、手元にあったありのままの文書ではなく、「綿密に」「訂正・加筆」した文書を新たに用意して小川氏に提示したのです。もはや偽造・偽証と呼ぶべきレベルの行為でしょう。

さらに北大報告書は、小川氏の最初の開示請求から半年後、〈二〇〇八年七月三一日、北海道大学は総長名で医学研究科長本間研一宛に（略）「アイヌ人骨台帳」「アイヌ民族人体骨発掘台帳」を添付して依頼したにもかかわらず、八月五日に医学研究科長は（略）「アイヌ民族人体骨発掘台帳は保有しておりません」と回答した〉（五頁）と、この隠蔽工作が医学部ぐるみで行なわれていた疑いまで強く示唆しています。

しかし、それが限界でした。その先にある最も肝心なこと――つまりオリジナルの「解剖学第二講座の発掘人骨台帳」が今どこにあるのかについて、報告書はまたしても〈所在は不詳である〉（同）の一言で片付けてしまっています。

墓地発掘の全容は解明されたか

アイヌ墓地発掘と人骨収集、その後の保管・管理の実態について、北大報告書は、各バージョンのアイ

表３　北大報告書がつまびらかにしたアイヌ墓地発掘の実態

発掘体数は合計661体で、北大に現存する遺骨数（個体を区別できる1027体と、区別できない484箱分）をはるかに下回っている。北大報告書をもとに作成。

番号	発掘年	発掘者	自治体	推定墓地名	発掘記録上の体数	備考
1	1931	山崎春雄	浦河町	杵臼	4	北海帝国大学医学部による初発掘
2		山崎春雄	浦河町	東幌別	1	
3		山崎春雄	浦河町	旧姉茶	1	
4	1933	山崎春雄	平取町	本町	1	
5		山崎春雄	平取町	荷負ポピポエ	2	
6		山崎春雄	平取町	旧上貫気別	6	
7	1934	山崎春雄	旭川市	近文墓地	1	
8		児玉作左衛門	八雲町	遊楽部トイタウシナイ川東岸	133	
9		児玉作左衛門	長万部町	ボクサタナイ川	29	
10		児玉作左衛門	長万部町	ワルイ川	記録なし	
11		児玉作左衛門	浦幌町	愛牛	62	
12		児玉作左衛門	北見市	記録なし	25	児玉譲次氏記録。
13	1935	児玉作左衛門	森町	本町	記録なし	
14		児玉作左衛門	八雲町	落部	103	
15	1936	児玉作左衛門	サハリン島	栄浜村栄浜	記録なし	
16		児玉作左衛門	サハリン島	落合町内淵	記録なし	
17		児玉作左衛門	サハリン島	栄浜村魯礼	記録なし	
18	1937	児玉作左衛門	シムシュ島	別飛	記録なし	
19	1938	児玉作左衛門	シムシュ島	別飛	記録なし	
20	1952	大場利夫	平取町	長知内	3	
21	1954	大場利夫	根室市	記録なし	2	
22	1956	大場利夫	岩内町	東山	3	
23		松野正彦	新ひだか町	静内駅前	165	
24	1957	大場利夫	岩内町	東山	1	
25	1958	松野正彦	千歳市	記録なし	20	
26	1959	松野正彦	様似町	様似海岸	記録なし	2010年再整理で4体発見。
27		記録なし	平取町	二風谷	記録なし	2010年再整理で1体発見。
28	1962	松野正彦・佐々木裕寿	新ひだか町	静内川合	58	所在不明
29		松野正彦	新ひだか町	静内川合	記録なし	2010年再整理で8体発見。
30	1963	伊藤昌一、児玉作左衛門、児玉譲次	帯広市	伏古	19	
31	1965	大場利夫	千歳市	記録なし	2	
32	1965	伊藤昌一、児玉作左衛門	江別市	対雁	20	
33	1972	松野正彦	新ひだか町	静内豊畑	記録なし	2010年再整理で32体発見。

ヌ人骨発掘台帳をはじめ、発掘に手を染めた医学部研究者たちが残した研究論文や散文、メモ、記録簿などを頼りに解明を試みています（一五〜六二頁など）。このうち、墓地発掘の部分を改めてまとめ直したのが表3です。発掘は、一九三一年（昭和六年）九月、山崎春雄教授（解剖学第一講座）の浦河町杵臼墓地発掘を皮切りに、児玉作左衛門教授（解剖学第二講座）らによる各地での連続的な「仕事」を経て、一九七二年（昭和四七年）七月の松野正彦教授（解剖学第一講座）による静内町（現・新ひだか町）豊畑共同墓地の発掘まで、通算三三度に及んでいたことが明らかにされました。

しかし表中に「記録なし」が頻出することから分かるように、これで全貌が明らかになった、とはとても言えません。ここに示された発掘体数は合計すると六六一体。北大自身による最新の集計数（個体を区別できる一〇二七体と、区別できない遺骨四八四箱分）と比べると、「解明度」は六四％以下でしかありません。

事件解明のプレッシャーに押される形で、北大医学部は二〇一〇年度から一二年度にかけて、医学部収蔵アイヌ人骨（アイヌ納骨堂内の遺骨を含む）の照合調査を初めて行ないました。〈その結果、アイヌ納骨堂内の四肢骨箱には、従来収蔵を確認していなかった豊畑共同墓地発掘の三三体、様似《さまに》海岸発掘の四体が含まれていること、頭蓋骨箱一個に複数の頭蓋骨をおさめたり、四肢骨箱一個に複数の四肢骨をおさめてある例も少なくないことが判明した。一方、古人骨中には、「アイヌ民族人体骨発掘台帳」に記載がある頭蓋骨、返還したはずの旭川・釧路・厚賀《あつが》発掘の頭蓋骨等が混在していることが判明した〉（一一七頁）。

何というズサンさでしょう。これには北大報告書もさすがに呆れて、〈いずれの事態も、すべては解剖学第一講座・解剖学第二講座が、発掘当初から収蔵アイヌ人骨の記録を一体毎に正確に作成せず、頭蓋骨・四肢骨を一体化させた保管・管理を行ってなかったことに起因する。また、医学部が一九八四年にアイヌ納骨堂におさめた際に、両講座の保管現況を確かめずに措置したことも小さくない原因である〉（一一七頁）と断罪しています。

しかし、その後が続きません。

〈能う限りの事実を明らかにした〉（一一七頁）と自画自賛する北大報告書ですが、結局、自らの調査結果に対する姿勢はこんなふうです。

(1) 北大研究者らによるアイヌ遺骨発掘の実態について、まだ解明できていない部分が多く残されているにもかかわらず、資料調査以上には究明しなかった。

(2) 当時の研究者たちが、一部地域の「発掘調査」において地元アイヌの承諾などを得ていた（と推定される）こと、違法性を問われながら最終的には検挙を免れていたことなどを根拠に「問題はなかった」と結論する一方、そうした「根拠」のないそれ以外の多くのアイヌ墓地発掘のすべてについて、違法性を問わなかった。

(3) 同時に収集した副葬品に関して、ほとんど調査報告しなかった。

(4) 「収蔵遺骨および副葬品の保存管理がきわめてずさんだった」と指摘しながら、責任を追求しなかった。

「墓暴きの正当性」を追認

もうひとつ、北大報告書がまったく手をつけずに積み残した重大な問題があります。植木哲也氏が『学問の暴力――アイヌ墓地はなぜあばかれたか』（春風社、二〇〇七年）で論じた、北大自らの「学問の暴力」に対する自己批判です。

そもそも「墓暴き」は、明治期から現在に至るまで、懲役または重禁錮刑を課せられる犯罪です（旧刑法第二六五条、現刑法第一八九条）[注1]。たとえば児玉作左衛門教授による一九三四年の八雲町遊楽部での「発掘」（表3の⑧）について、北大報告書はこのように述べています。

〈児玉作左衛門は、八雲町トイタウシナイ川両岸における発掘は、土地所有者である椎久年蔵の「快諾」と「申出」、「役場の諒解」を得たと述べている。（略）しかしながら、旧アイヌ墓地は土地所有者の「申出」によった、あるいは「諒解」を得たという説明は、問題を含んでいないわけではない。というのも、旧アイヌ墓地から発掘したアイヌ人骨を、誰の先祖と特定することは一般には不可能である。一方で現存するアイヌがいずれかの被葬者の子孫である可能性は高い。児玉作左衛門は、土地所有者がたとえアイヌであっても、土地所有者の「申出」「諒解」で被葬者の子孫の意向のすべてと判断することはできないと承知していた。〉（三三頁）

実際、司法が動きました。

〈児玉作左衛門は、北海道大学定年退官直前に一九五九年三月一六日付『北海道新聞』に、八雲町遊楽部における発掘について、警察の取り調べを受けたと記している。〉

〈一九六九年の回想では、取調後に聞いた話として、取調にあたった「次席は『人骨を粉にして薬にする』という噂を信じていたらしい」、取調担当者は「私の研究内容のことなどわからなかったらしく」と記している。しかし、刑事課長は「今後北海道の各地で行なわれる工事などでアイヌの骨が出たときは、全部刑事課長のところへ警察電話で連絡させ、それを大学のあなたに知らせるからすぐ行って発掘して下さいという非常に親切な協力を約束し」、その後警察からの連絡で集まったアイヌ人骨は四〇〇体以上になり、「貴重な十勝アイヌの集団発掘」と記している。「貴重な十勝アイヌの集団発掘」は浦幌町愛牛における発掘と考えられる。〉(三五頁)

児玉作左衛門元教授のこの回想は、どう読んでも〝無知な警察を丸め込んで罪を逃れたばかりか、まんまと協力者に仕立て上げてやった〟というフィクサー(黒幕)の自慢話にしかみえません。

一九五九年の回想記事には、〈『なかなか納得してくれないので非常に困ったが、とうとう話合いがつき、新しく人骨発掘規程を作ってもらい、こんごの発掘は刑事課から許可を受けるということになって無事おさまった』〉(三五頁)ともあります。〈新たな「人骨発掘規程」とは、「人骨発掘発見ニ関スル規程」(北海道庁令第八三号、一九三四年一〇月一九日)のこと〉(同)。北大報告書は発布の経緯や内容をこう解説しています。

〈北海道庁学務部社寺兵事課は、同日に「人骨発掘発見に関する規程発布に就て」を発して、古墳・墳墓以外の場所における人骨の発掘及び発見の規程は不備があるうえ、「最近道内に於てアイヌの埋葬地を発掘する等の事態が発生し人道上黙許し得ざるものありと認め、今回之が取締の為本規程を発布した」と制定趣旨を説明した。(略)しかし、北海道庁は「アイヌの埋葬地」を「墳墓」とはみなさず、「考古学上

注1 (旧刑法第二六五条)①墳墓ヲ発掘シテ棺槨又ハ死屍ヲ見ハシタル者ハ二月以上二年以下ノ重禁錮ニ処シ三円以上三十円以下ノ罰金ヲ附加ス②因テ死屍ヲ毀棄シタル者ハ三月以上三年以下ノ重禁錮ニ処シ五円以上五十円以下ノ罰金ヲ附加ス/(現刑法第一八九条)墳墓を発掘した者は、二年以下の懲役に処する。

其の他特に必要なる場合」には「許可を得て始めて発掘を為し得る」、あるいは「発見したる現状を変更（例へば位置の変更、損壊等）し又は人骨を処分（例へば譲渡、領得等）せんとするときは理由を具し出願せしめ、許可を受けしむることとして以て史蹟資料の廃滅を防ぐ」と述べて、既に使用していないアイヌ墓地においてアイヌ人骨を発掘できる道筋を定めた。〉（三六頁）

当の学者たちには「墓暴きの免罪符」と呼ぶべきシロモノです。児玉元教授の回想は、その策定に自身が強い影響力を及ぼしたことすらうかがわせます。

しかし北大報告書には、このことをそれ以上厳しく批判する記述は見当たりません。「Ⅳ　総括」のパートは、あっさりこう結論しています。

〈八雲町遊楽部の旧アイヌ墓地発掘後に、児玉作左衛門は北海道警察部刑事課の取り調べを受けたが、罪は問われていない。それ以降の発掘は、一九三四年一〇月一九日発布の「人骨発掘発見ニ関スル規程」（北海道庁令第八三号）が定めた手続きに従って行なわれた。〉（一一四頁）

いくつも状況証拠を示して外堀を埋めるまでしておきながら、最後の最後できわめて官僚的に「無罪」を判決する――筆者らがこの報告書を「ブレーキがかけられ、最後に結論を差し替えられたよう」と感じるのは、まさにこのような部分です。百年近く前の帝国大学時代の過ちを、二一世紀の大学人たちがいまだに直視できないでいる理由が私たちには思いつきません。

あるいは、こんな例はどうでしょう。

墓暴きとあいまって生理的な嫌悪感すら覚えさせる当時の「研究」のひとつに、児玉作左衛門教授の「頭蓋大後頭孔損傷研究」があります。児玉教授は論文を多く書いていますが、テーマのひとつがアイヌの遺体の頭骨に見られるという〝人為的〟損傷でした。〈児玉作左衛門は八雲町遊楽部発掘アイヌ人骨一三一体中四〇体の頭蓋大後頭孔縁部に損傷があり、その損傷は「小刀（マキリ又はタシロ）を用ひたものである事は容易に判断できる」人為的損傷であると論じた。児玉作左衛門は、伝聞に推測・類推を重ね、アイヌには「人肉食」の風習があったとほのめかしながら、薬用目的に脳髄を取り出すために、アイヌが埋葬後の頭骨を切除したと述べ〉（四六頁）ています。北大報告書によれば、児玉教授は一九三七年から四〇年にかけて、このテーマだけで八本の論文（講演概要を含む）を量産しました。

ところがそれから三〇年近く経った一九六九年、すでに退官していた児玉氏は著書『アイヌ民俗誌（上）』で〈大後頭孔切除は、アイヌによるという従来の自説を疑問視し、「ねずみなどの齧歯類の歯の條痕」を記してネズミが齧ったものであることを示唆〉（北大報告書六四頁）します。そして翌七〇年の死去後、実子である児玉譲次氏（後に北海道大学医学部教授）が、自筆の「『アイヌ頭蓋にある切除痕の問題』に関する訂正」文を添えて、父の遺稿「アイヌ頭蓋に見られる損傷問題」を発表し、父の主張を取り下げる、というお粗末な結末を迎えました。

北大報告書によれば、児玉作左衛門教授はまた、アイヌの狭い範囲で反復する遺伝的関係を発育異常の成因にあげつつ「アイヌはその原始的な生活と特異な体質とによつて、その周囲に住む現代人とは著しく異れる特殊の古代民族であつて、いづれの人種に属するものであるか、今尚ほ未解決の侭にあつて、学者の注目の的になつてゐる」（児玉「八雲遊楽部に於けるアイヌ墳墓遺跡の発掘に就て」）「骨格の発育度からみれば、アイヌは現代のヨーロッパ人よりはるかに原始的な状態にある」（児玉「アイヌの人種所属に関する諸説」

アイヌ文化保存対策協議会編『アイヌ民族誌』）などと述べて、アイヌの「古代民族性」と「未開性」を印象づけていました。ところがこれも〈アイヌが白人であることは「殆ど決定的」と一九六九年までは述べていたにもかかわらず、一九七〇年には「最終的な意見を述べることは差し控えます」と曖昧な表現に変更した〉（北大報告書六三頁）のです。

もし現代なら、どちらも有名学者の捏造事件・先住民族侮蔑事件としてスキャンダルになっていたことでしょう。

これらのケースについて、北大報告書は事実経過をそれなりに詳しく報告してはいます。しかし、「Ⅳ総括」のパート（一一三〜一一七頁）を含め、当時の「研究」の反倫理性には一言も言及がありません。〈①北海道大学医学部旧解剖学教室が、アイヌ人骨を収蔵するにいたった経緯とその問題点を明らかにする。②北海道大学医学部旧解剖学教室が、アイヌ人骨を収蔵した後における取り扱いとその問題点を明らかにする〉（一頁）と調査の目的を掲げながら、そうした過去を現在の北海道大学がどのように受け止め、どのように償うのか、まったく述べられていないのです。これではまるで人事《ひとごと》を語っているに過ぎません。

本書の第4部で詳しく紹介されているように、アメリカは一九九〇年、インディアンへの遺骨返還を大学や博物館に義務づける法律を作りました。イギリスも二〇〇六年、大英博物館などがオーストラリアのアボリジニに対する遺骨返還に同意しました。ドイツでは、ベルリン医科大学が二〇一一年、ナミビアの先住民族の遺骨返還を開始しました。

一九世紀から二〇世紀にかけて、欧米の研究者たちが植民地などの先住民族の骨を集めたのは、端的に言えば、自分たち白人（ヨーロッパ人）が〝地球上で最も優れた人種〟であることを示そうとしたためだったのでしょう。しかし二一世紀を迎えた今、かつて学問の名のもとに行なわれてきたそうした「研究」は「科学の進歩という倒錯した考えのもとに行なわれた犯罪だった」（ベルリン医科大学）と、研究者たち自身によって厳しく否定されています。そのうえで、被害を及ぼした先住民族に謝罪し、返還や修復の道を探り始めているのです。

それと比べると、同じ大学のかつての研究者たちの「研究」に一言の反省も、アイヌ民族への謝罪もない北大報告書は、残念としか言いようがありません。「内部調査の限界」とも考えられ、この限界を超えて進むには、アイヌや市民を交えた独立的な調査委員会のもとで、公平かつ客観的な調査を再度実施し、事実を解明する必要があるでしょう。

手続きの問題にとどまりません。人間の尊厳を踏みにじってまで進める学問に価値などないのです。北大は、かつてそうした学問を推し進めてしまった研究者たちの人権感覚を厳しく問い直し、彼らの過ちを率直に認めて断罪し、今も苦しみ続けているアイヌたちに謝罪することから再出発する必要があるでしょう。

第3部　北海道大学はアイヌ遺骨を返還せよ

浦河町杵臼コタン出身の小川隆吉さんと、故・城野口ユリさんらは二〇一二年、国立大学法人北海道大学を相手取って、アイヌ遺骨返還請求訴訟を起こした。アイヌ遺骨を保管する国内の大学のうち、北海道大学には最多の一〇二七体の遺骨（他にバラバラの骨を納めた四八四箱）が残されている。小川さんらはそれまで再三にわたって同大学に返還交渉に応じるように求めてきたが、大学側は「北海道アイヌ協会を通してしか話さない」などと頑なに拒絶。もはや法廷で争うしか選択肢はなかった。原告団には畠山敏さん（紋別市）、浦幌アイヌ協会（差間正樹会長、一九人）も加わり、浦河の一五体、紋別の四体、浦幌の六四体の遺骨と、同時に持ち去られた副葬品のコタンへの返還などを求めている。二〇一六年三月現在、裁判所の勧めもあって、和解協議が進行しているが、予断を許さない。

第11章　城野口ユリさんの意見陳述

（二〇一二年一一月三〇日）

私は浦河郡浦河町に住んでいる、城野口ユリといいます。生まれは浦河町字杵臼村で、旧姓は山崎ユリというアイヌです。私はあまり教育もない人間ですが、アイヌとして差別の中で育ってきました。ここ数十年、少数民族懇談会や浦河文化保存会を通じて、アイヌの権利や文化の保存のために私なりにできることを積み重ねてきました。そんな中で、今年九月、浦河町の「文化功労賞」を受賞しました。

私が、北海道大学を相手に、先祖の遺骨を返還せよという裁判を起こしたのは、今は亡き母の遺言に基づくものです。私の母の思い、そして私がなぜ裁判まで起こさなければならなかったのかをお話しいたします。私の母は山崎マツといいます。原久比知通冨（漢字名はあて字で、正確な発音は不明）とフツムキの長女として、明治三五年に生まれました。母の祖父は、原加番多意（同）といい、祖母はラフリといいます。母の先祖は、江戸時代から代々、杵臼村のコタンで暮らしていました。

母は、一生、神様や仏様を信心していました。そして、目の悪くなった人々を治して人助けしていた母です。村の人々はそんな母のことを「山崎眼科」と言い、互いに笑って暮らしていました。母は昭和六〇年に八四歳で亡くなり、今年は二七回忌でした。

アイヌは自然の神様に対してカムイノミ（お祈りの儀式）というものをします。その時、母は、節をつけて、アイヌ語で、

「墓を掘られて情けない」

「骨をもっていくなんてとんでもない。エカシ、許してくれ」

という言葉を繰り返していました。

アイヌ語なので、幼い私には意味がわかりませんでしたが、小学校三年生くらいのときにそういう意味だと知りました。意味がわかったとき、私は大きくなってから先祖のかたきをとろうと思いました。

そして、母が亡くなる二カ月前のことです。母は私に突然、

「ユリに伝え残したいことがある。よくよくしっかり聴け！　オラはいつ死んでも悔いはないが、先祖に対して申し訳ないことがある」

と語り始めました。

「北大病院の医者（和人＝シサム）たちが、黙ってオラのエカシ（孫爺）やフチ（孫婆）、アチャ（父）、ハポ（母）たちやまわりのお墓を掘り、穴だらけになっていたのが情けないんだ。お前も見たので覚えているだろう、ユリ。オラはいつどうなってもかまわないが、先祖のもとに行った時、『マツ！　お前はその年まで娑婆にいて何をやって来たんだ！　せっかく収まっているオラたち先祖のお骨をコタンに戻してもらうことができなかったのか?』とオテッキナ（怒鳴られる）と思うと、死にきれないのだよ。ユリ、頼むから北大にあるオラの先祖のお骨を杵臼コタンに返して欲しい。何とか努力してくれ！」

そして、こうも言いました。

「オラ、この五四～五五年間、情けなくて、情けなくて、たとえ一日だってこのことについて忘れたことはないよ。オラはカムイノミするたびに、ピンネ　アイアシナウコロ　オイナマッサンケ　カムイ（遠い、遠い、温かい女の神様）、キナスカムイ（龍神様）にお願いしている。アイヌだからと人をバカにしているシサムたちに、天の罰を与えてくださいと祈っている。災害など悪いことが起きた時は必ずオラを思い出してくれ。オラはいつも天から見下ろしている。そして、北大を訴えて罰金も取れ！」

と、涙しながら私の手をぎっちり握って離そうとしなかったのです。

私はこのときのことを思うと、つい昨日や今日のことのように思います。

私も母の言い残した言葉は、人間として簡単に言葉に言い表せない思いのこもった言葉と思っております。私も四〇代、五〇代のときはアイヌ民族に対する差別などに関して、差別撤廃運動に走り回りました。その折りには、鷲谷サトさん、鈴木ヨチさん共々、この北大のお骨問題も取り上げて、一生懸命運動しました。しかし、この当時、世間ではこのお骨問題について関心がなく問題視されませんでした。

私自身八〇歳を目前にして、母が残した言葉を大事にして行動しなければならないと強く実感いたします。杵臼の墓地には、私の祖先、母方の曾祖父の父、曾祖父母、祖父母、父方の曾祖父、祖母、その妹たちが埋葬されていました。当時、北大の医者たちに盗掘された骨については、杵臼の本巣《もとす》長平さんの鳥小屋に置かれたブリキ蓋付きの缶に入れられていました。これがとんでもない異臭で耐えきれなかった、と本巣さんのお婆さんから、いろいろ話を聞いたことがあります。

母の思い、そして私の思いは、

(1)　なぜ、どういう理由で北大はアイヌに無断でお墓を掘り起こしたのですか？

(2) そのお骨を、北大はどのように使ったのですか？

(3) お墓の遺体には、宝物（刀・タマサイなど）が必ずありますが、それはどうしたのですか？

(4) 遺骨が眠っていた杵臼コタンの墓地に、遺骨を元通りに戻して欲しいのです。一緒に埋葬されていたタマサイや耳飾りや刀も埋め戻してほしいのです。

(5) 母は五四～五五年間もの間、悔しくせつない生涯を過ごしました。その償いを誠意を持って示して欲しいのです。お金には変えられない心の問題でありますが、損害賠償や慰謝料などでの形で、謝罪の心を示してほしいのです。

以上が、母の遺志なのです。

そして私自身も、北大に強く求めたいことなのです。この問題が解決しなければ、死んでも死にきれません。

私とこの裁判の二名の原告は、二〇一一年一二月に、北大総長宛に、先祖の遺骨と副葬品の返還と謝罪を求める申し入れをしました。しかし、北海道大学の態度はとても不誠実なものでした。ろくに回答もしません。弁護士をつけて会うことも拒絶しました。寒い、雪が降る中を会いに行くと、玄関にガードマンを四名も配置して、一歩も中に入れようとはしませんでした。交渉してやっと玄関に入っても、玄関ホールでの立ち話です。私たちアイヌを人間扱いしない、この態度に、昔、母たちが味わった悔しさは、今も、全く変わりがないと思い知りました。北大は、口では遺骨を返還すると言っています。けれども、子孫が具体的に返してほしいというと、黙ってしまうのです。私たちは、北大が話し合いが通じない相手だとよくわかったので、とうとう裁判に踏み切ったのです。

この裁判で、北大に本当のことを言ってほしいのです。まずは真実を明らかにしたいのです。

第12章　小川隆吉さんの意見陳述

（二〇一三年四月一九日）

1　杵臼墓地

私は昭和一〇年に杵臼で生まれました。アイヌとして生まれ育ったのですが、親やまわりの年寄りは、アイヌの暮らし方や風習、伝統といったものを子どもの私には見せないようにしていました。葬式もアイヌ式でしていたようですが、夜、こっそり、子どもの目の触れないようにしていました。差別を受けないようにとの年寄りたちの配慮です。

今、この裁判で一緒に原告となった城野口ユリさんたちは、近所に住んでいました。

ある日、私の母が、灌漑用水路にかがんで洗い物をしていて、間違って落ちて死んでしまいました。私が一一歳のときです。このとき、ユリちゃんのお母さん、マツさんが、私を抱いて泣きました。マツさんは、その当時、コタンのリーダーでした。私の面倒をよく見てくれました。

母は杵臼のアイヌ墓地に埋葬されました。

けれども、杵臼での生活や杵臼墓地のことは、長い間、記憶から消すようにしてきました。

この杵臼の墓地に私の曾祖父母、エカシ・フチが眠っていたのです。わかっているだけでも一〇名以上です。小川伊多久古禮（漢字名はあて字で、正確な発音は不明）が亡くなったのは明治三八年六月三日、フチカシユが亡くなったのは昭和六年四月一日です。それらの骨はすべて北大に持ち去られました。

昭和四九年、兄の清治郎が杵臼に新しい墓を建てました。清治郎が本州へ転居の後は、私が妻や子どもたちと、毎年夏になると、草取りをしたりお酒をあげたりして先祖を供養してきました。

2　北海道大学医学部動物実験室

昭和五六年九月一六日、貝沢正、野村義一、杉村京子、佐藤幸雄、葛野守一、小川隆吉の六名が医学部三階に案内されました。その部屋の壁一面に、頭骨があったのです。右から、エゾオオカミ、シマフクロウ、そしてそれらに並んでアイヌの頭骨がありました。動物の骨と並んでアイヌの頭骨が並んでいたのです。アイヌ頭骨には、ナンバーとドイツ語の文字が書かれていました。

旭川から来た杉村京子さんはこれを目にして、床にひざまずき、「許してください、許してください……」と三度、叫びました。三度目は、声をつまらせていました。

そして、何にも持たずに来たことを詫び、近くに立っていた佐藤君に、「タバコ、ロウソク、お線香を急いで買ってきてください。」と言いました。佐藤君がビニール袋に入れて持ってきたものを見た北大職員から、「ここは火気厳禁です」と告げられたが、皿を使い、巻煙草にライターで火をつけて供養をしようとしました。なんとも言えない怒りで、目の前が見えなかったことを今も思い出します。

上記の実態を現アイヌ協会本部に知らせるきっかけを作ったのは、北海道沙流《さる》郡日高《ひだか》町出身のアイヌ、海馬沢博氏でした。今思えば、私は、海馬沢氏の思いと遺志を受けついでこの裁判を起こしたのです。そのことを裁判長にはっきり伝えます。

上記の実態は放置できない、せめて地上に下ろすべきだとの協会の声を大学は無視できなくなりました。そこで、医学部駐車場に、建物面積は七四平方メートル、工事費は一六四〇万円という見積もりで、納骨堂を建てることを文部省に申請したのです。

請負業者が決まり、足場が立ち、建物名が書かれた看板が立てられました。そこには、なんと、「北海道大学医学部標本保存庫新設工事」と書かれていたのです。

なぜ、このようなことをするのかと現場工事請負業者に聞いたのですが、大学に聞けというばかりです。北大に聞くと、この工事は国の事業で、三年後に行なわれる会計検査が済むまでは変更はできないといいます。

ここから、文字通り、北大の二枚舌の始まりです。北大は、アイヌ納骨堂として建てた建物が、宗教色が強い建物は建てられないという理由によって、表向きの看板には、「医学部標本保存庫」としたのです。先祖の骨が標本室と書かれた建物に置かれているという事実はたいへんに屈辱的でした。そして、また、この中にいったいどのような骨があるのか、その内容も知らされないままでした。

3　アイヌ人骨台帳

私が北海道大学にアイヌ人骨台帳の存在を知ったのは、今から五年前の平成二〇年のことです。一月一

○日、一〇時一〇分、私の携帯電話が鳴りました。
「小川さん、元気ですか？　ぼく、北大医学部の学生です。小川さんが探していたアイヌ人骨台帳と思われるものが見つかりましたよ」

との声に、私はびっくりしました。

「まさか……、本当か？」

「ぼくは嘘はつきません」

一一日の朝一番、スクーターで北大事務局に飛び込みました。九時三〇分でした。二階部長室で林副学長と名刺交換しました。

「アイヌ人骨台帳があると聞いてきたが、本当か」と尋ねました。林副学長は、「ありました。しかし、あのままでは外部に出すのは難しい」というのです。私が、「あのままとはどのようなことを指すのか？」と聞いたところ、「記述内容に差別的なものがあった」と話され、「時間がほしい」と付け加えました。

もう待っていられないとの思いで、その三日後に情報開示請求の手続きをスタートしました。ここでも、待ってくれ、待ってくれのオンパレード。

しかも開示されたのは、とても台帳とは言えない、ワープロで入力された簡単なリストです。この元となった「台帳」を出して欲しいと北大に請求したが、「そんなものはない」の一点ばりです。

もう我慢できない。そこで、異議申し立てをしたところ、九月には申し立てが認容され、アイヌ人骨に関する文書がなんと二七点も開示されたのです。その中には、「アイヌ民族人体骨発掘台帳」という手書きの台帳もあり、そのときは、これこそ探していた「台帳」だと喜びました。

しかし、この三月に北大が出したアイヌ人骨についての調査報告書には、台帳の原本である「発掘人骨台帳」というものがあって、それが平成二〇年、私が開示請求をしたときに医学部にあったというのです。唖然とするほかありません。

北大には、「虚偽」と「隠蔽《いんぺい》」しかありません。真実に近づくための学問の府とは、正反対です。児玉作左衛門の時代だけではなく、今もなお、アイヌに対して侮蔑に満ちた態度しか取れない、これが北大です。このような研究者に、大切な先祖の骨を保管させておくことはできません。

4　無条件での返還と謝罪

若いとき、記憶を消そうとしたアイヌの暮らしや伝統、そしてアイヌの墓は、私と家族にとって、そしてアイヌにとって、かけがえのないものです。

墓からの盗掘がいかに罪深いものか、学問の自由とは何か。人間の静かに住む大地、アイヌモシリが奪われ、死者の人骨まで奪われる。それを返そうとしない北海道大学に限りない怒りを私は表明します。ただちに返してください。無条件で。

北大と国立科学博物館と政府は、盗掘されたアイヌ人骨を白老に移送し、そこで「慰霊」をすることによって大学の全責任を免れ、しかも新たに遺伝子研究の材料にしようとしているのです。この態度が一番許せないのです。過去をうやむやにする姿勢が許せないのです。

この裁判で、先祖の人骨を取り戻し、北大が行なってきた罪悪をすべて明らかにしていきたいのです。

第13章　畠山敏さんの意見陳述

（二〇一四年四月四日）

私、畠山敏は、和人最古の記録「津軽一統志」（一六七〇年）に「まふへつ村アイヌ人百人ほど。大将クヘチャイン」と記述されたモベツコタンに生まれ育ったアイヌ人漁師です。私の祖父は、明治八年（一八七五年）の紋別場所《もんべつばしょ》の戸籍簿に「幌内《ほろない》から湧別《ゆうべつ》までの海岸筋・川筋・山奥までの一〇カ村九二戸三六一人を統率したアイヌ曾長」と記述されている（『新紋別史』上巻）キケニシパ（後に大石蔵太郎と改名）の血を引く先住民族の漁師であり、父は初代の北海道ウタリ協会（現アイヌ協会）紋別支部長でもありました。私はその父から漁業経営と支部長の要職を引き継ぎました。この一〇カ村にはそれぞれの墓地があり、私の先祖は、この一〇カ村を統率していたのです。

今回引渡しを求めている遺骨と同一地域から収容された三一〇体の遺骨は「元紋別墓地改葬納骨堂」に納骨されており、毎年私どもが先祖供養の催事（イチャルパ）を執り行なっております。

その経緯について申し上げますと、明治一七年ごろから昭和一八年ごろまで現在の元紋別一一番地に私たちの祖先が埋葬されていた墓地の一つがありました。その後都市化が進み、遺骨が傷つけられることをおそれ、ウタリ協会紋別支部が市に移転改葬を強く要望し、第一次紋別市元紋別墓地移転改葬事業が平成元年九月一三日から九月二九日まで行なわれました。九六体の遺体を収容し、遺体ごとに火葬し、紋別墓園に新しく建立した納骨堂「元紋別墓地改葬納骨堂」に遺骨を納め納骨堂の開眼式を挙行し第一次事業を完了しました。

さらに第一次調査でもれていた部分について平成八年七月、ウタリ協会紋別支部は「旧元紋別墓地に接続している土地であるから、埋葬遺体が存在する可能性が高いので再調査を要望する」と市へ要望、その結果、平成九年九月九日から一〇月三一日の期間で第二次旧元紋別墓地移転改葬事業を行ないました。二一四遺体収容し、紋別市葬苑（火葬場）において焼骨・納骨し、紋別墓園「元紋別墓地改葬納骨堂」において霊を弔いました。その後毎年アイヌ協会紋別支部の重要な事業として先祖供養のイチャルパを執り行なっております。

今回引渡しを求めている遺骨はモベツコタンに住んでいた私たちの先祖の遺骨であり、私たちにより、これらの遺骨と同様に、先祖供養されるべき遺骨であり、私どもの手元に存在しないこと自体が耐えがたい異常事態なのです。目的や経緯はどうであれ、我々の了解を得ずに持ち去られたことは事実です。早急に返還されることは当然ですが、併せて違法に持ち出したことに対し、深い悲しみと強い怒りを禁じ得ません。納得できる謝罪を求めます。

第14章　差間正樹さんの意見陳述

（二〇一四年八月一日）

私は自分のことを一人の町民であり、道民であり、国民と思って暮らしておりました。しかし、どうも、まわりの私を見る目が何か違う、もちろん、それが民族差別のせいだと今は納得しておりますが、そのことに思い至るまではきっと自分がどこかでまわりの人に劣っているからだと思い、自信喪失、自己嫌悪、などなど、いろいろ思いめぐらしました。周りの目が民族差別によるものではないかと考えるようになって、少し違ったふうに考えるようになりました。

そのことに思いが至って北海道ウタリ協会の地元支部に入りました。それでも、なかなか自分がアイヌとして活動することができず、ずいぶん苦しみましたが、自分がアイヌであることを隠して生活すると、相手もそのことにかさにかかり自分に向かってくることに思い至ったのです。そうですよ、私はアイヌですよ、と答えると相手も態度が大きく変わるように思えるようになりました。小馬鹿にしたような態度が変わって、少しまともに相手してくれるようになるのです。

わたしたちの地区から先祖の骨が持ち去られてその骨に対する慰霊祭が毎年北大で行なわれていると知り、私も参加するようになりました。その当時は遺骨もプラスチックの箱に入れられて、慰霊祭の時間中も隣の建物のクーラーの室外機の音がぶんぶん鳴り、お祈りの言葉も聞き取りにくい状況でした。

私はウタリ協会の全道総会でイチャルパに触れて発言いたしました。工具箱じゃあるまいし、プラスチックの箱に入れられて尊厳も何もあったもんじゃないと。ところが次の年には遺骨すべてが白木の木箱に入れなおしてありました。不思議な気持ちになりました。

地元議会で質問いたしました。北大の研究者が行なってきた盗掘による人骨の大学管理についてどう思うか、北大のアイヌ人骨に対する慰霊祭に町理事者として出席するつもりはないか。町の回答は、

「北海道大学医学部のアイヌ人骨発掘については発掘時から現在まで関わりがなく、アイヌ人骨発掘状況の確認及び保管状況の認識についてはございません」

「町としては盗掘についてはまさに人権の意味からも大変そういうことがあってはならないというふうに感じてはおりますけれども、ただこれは町が関与してやったものではありません。そういう意味では、本来であれば民事として執り行なわれる分だろうというふうに思いますけれども、私どもとしては町行政としてそこに参加するというふうには今のところ考えていないということをお答えしておきたいと思います」

というものでした。

私たちは地域住民のはずであり、もし、ある地区の住民の墓が暴かれ、その六四体分もの骨が、ある建物の中で保管されており、その慰霊祭が行なわれていたとして、自治体の長がそんな答えをするものなのか、自分たちの住民が苦しんでいるなら、その場所に出かけて行って一緒に慰霊の気持ちをあらわさなければならないとは思わないのか。北大においても、プラスチックの箱が悪いと言われて、白木の木箱にただ納め直せばいい、と思うのか。北大関係者も、各地区に出かけて行って、どこから盗掘したのか調べ

て、人骨の関係者を探したり、調べようとは思わないのか。

一体、私たちは地域にとって、本当に住民として認識されているのか、研究者たちは私たちのことを被害者として認識しているのではなく、たんなる研究対象として見ているのではないか。

去年の北大のイチャルパの際、北大総長が私の体験の中では初めて参加いたしました。私は彼が北大を代表して謝罪するのではと期待しましたが、見事に裏切られました。もしかしたら私たちの先祖の墓を暴き骨を持ち去ったことを犯罪と思っていないのではないか。

とにかく、浦幌から持ち出した骨は浦幌に返してください。毎年札幌まで慰霊に出かけたくありません。まさか白老の施設に保管し直すのはやめてください。私たちは地元で先祖の骨を慰霊したいのです。

第4部　先住民族の遺骨返還の潮流

第六一会期の国際連合総会は二〇〇七年九月一三日、「先住民族の権利に関する国際連合宣言／United Nations Declaration on the Rights of Indigenous Peoples（A/RES/61/295）」を採択した。差別からの自由、安全、同化を強制されない権利、自治権、自己決定権などと並んで、「遺骨の返還に対する権利」（第一二条）も明記されている。国連宣言に前後して、アメリカ・カナダ・ニュージーランド・オーストラリア・ドイツ・イギリスなどでは遺骨返還作業が進む。それらに照らすと、とりわけ日本の政府や大学・博物館の「後進性」がはっきりと浮かび上がってくる。

第15章　われらが遺骨を取り戻すまで――アラスカの返還運動

ボブ・サム

本日、私は、私どもの文化についてお話したいと思います。

私は、クリンギッドです。「ひと」という意味です。

私は、「ひと」。みなさま方と同じ「ひと」です。

私どもの文化における「ひと」の定義をお伝えしたいと思います。ひとりの人間、それはちゃんと死と向き合える、それが「ひと」です。

私が子どものころは、我々の村では必ず家にひとり、自分たちの墓を守っている者がおりました。しかし現代社会が私たちのもとにきたとき、その古いやり方を忘れるようにと私たちに求めてきたのです。その現代の人びとは言いました。言葉を忘れ、文化を忘れ、生き方そのものを忘れ去れと。そして、私たちと同じようにあなたたちを扱おうと。

しかし、そのようなことが起きることはけっしてありません

Bob Sam
米国アラスカ州クリンギッド族 L'eeneidi 氏族、Aak'w Kwaan の首長、先住民族の人権活動家、Alaska Native Brotherhood Vice President、ストーリーテラー。

でした。我々の若い世代の者たちは大都市へと出て行ったのです。そのことにより私たちは、本来の生き方を忘れていくことになりました。そして我々の先祖をお守りするということも、忘れ去っていったのです。

私は祖父母に育てられました。ですから、私は私どもの先祖との間に深いつながりを持つことができました。しかしわずかの間に、私はそれを忘れ始めることになりました。私はその後、都市に住み始めたのです。

ところがある日から、私はある夢を見るようになりました。毎晩毎晩、私は同じ夢を繰り返し見ました。その夢では、私どもの先祖が葬られている森の外に、私が立ちすくんでいるのです。森の中にはとても幸せそうな人びとがいて、彼らは誇りに満ちていました。親や子どもたちも。年長の方々もいらっしゃいました。

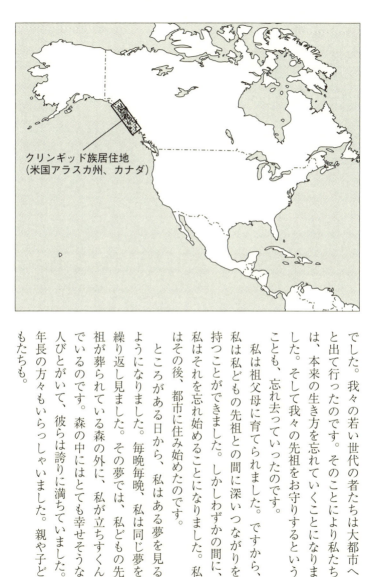

その中のある年配の女性が、私が森の外に立っているのを見ていました。彼女は片手を私の方に伸ばしながら私に近寄ってきたのです。しかしその手は彼女の体から落ちてしまいました。彼女の目からは涙がこぼれ、私に背を向け、森の中に帰って行きました。次に、とある年配の男性が私を見つけました。彼は私の方に両手を差し出しました。そして両手と頭を私の方にかしげました。すると、彼の両腕と頭が胴体から落ち、私の方に転がってきたのです。その両目からは涙がこぼれていました。次々と森の中の年配の方たちの体から手や足や頭が落ちて行くのを私は目撃したのです。

あとには若者たちだけが残されています。そしてその残された若者たちは、してはならないことをし始めたのです。とある少年が私の方を見て、いぶかしげに私を見たかと思うと、足元からボールのようなものを取り上げ、それを私の方に蹴ってきました。私がそれを拾い上げようとすると、それはボールではなく顔でした。そしてその顔はたちまち、頭蓋骨へと変わっていったのです。頭蓋骨へと変わる直前、その顔は言いました。「助けてくれ」と。

毎晩、同じ夢を見ました。その夢を見るたび、私は真夜中に目が覚めるのです。私はその夢のために職と、そのときの生活の術を失いました。そのため、私は田舎へと帰ったのです。

私が田舎に帰りついた日、私はその後の私の人生を変える、とあるものに出会うことになりました。重機をたくさん持った工事の業者が、私たちの墓地を掘り返しているところに遭遇したのです。そのとき私が見たものを、私は生涯忘れることはないでしょう。その掘り返されていた墓地に眠っているのは、私たちの親戚でした。その業者は、私の祖先の墓地を破壊していたのです。人骨がそこらじゅうに散らばっておりました。いったい誰がどのようにしたら、ひととしてそのようなことができるのでしょうか。私はその人骨を自ら拾い集め、教会へと運ぶようになりました。私の魂は変わりました。

二年もの間、毎日私は人骨を拾い続けました。それはこの部屋（約一〇〇人収容の講義室）を満たすのに十分な量でした。私の祖先。私は彼らの骨とともにどうしていけばよいのか。私はその骨を埋め戻し始めました。私は怒りを抱えていました。それにより私は生きている人間とのコミュニケーションをやめました。私はただ、すべての時間を私の祖先とともに過ごしたのです。当時私は、現代人というものを全く理解できない状態になっていました。

ある日、ひとりの男性が私のもとに現われて言いました。「君たちは敗者である。だから君たちはもう人間ではない」。私は彼に、私が敗者ではないことを見せなければならなくなったのです。

毎日、私は先祖の骨を埋め戻しました。私が何をしているのか、他のひとがどう思おうと私には気にならなかった。でも私は気づいたのです。他の人びとが私のしていることに注意を向けているということを。たくさんの人びとが私のしていることについて話し始めました。結果的に私は、私たちの祖先を埋め戻すエキスパートとなったのです。

ついに最後の一体となったとき、私たちは大きな儀式をその遺体のために行ないました。五〇〇人以上の人びとが参加しました。儀式が終わるとすべてのひとが帰って行きました。すべてのひとが去った後、私は個人的な儀式をその遺体のために行ないました。

私が最後に墓地を去るとき、そこに、二人の小さな子どもが遊んでいました。その子どものひとりが私を見つけ、私の方にボールを蹴ってきました。そのボールが私の足元に辿りついたとき、私は気がつきました。子どもが蹴ったのはボールではなく、頭蓋骨だったということを。

その頭蓋骨を見たとき、私はかつて見ていた夢を思い出しました。私はそのときに誓ったのです。このようなことは二度と引き起こしてはならない、と。それに人生を懸けると誓いました。

それ以降、今年で三〇年の月日が流れています。一〇万基以上の祖先の墓を埋め戻してきました。五〇〇〇体以上の祖先の遺骨を埋め戻してきました。部族の年長の人びとは、私が大勢の方の前で話せるようになることを望んでいました。ですから彼らは私に、どのようにしたら許すことができるかを教え始めたのです。今では私はアメリカ国内のみならず様々な場所へ行き、私のしてきた仕事についてお話させていただいています。

私たちは「ひと」です。ご先祖のお世話を私たちがさせていただくとき、それは私たちすべてに関わってくるのです。アメリカ国内の様々な大学や博物館には、私たちの祖先が収蔵されています。ですからそのような大学や博物館に行き、祖先を故郷に連れ戻すというのが私の仕事です。そして私は、これまでの経験のなかからよいやり方というものを学んできました。大学に対して、私たちの祖先を今までお世話してくださったことに私は本当に感謝しています。

私たちの文化には、特別なひとたちがいます。私たちの声のトーンを通して人びとに伝えるひとたちです。この特別なひとは、どなたかのお宅で家族の一員が亡くなるとき、そのお宅へ出向き、その悲しみに寄り添います。そのようなひとたちは、そのご家族と話し、そのご家族の悲しみを解き放ちます。悲しい歌を歌いますが、私たちは声を使い、その方たちの魂に寄り添うのです。私たちは決してご遺族を悲しませるようなことは言いません。

我々の祖先の多くは、博物館に収蔵されています。ご先祖様たちは帰ってきたいと願っています。そのため、その先祖たちは私たちすべてに語りかけてきます。

（――沈黙――）

今ここで、とても静かな瞬間を持たなくてはならなかったのです。

みなさまお一人おひとり。みなさまそれぞれが、とても力強い文化をお持ちでいらっしゃる。あなたはとても美しい言語を持ち、美しい生き方をお持ちでいらっしゃる。遺産を持っていらっしゃる。それはとりもなおさず、あなた方自身のご先祖からもたらされたものなのです。それらはあなたたち自身に誇りを持たせてくれる。それがまさに、私が今このようにこの場に立っていられる理由です。

今身につけているこれは伝統衣装と呼ばれるものです。私たちがこの装束を身につけるとき、私たち自身がまさに私たちの祖先になるのです。私たちの文化では、我々が装束を身につけるとき、その装束を身につけている人間のいる部屋にご先祖様たちがやってくると考えられています。今日まで私は長いことこの仕事をしてきましたが、私は人生をこの仕事に捧げてきたことにとても感謝しています。私は今日、私にできる最善のことをこの場で行ないたい。私は今、これまでの人生で最も大切な場面にいると考えています。

もうずいぶん前になりますが、私はここにいらっしゃるエカシとお会いしました。私は彼のことを一度たりとも忘れることはありませんでした。もし今、私のお隣に立ってくださるのなら、エカシはまさにクリンギッドの長老と見まごうばかり。私のおじは、隆吉エカシにそっくりなのです。私はとても特別なつながりを隆吉エカシに感じたのです。

ですから、私は隆吉エカシの心からの望み、隆吉エカシの親戚の骨がこの大学から彼らのもとへ返されるということを望んでいます。隆吉エカシの目の奥に、私は隆吉エカシの慈悲と情熱というものを見てとることができます。ですから私はエカシにお約束したのです。私ができることは何でもさせていただくと。そして今日、私はこの北海道大学に感謝しております。この隆吉エカシとの約束を実現する機会を与えてくださったことを感謝申し上げたい。とてもよい事がここで起きています。

（黒板消しを演壇に立てて）これは墓石です。もし墓石が倒れたならば、その子孫たちになにかが起こる。ですからそのようなことが起きた場合には、誰かが元に戻すことが重要です。そうすれば子孫の方たちの状況は良くなる。もしこの大学にある遺骨が元あった場所に戻れば、とてもよきことが起こるでしょう。大学は人間らしくなるのです。そしてそれは、すべての人びとの心の琴線に触れます。

この大学が難しい歴史を抱えていることは存じ上げております。しかしながら、遺骨が返還されることによって、その難しい歴史というのが癒されていく。そしてアイヌの方々が力を得て、誇り高き人びととなる。ひとは皆だれしも、強く誇り高きひとを好きであります。我々がお互いに自分の文化を分かち合うなんて素晴らしい世界ではありませんか。この素晴らしいことが実現し、この大学とアイヌ、日本のみなが幸せになるとき、それこそが祝うべきときです。

ぜひ、正しきことをみなで行なおうではありませんか。ぜひ彼らに、帰るべきところに帰っていただこうではありませんか。それが現実のものとして起こるという未来を、私は今、固く信じることができる。なぜなら私たちはみな、「ひと」であるから。ですよね、私たちは「ひと」ですね、違いますか。私たちは「ひと」ではありませんか。では一緒に、正しきことをしようではありませんか。ここから、素晴らしき未来を、ともに。

大学が遺骨を返還するときには、私はまた再びこちらに戻ってくることでしょう。アメリカ西海岸にありますカリフォルニア大学バークレー校には一万八〇〇〇体のアメリカ先住民の遺骨が収蔵されています。彼らは遺骨が大学のものであると信じております。それゆえに決して私たちと対話を持つことはありませんし、私たちを大学の敷地内に入れることもしませんが、私は別の方法を取ることを考えました。学生たちと対話を持とうと考えたのです。なぜなら、彼らこそが変化を起こす当事者だからです。招いてくださる教授たちに対しても、私はベストフレンドのようにお招きをいただいて、どんなクラスにも伺ってお話をさせていただいています。そうすることから対話が始まるのです。

三〇年になりました。年長の者としての忍耐を私は持っております。私はたくさんのことに関わっています。そしてたくさんのことが起きてくれるようにと願っています。しかしそれは私が生きている間には叶わないかもしれません。でも私はそれを次の世代に引き継いでいきます。そうすることで、私のこのやり残した仕事が達成されます。

今日ご参加くださった学生のみなさん、大学関係者、先生方、そしてアイヌの方々にお礼を申し上げたい。このことに関しては一日中話し続けることができるのですが、でも私が今日一番お話したいメッセージというのは、私たちがみな「ひと」であるということなのです。私たちにはみな、両親がいて、祖父母がいて、そのまた先々の世代がいます。ぜひ、我々の先祖をきちっとした方法で敬いましょう。それが「ひと」としての道だから。私が申し上げているのはそのことだけなのです。一緒にやりましょう。

二〇年前、同じことをとある大学の学生たちの前で申し上げました。その中で「ＹＥＳ」といってくれたのは、一人の学生だけでした。そして二〇年たったのち、私はまた同じ質問をします。二〇年たった今では、学生すべてが「ＹＥＳ」と答えてくれるようになりました。私たちは変わること、変えることができる。

今とてもよい気持ちでおります。次に申し上げたいのは、私が大学の先生方について学んだこと。大学の先生方にとっては、スピリットの話をすることはとても難しいことなのだと理解しています。私はスピリットのことにはまったく恐れを抱いていません。スピリットについて語り、スピリットにとって正しきことをする。私たちみなができることです。

今日はこれ以降のスケジュールがとても詰まっているということで、私はたくさんお話ししたいことはありますが、これで私のお話を終わらせていただこうと思います。私はプロの語り部であります。プロの語り部である私は、実際にみなさまがどういった心持ちで私の話を聞いてくださっているのか手に取るようにわかります。今私のお話したことがみなさまに伝わっている。これはひとつの挑戦です。このつながり。それは、私の先住民としての生き方、私の先住民としての声、私の先住民としての知識、これらをみなさまが愛してくださっているということ。これはとても素晴らしいことです。

二〇一三年一二月一四日、北海道大学で開かれた「先住民族と大学の関係性を問い直す国際シンポジウム／多文化共生と大学―対話と連携に基づいた負の遺産の克服へ―」（北海道大学メディア・コミュニケーション研究院・院内共同研究、多文化共生と大学―対話と連携に基づいた負の遺産の克服へ研究プロジェクト主催）での基調講演から。

第16章　ワイラウバー（ニュージーランド）へのマオリ遺骨返還

ナロマ・ライリー

イランカラプテ。こんにちは

ストーリーテラーのあとにお話ししますので、ちょっと私は難しい立場に追い込まれたと感じています。ボブさん、お話をどうもありがとうございました。そして、アイヌのエカシ、それから他のアイヌの方々にもご挨拶を述べたいと思います。ようこそここにおいでくださいました。そして、この場にお越しになったみなさまに歓迎の意を述べたいと思います。こういった場を作ってくださった北海道大学に感謝したいと思います。

私の祖先は、トゥモアナというひとです。私の部族はティナナというカヌーに乗ってニュージーランドに来ました。私の部族のふるさとは、プォケポトという場所。そこにトゥマトゥタマンフォイという山があります。そこにラニハウカハという墓地があります。私の部族は、テララワという名前です。私の部

Ngaroma Riley
ニュージーランド出身、仙台市在住。東北大学職員（広報担当）。マオリのパフォーマンス・グループ「ナ・ハウ・エ・ファー　Nga Hau E Wha」のメンバーでもある。

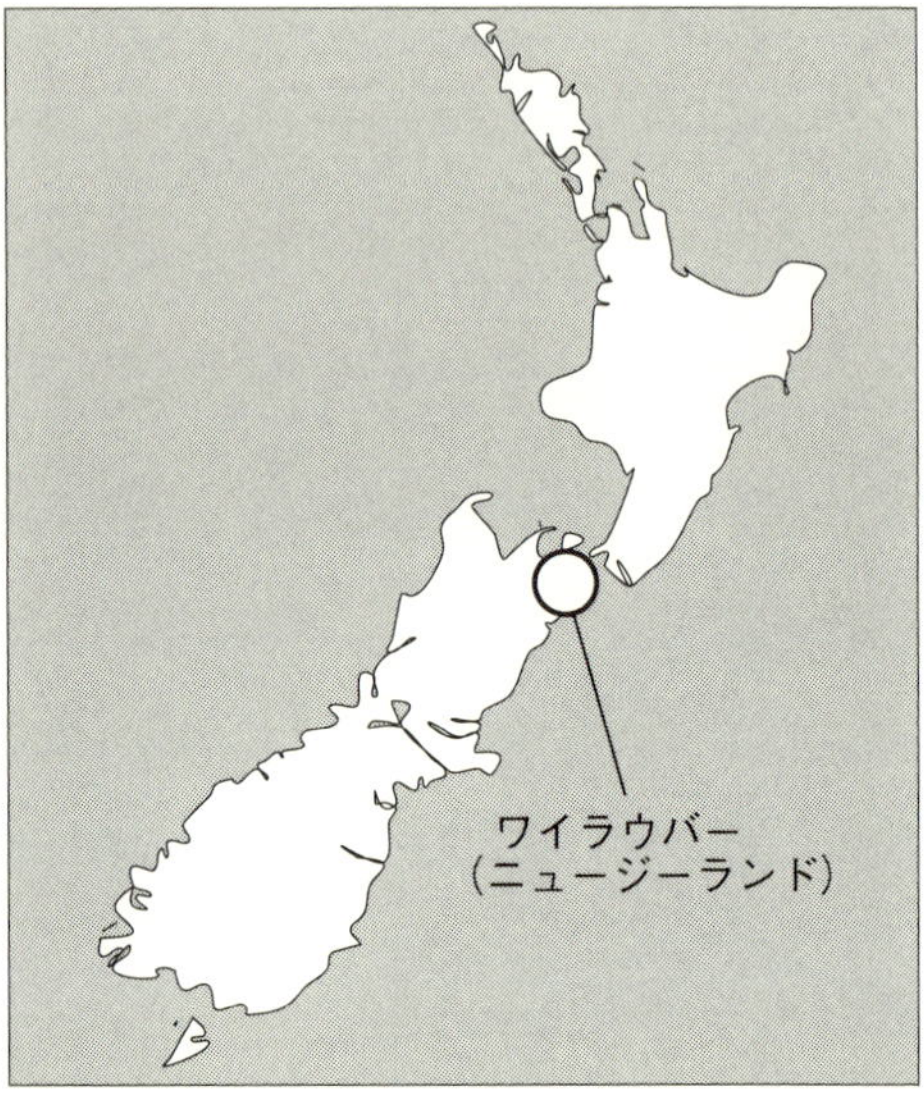

族の集会所は、テララワです。私はナロマです。
今話したのは、マオリの自己紹介の仕方です。重要なのは、祖先の経歴を説明し、相手にアイデンティティをわかってもらうことです。あらためまして、仙台在住のナロマと申します。現在は日本で活動しているマオリのパフォーマンス・グループのメンバーです。ある程度日本語は話せますが、今日は誤解されないように、プロの小田さんに通訳してもらいます。

（スライドを示しながら）これが私たちの集会所なのですが、私の心のふるさとというような場所です。ここに親戚が集まります。そして家族もみな集まります。小さいときの私も写っていますね。私が今のこの髪型、プリンセス・ダイアナの髪型にする前の。
私の生まれた場所からそんなに遠くないところにこんな地形の場所があります。ニュージーランドの南島の最北部でタスマン海と太平洋が出合うところです。マオリは死ぬと、ここから魂は海に飛び込んで、地下の国に渡ります。私たちが以前、地上に来る前に来た世界に戻るのです。

私はマオリです。それは、「普通の、正常な」という意味です。

マオリにはたくさんの部族があります。植民地化が起こる前は、私たちマオリ族は、私たちが「正常だ」、これは白人がつけた言葉ですけれども、そういう風に自分たちのことを考えたことはありませんでした。

真ん中にいるのは私です。これが日本にいる間の私のマオリの家族といえるひとたちです。「ナ・ハウ・エ・ファー」というグループです。四つの風、地球の四隅から吹く四つの風という意味です。なぜそういう名前を付けたかというと、私たちは異なる部族、ニュージーランドの北部、南部、西部、東部からの寄せ集めだからです。

この先祖の遺骨の問題というのは、大変幅広くて深いので、そういうことを話し始めると、一日中話し続けても話は尽きません。そこで、一つのことに絞りたいと思います。ある先祖の遺骨がワイラウバーというところに返還されたことに焦点をあててお話したいと思います。それは、その遺骨の返還が成功したよい例だと考えられるからです。

このワイラウバーでは一九三九年に、人骨と考古学的な遺跡の発掘、発見がありました。そこで遺骨が見つかったのは偶然のことでしたが、その後大規模な発掘調査が行なわれました。発見された遺骨は、ニュージーランドの首都クライストチャーチにあるカンタベリ大学の博物館に収蔵されました。

この地域というのは、ランギターネという部族のひとたちの出身地なのです。このランギターネの祖先たちが初めてニュージーランドに着いたときにここに到着したのですね。ですから、彼らにとって、この場所が彼らを取り巻く宇宙の中心地であると考えているわけです。実は、返還に至るまでは長い痛々しい道のりがあったのですが、その部分は割愛します。二〇〇九年には、先祖の遺骨が彼らの出身地に戻る交渉が行なわれました。

この遺骨の返還が我々にとってよかったと思えるところは、返還に関して、この土地のマオリ族ランギターネの人びととの話し合いがもたれたことです。この話し合いは、カンタベリ大学の博物館、遺骨を所蔵していたオタゴ大学も参加して行なわれました。遺骨を持って行ったのは、大学博物館の解剖学者だったんですね。ここはランギターネの、もともとの先祖のひとたちが「先祖の地」としているところなのですが、ここへ遺骨が戻るときには、このランギターネを、たくさんのマオリの人びとがサポートしました。その他に、ダニーデンにあるオタゴ博物館、それからカンタベリ博物館なども協力しました。

遺骨が見つかってからわかったことなのですが、実は、彼らの祖先は七〇〇年前にカヌーでこの地に着いて、ここで生活していました。ここで博物館などが発掘調査を行ないましたので、大学、博物館は発掘で得た知識を持っていた。それで、地域のひとたちの承諾を得て、遺骨の返還前にこの地のひとたち、ランギターネのひとたちをこの土地に連れていって、この地区を案内し、発掘からわかったこと、たとえば七〇〇年前にここに住んでいた祖先はどういう生活をしていたのかということや、貝塚のような場所の発掘からわかったことなどを説明しました。

そういうふうに、この地域の説明やいろいろなことを紹介してくださったので、ランギターネのひとたちは、そのお礼に、遺骨の返還のセレモニーが行なわれたときに、この地域の人びと、カンタベリ博物館やオタゴ大学のひとたちを招待しました。祖先の遺骨返還の儀式を持つということは、この地における癒しに欠かせないことでした。ランギターネの人びとが、博物館へ先祖の遺骨を取り戻しに行ったときに、ランギターネの戦士たちが現地に一緒に赴きました。怒りを示し、先祖の遺骨を守るために行ったのです。

これは、先祖の遺骨が帰ってくるときの写真です。岸で待ち受けている女性たちが船に向かって呼びかけ、歓迎の意を伝えているところです。その遺骨はこの地で埋め直されました。そのとき、ここに参加していた人びとは正しく儀式が行なわれるのかをしっかりと見届けました。

先祖の遺骨の返還だけでなく、埋葬品などの返還についても、私は言いたいことがあります。返還がなされるときには、先住民族との協議をもったうえでなされなければならない、ということです。植民地化が起こったせいで、先住民は多くのものを失いました。私たち自身についての知識も失いました。先祖についての知識も同様です。私たちはいろんな知識を持っていますよね。科学的に証明できるような知識というのはそのうちのひとつです。研究という言葉も先住民にとっては汚い言葉というふうに聞こえることが多いのですが、その成果が私たちに何か恩恵を与えているということも事実です。ですから、研究はやはり恩恵をもたらしてくれるものなので、我々抜きでは行なわないで、我々と一緒にやるようにしていただきたいと考えています。ニュージーランドの大学はこの点において、大変忠実に行なってくれています。

ニュージーランドには寿司屋がたくさんありますが、これはどうも中国系の人びとによって経営されているようです。でもニュージーランドのひとたちには、中国人なのか日本人なのかの区別はあまりついていないようです。寿司はだれが作っても寿司なので、中国人が作ってもよいと思うのですね。でも、中国のひとに、あなたは日本人としてどういう気持ちを持っているのですか、という質問はできないですよね。ですので、大学で先住民族の人々が雇われるということはとても大切なことです。

けれど一方で、先住民の教員が、大学の中で囚われの身になってあまり自由が利かないという状態に置かれている場合もあります。ですから、そういう立場に置かれていますので、マオリは何かサポートしてくれるひとが必要です。そうすることによって、私たちの文化を持続していくために一緒に活動ができるようになればと思っています。

今、ニュージーランドの大学では、マオリの言語を学習したいというひとがいれば、自由にその講座を無料で受けることができるようになっています。これについても話し続けることができるのですが、この話もここまでにしたいと思います。

話が終わると歌を歌うのがマオリの習慣です。残念ながら風邪をひいてしまい、声が上手く出ませんが、今日初めてお会いできたマオリの仲間のマット・カッター氏が――現在札幌に住んでいまして――代わりに歌ってくださいます。

(――二人で E hara i te mea を歌う――)

今の歌の意味はこうです。

「愛は新しいものではない、愛は先祖から流れてきたものなのです」

二〇一三年一二月一四日、北海道大学で開かれた「先住民族と大学の関係性を問い直す国際シンポジウム／多文化共生と大学―対話と連携に基づいた負の遺産の克服へ―」(北海道大学メディア・コミュニケーション研究院・院内共同研究、多文化共生と大学―対話と連携に基づいた負の遺産の克服へ研究プロジェクト主催)での講演から。

第17章　英国の遺骨返還状況

植木哲也

英国では、すでに政府が先住民に対する遺骨返還のガイダンス（ガイドライン）を示して、実際に返還が始まっています。現在の日本政府や北海道大学の対応を理解するうえで参考になるかと思います。

今朝（二〇一三年四月二〇日）の毎日新聞に、日本政府のアイヌ政策推進会議が開かれて、各大学におけるアイヌ遺骨の保管状況の報告があっただけでなく、政府が遺骨返還のガイドラインを作ることになった、と報道されていました。そのガイドラインの中身がどうなっているかは分かりませんが（この後、二〇一四年六月に公表されました。本書巻末の補足資料に全文収録）、それが英国のガイダンスとどのように違うか、ということは今後、注意していく必要があると思います。そのためにも、英国の状況を、大雑把ではありますが、お話しさせていただきます。

ガイダンス策定まで

まず、英国で遺骨返還のガイダンスが作られるまでの経緯からご説明します。[注1] 英国は世界中に植民地を持っていた国ですから、数多くの地域から先住民の遺骨が集められてきました。ドイツ・ベルリンと並んで、英国のロンドンは、一九世紀から二〇世紀にかけて、人骨研究の中心地の一つであったと思います。そうしたことから、かなりたくさんの遺骨――英語では human remains と言いますから、骨だけでなく人体から取られたものを全て含んでいますが、そんな human remains がたくさん、保管されています。

これに対して、一九八〇年代から、特にオーストラリアやニュージーランド、米国などの先住民グループから遺骨の返還要求が行なわれてきました。しかし、それはあまり大きな動きにはつながりませんでした。そんな英国において状況が変わるのは一九九九年、「アルダー・ヘイ事件（Alder Hey organs scandal）」が発覚したのがきっかけでした。

アルダー・ヘイは、英国リヴァプール市にある、ヨーロッパで有数の規模を誇る小児科専門の国立病院の名前です。その大病院の医師たちが一九八〇年代以降、病院で亡くなった乳幼児約八五〇人の遺体から心臓などの臓器を密かに取り出して研究用に保管していたことが、一九九九年に明らかになりました。イギリス中を騒がせる大きな社会問題に発展し、遺族たちは当然、その返還を求め始めたわけです。

こんな事件が起きたことで、すでに元植民地から届いていた先住民の遺骨返還要求の問題が、同じ観点のもとでとらえられるようになります。先住民の祖先の遺骨に対する気持ちもまた、小さな子どもの両親が自分の子どもの臓器に対する感情と同じだろう、ということです。こんなふうにして、先住民への遺骨返還問題がにわかに脚光を浴び出しました。「遺骨は科学的に重要である」と主張する科学者たちと、「いや、返した方がいい」という人たちとの間の議論が二〇〇〇年前後から始まったのです。

議論の高まりに対して、英国政府はかなり早い段階で動いています。二〇〇〇年七月、イギリスを訪問していたオーストラリアのジョン・ハワード首相が、英国のトニー・ブレア首相（いずれも当時）と会談し、

「英国が保管するオーストラリア先住民の遺骨を返す方向で両政府は積極的に努力する」という共同声明を出します。

英国では、大学より博物館に多く遺骨類があるそうです。ただ、博物館は収蔵物を勝手に手放すことができないという法律上の制約などのせいで、当初はなかなか返還が進まなかったのです。そこで英国政府は、二〇〇一年五月に専門家を招集して作業部会をつくり、返還問題の法的・倫理的問題を検討せよ、と命じました。

作業部会は文化・メディア・スポーツ省（Department for Culture, Media & Sport）が管轄し、二〇〇三年にその報告書が出ました。二〇〇四年にはその報告書に関する審議会が開かれ、その答申に基づいて手続きが進むことになりました。

同じ二〇〇四年、人体組織法（Human Tissue Act 2004）という法律が成立します。アルダー・ヘイ事件を受けて、人間の体から取った臓器などを研究に使うための手順を定めた法律です。これによって、一定範囲の古い遺骨についても、それまで勝手に返還できないとされていたものが、博物館独自の判断で返

注1　経緯については、おもに T. Jenkins, *Contesting Human Remains in Museum Collections; The Crisis of Cultural Authority,*（Routledge, 2011）にもとづきます。さらに、宇都木伸「人体由来試料を医学研究等に使用する際の社会的・倫理的問題についての研究」（『第九回ヘルスリサーチフォーラム』、ファイザーヘルスリサーチ振興財団、二〇〇二年、一四二〜八頁）、井上悠輔「『展示・陳列される人体』の返還をめぐる議論の意味するもの——人体組織の管理に関するイギリスでの議論から」（『医療・生命と倫理・社会』第三号、大阪大学大学院医学系研究科・医の倫理学教室、二〇〇四年、七八〜八九頁）を参照しました。

還できるようになりました。

そして二〇〇五年一〇月、前記の作業部会の報告に基づいた「博物館等が保有する遺骨類の取り扱いに関するガイダンス」(*Guidance for the Care of Human Remains in Museums*) が公表されました。

このガイダンスに従って、大英博物館と英国自然史博物館は二〇〇六年、アボリジニ(オーストラリア先住民)からの遺骨返還の要請に応じることを初めて決定しました。実際二〇一一年の暮れには、自然史博物館がオーストラリア・トレス海峡諸島の先住民に対して、収蔵していた遺骨一三八体を返還する予定である、と報道されています。

ガイダンスの概要

では、英国のガイダンスの内容を確認してみましょう。法律とは異なり、ガイダンスに法的な強制力はありません。遺骨を保管している博物館や研究機関などに対して、遺骨を返還する際にどのようにしたらよいか、最良の方法を推奨・勧告・指導するというものです。

序文やあいさつ文を除くと、大きく三部構成になっていて、パート1は法的・倫理的な枠組みが説明されています。パート2には、遺骨の管理・保管や、研究などに利用する場合のガイダンスが載っています。そしてパート3では、遺骨の返還要請を受けた場合にどうすべきか、対処の仕方についてまとめられています。

まずパート1を見てみましょう。「人体組織法」という新法が二〇〇四年につくられたことはお話ししましたが、これは主に医学研究を対象にした法律です。その中で、「DNA分析を含む人体組織を扱う場合、必ず関係者の承諾を受けなければならない」と定められているのですが、基本的には、新たに体から取り出したもの、いわば「新しい」人体組織にしか当てはまらない法律なのです。すでに保管されているもの、外国から輸入されるもの、死後一〇〇年以上経っているもの——つまり博物館などに既にある人骨の場合は、ほとんどこの法律の適用外なのです。

そこでそれに代わるものとして、法律でないけれども、このガイダンスが必要になる、というふうに書かれています。

また、英国を構成しているイングランドとウェールズの法律では、人体組織に対する財産権（所有権）が認められていませんので、これらの地域では所有権に基づく形での返還請求は困難である、という法的な背景も述べられています。

倫理的な側面はどうでしょうか。ガイダンスでは「手続き上の原則」と「倫理的な原則」に分けて論じられていますが、どちらもきわめて一般的・抽象的な、ある意味で当たり前のことが書かれています。まず「手続き上の原則」では、「厳格さ／清廉潔白さ／感受性と文化的理解力／個人と共同体の尊重／責任あるコミュニケーション・公開性・透明性／公正さ」といった言葉が並び、要するに、いい加減な扱いをしてはいけない、最高レベルの水準で人骨を扱わなければならない、といった義務項目が並んでいます。

一方「倫理的な原則」のほうでは、「痛みを与えない／考えの多様性の尊重／科学の価値の尊重／連帯／善意」といった事項が述べられています。これらの原則に従って返還手続きを進めなさい、ということです。ガイダンスの大枠がこのように示されているわけです。

続くパート2では、遺骨の保管方法などについてかなり細かく、湿度はこのように保ちなさいということまで書いてありますが、そこはちょっと飛ばしまして、パート3の「返還請求に対するガイダンス」を少し詳しく見てみます。

このパートの「序文」や「背景の説明」には、原則的なことが説明されています。たとえば、「人骨は知識の進展に貢献するものだ」と認めつつ、「博物館の人骨には、不正に獲得され、個人やコミュニティが深く傷つけられたケースがある」ことをきちんと押さえるべきだ、ということが冒頭に述べられています。また返還請求は、必ず「オープンで公平な話し合いによって、ケースバイケースで解決されるべきである」とされています。一般論として「返さなければいけない」と書いてあるわけではなく、請求に基づいてひとつひとつ個別の状況を踏まえながら、返すか返さないかを判断しなさい、ということですね。「費用負担などの問題を返還拒否の理由にしてはならない」とクギも刺しています。

続く部分では、より具体的にモデルケースを挙げて、このような手順で返還を進めなさい、と書かれています。まず、先住民から返還要請があった場合、公的な機関が公式に受理して、責任者名と請求内容を明確にしなさい、とあります。またそうしたプロセス、つまり返還請求があったらウチはこんなふうに対応しますという手続きを、事前に公開しておかなければならない、とも述べています。

次にやるべきは、証拠をきちんと集めることです。一番重要なのは、請求元の人たちがどのような立場なのか、ということ。それは、大きく三つの種類に分けられています。一つは「系譜上の子孫（genealogical descendants）」の場合。「子孫に返還されないことはまずありえない」とコメントがついています。二つ目は「文化的共同体（cultural community）」の場合です。それから三つ目のケースとして、国家が返還を求めてくる場合も想定されています。

この他、その遺骨が有する精神的・文化的意味をきちんと調べなさい、というようなことも書かれていますが、文化的・宗教的・精神的な重要性が見いだせなかったとしても、「だから返還しなくてよい」というわけでなく、どんな遺骨であれ、返還請求があれば返す方向で検討しなければならない、と明記されています。

また、初めに遺骨が持ち出された状況、その後の保存状態などについても調べなさい、とあります。それらの証拠を総合し、オープンな話し合いを続けながら結論を出す、という過程が示されています。そのさい、先に述べられていた法的あるいは倫理的な枠組みから外れないことが一番重要である、また必要に応じて専門家の助言を仰ぐように、とも指示されています。

最終決定は、それぞれ機関によって公式になされます。報告書を作成し、公表しなければなりません。請求者には決定内容を通知します。決定理由を説明した上で、反論の機会ももうけなさい、とあります。決定した内容を実行に移す時も、プロセスを記録し公開する必要があります。

大切なのは話し合い

ここまで英国のガイダンスの中身を見てきました。これを見て感じることは、第一に、法的な内容とともに倫理的なレベルにおいても、しっかりと議論が行なわれているということです。単に「違法でなければよい」というのではなく、倫理的な問題を解決しなければならない、という精神でこのガイダンスはつくられていると思います。

第二に、このガイダンスは「かつて遺骨が収集された時に不正があった」ときちんと述べています。単に「（現地住民の）承諾を得ずに持ち出した」ということにとどまらず、「これらの遺骨が英国の植民地支配の中で集められたというだけでも、決して対等な関係ではなかったのであり、このことを踏まえて解決策を検討せよ」と述べられています。

第三に、より具体的な点ですが、プロセスを必ず公開し、公平な話し合いを通じて解決せよ、と書いてあることです。これは、要するにフェアネスといえるでしょう。たとえば保管された遺骨に関する情報は、請求してくる人々に比べて、保管している側＝博物館などに非常に偏っています。その状態はフェアでない。博物館側が積極的に情報を開示しなければならない、ということです。そんなことを含め、返還がうまくいくかどうかは、遺骨を保持している側の努力にかかっているわけで、ガイダンスは博物館などの果たすべき責任について繰り返し触れています。

さて、このような英国のガイダンスに照らすと、現在の北海道大学や日本政府のアイヌ遺骨返還に対する姿勢はどうなるでしょうか。公開や話し合いといった原則にまったく則していない北海道大学や日本政府のやり方が非常に不適切なことは、私が説明するまでもないことだと思います。

二〇一三年四月二〇日、シンポジウム「さまよえる遺骨たち ｐＡＲＴ３　先住民への遺骨返還はセカイの流れだ。」での講演から。

第18章　アメリカにおける遺骨返還を巡る問題

市川守弘

被害を受けたインディアン墓所

私は三年ぐらいアメリカに住んでいましたが、その間にインディアンの人たちの墓所を三カ所ほど、訪ねたことがあります。

一つはキャニオン・デ・シェイという場所。アリゾナ州にあるナバホ・インディアンのリザベーション（居留区）の中にある墓所の一つです。一帯は砂漠地帯でしたが、そこは小さな谷（キャニオン）で川が流れ、森に囲まれていました。奥に進むと、墓が暴かれた跡、というのかな、それがけっこう残っていました。この地を侵略したスペイン人たちが、金銀財宝ばかりかお墓の副葬品までも奪っていったという説明でした。インディアンたちが馬を見たのはその時が初めてで、馬を乗りこなすスペイン人たちを神のように崇めてしまうという間違いを犯してしまったんですね。それで根こそぎ持っていかれてしまったという場所でした。

もう一カ所は、モンタナ州にあるクロウ・インディアンのリザベーションに行った時に墓所を訪ねました。案内してくれた若者は、たまたま海兵隊員として沖縄駐留の経験があった人でしたが、その彼が二つのお墓を示して、こんなふうに説明していました。

「何年前かは分からないけれど、ここから骨が持ち去られてしまった。一つは返還されたけれど、もう片方は今も行方知れずです」

三カ所目はメサ・ヴェルデ国立公園。ユタ州とコロラド州の州境にあって、深い渓谷の絶壁の岩をくりぬいて造られた高所住居の遺跡でよく知られています。遺跡を最初に見つけたアメリカ人は偶然近くを通りかかったカウボーイだったそうですが、発見されるや、ここでもいろいろなものが持ち去られてしまいました。この遺跡は、アナサジと呼ばれる人々の遺跡だと言われ、アナサジはある時、忽然と姿を消してしまうのですけれども、おそらく現在のプエブロ・インディアンの祖先たちだろうと考えられています。

そういう三カ所の例だけでも分かるように、アメリカの先住民たちは、いろんなものがいろんなパターンで持ち去られています。まず、侵略の初期に金銀財宝を奪われたパターン。またクロウ・インディアンの場合は、科学者が研究の名目で持ち去ったと思われます。メサ・ヴェルデでカウボーイが遺物を持っていったのは、それを売れればカネになると考えたからでしょう。

このうち科学者による盗掘は、連邦政府が資金を出して、科学研究のためという名目で行なわれました。とりわけ頭蓋骨の研究をしたかったようです。でもこれは、「白人種は（他の人種に比べて）優越している」ということを頭蓋骨の比較研究によって証明しようとしたわけですから、言うなれば「ひっくり返った科学」ですよね。「インディアンは劣っている」「滅びゆく民である」という結論ありきで、それを証明しようとして、遺骨から頭部だけをちょん切って持っていく、というようなことを研究者がやっていました。

またメサ・ヴェルデの例のように、民間人が持ち去った例も少なくなかったようです。副葬品などはカ

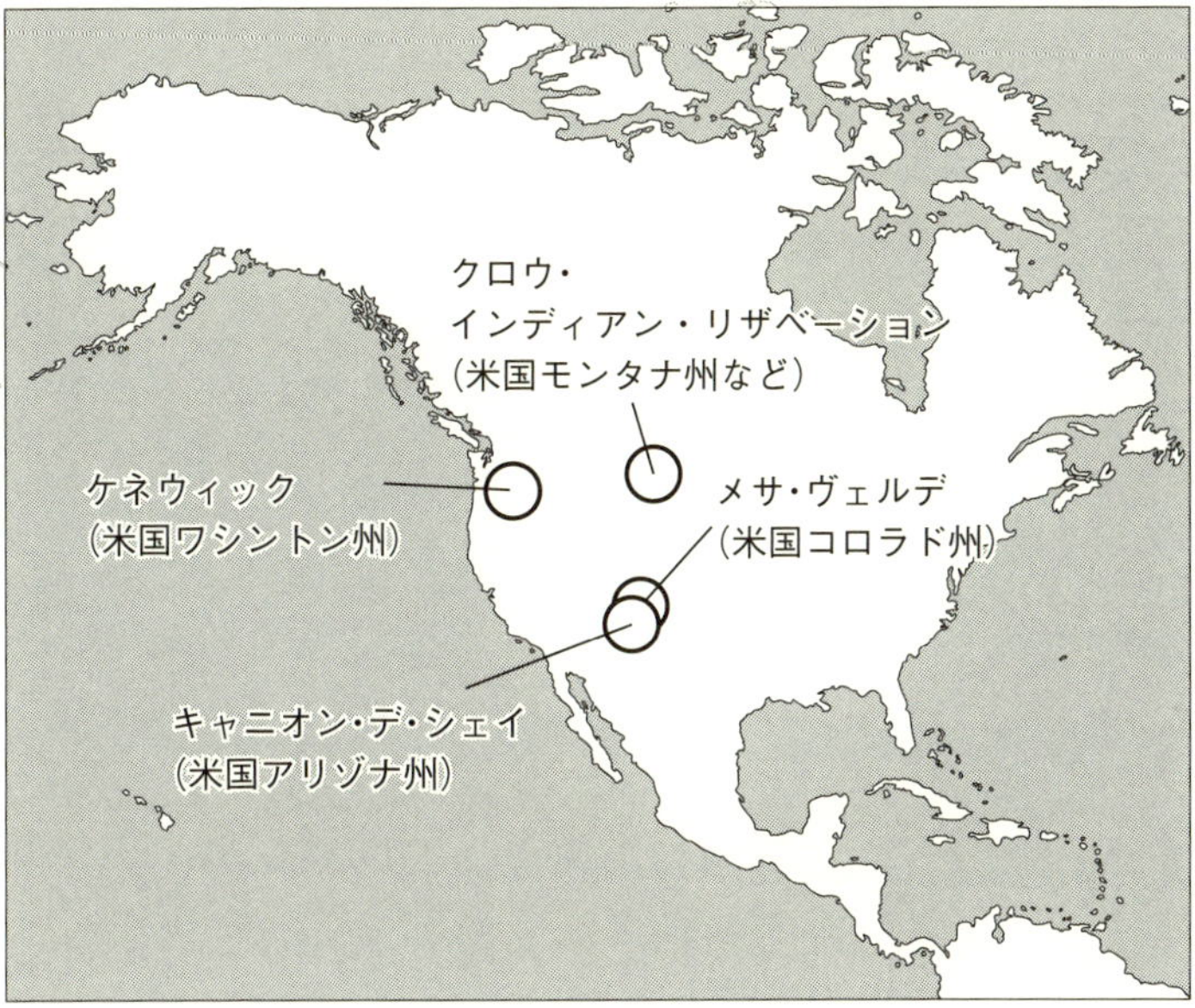

ネになるから、というのが動機だったでしょう。また、征服したインディアンの頭骨を自室に飾るなどして優越感に浸るということもあったと思います。中には非常にグロテスクな、倒錯した嗜好の愛好家もいたようです。

アパッチのジェロニモは、西部劇映画にも登場するので、日本でも有名なインディアンの一人ですが、オクラホマ州フォートシルにある彼の墓も暴かれて、頭蓋骨が持ち去られています。ジェロニモの墓を暴いたのは、プレスコット・ブッシュという人物。アメリカでもエリート校として知られるイェール大学の一九一七年の卒業生で、学内の秘密結社「The Skull and Bones（頭蓋骨と骨）」のメンバーでした。彼は掘り出したジェロニモの頭蓋骨を大学内の「墓」と称する場所に持ち込んだ。ちなみにこのプレスコット・ブッシュは、アメリカ合衆国の元大統領、ジョージ・

W・ブッシュの祖父にあたる人物です。この事件は長らく学生たちの悪ふざけと片付けられてきたのですが、最近になって、彼らのグループが本物の盗掘団とやりとりをしていたことを示す一八一八年の手紙の存在が明らかになりました。それによると、頭蓋骨のみならずほかの骨も持ち出していたし、お墓に納められていた「乗馬用の鞍」の一部も奪っていたらしい。正真正銘の盗掘だったわけです（この情報はAmerican Indians and the Law by N. Bruce Duthu による）。

こんなふうにアメリカでも、様々なパターンで先住インディアンの墓所が盗掘されてきたのです。いったいどれくらいの数の遺骨や副葬品が持っていかれたかは、分かっていません。

「先住民墓地の保護と返還」法

インディアンをめぐるアメリカ連邦政府の政策は、まず第二次世界大戦後の「終結宣言」によって大きく様変わりします。それまでのインディアンに対する政策を全部やめて、「インディアンも白人と同じ」「平等に扱うべき」という考えのもと、それまでのインディアンの主権を認める諸政策をいったん終結させたのです。それまでのインディアンに対する保護政策がなくなり、インディアンたち自身の間でも「私たちはもはやインディアンではない」という言葉が交わされるようになります。

さらに一九六〇年代。アメリカの公民権運動のことはご存じでしょう。マーティン・ルーサー・キング牧師率いる大行進が首都ワシントンに乗り込んで人種差別の撤廃を求め、一九六四年には「市民権法（公民権法）」が成立しました。アメリカではその直後「インディアン市民権法」というのもできています。

でもインディアンにとって、これまた大打撃になりました。「インディアンを白人と同等に扱う」という同法によって、肝心の自分たちの自主決定権が奪われて、インディアン独自の権利が逆に侵害されることになってしまったのです。

そうした流れに抗うように、一方では、インディアンの諸権利回復を実現するための運動がわき起こります。さまざまな自然資源に関する権利をめぐって訴訟が起き、そうした争いを通じて、インディアンたちがもう一度、自分たちの権利回復に向けて動き出したのです。

たとえば、ワシントン州を流れるコロンビア川のサケの漁業権をめぐる争いを見てみましょう。コロンビア川流域の、かつてインディアンが伝統的にサケ漁を行なっていたが、今はすでに白人の所有地となっている場所での漁業権をめぐる裁判で、こんな判決が出ました。「植民地支配を受け入れる時の条約によって土地は白人側に売却していたとしても、インディアンには五〇％のサケを捕る権利がある」。それまでインディアンには一〇％くらいしか漁獲高がなかったのに、裁判所は先住民の漁業権を大幅に拡大して認めたのです。こうした形でのインディアンの権利回復が、一九七〇年代から八〇年代にかけて進みました。

そうした中で、遺骨返還を求める運動も広がりを見せ、一九九〇年に「先住民墓地の保護と返還法（The Native American Grave Protection and Repatriation Act）」という連邦法が生まれます。この法律はまず、遺骨・副葬品の通商・輸送・販売を禁止しました。勝手な盗掘はもう出来ません。すでに掘り出されているものについては、五年間の猶予期間中に徹底的に目録を作りなさい、と連邦政府に義務づけています。いつどこで発掘しただれの何なのか、記録を探し、現地のインディアン・トライブやコミュニティや関係者と可能な限り協議しながら誠実に進めよ、とまで条文で指図しています。

脱線しますが、それに比べると、北海道大学が今回（二〇一三年三月）公表した報告書では、「遺骨の目録は作れませんでした」「不明なものが多数ありました」と平気な顔で書かれています。ちゃんとアイヌの人たちに事情を聞いたんでしょうか？ 訴訟を起こしている浦河町杵臼の原告の人たちと協議した？ 一切ありません。誠実さ？ どこにも感じられません。

「ケネウィック・マン」事件

アメリカ連邦法に話を戻すと、先ほどモンタナ州のクロウ・インディアンの墓地に遺骨が返還されたとお話ししましたが、まさにこの法律に基づいて行なわれました。

また関連して、こんな裁判もありました。

一九九六年の夏のある日、ワシントン州ケネウィックのコロンビア川の河岸で、アメリカ陸軍工兵司令部が河川工事をしている最中に古い人間の全身骨が発見されました（アメリカでの大河川の管轄は陸軍工兵隊なのです）。年代を測定するとおよそ九三〇〇年前の人骨だと分かり、「ケネウィック・マン（Kennewick Man）」と名付けられました。九三〇〇年前というと、一番最近の氷河期（最終氷期）が終わった直後です。その最終氷期（七万年前～一万年前）の間には、ユーラシア大陸からアメリカ大陸方面への人類の移住が進んだと考えられていますが、コロンビア川の土手で見つかったこの古い人骨にはコーカサス（ロシア・アゼルバイジャン・ジョージア・アルメニアにまたがり、カスピ海と黒海に挟まれた地域）の人々の特徴が見られる、という研究報告が出ました。

先ほどの連邦法に従えば、この遺骨は発見地のインディアンに返還しなくてはなりません。ここではユマティラ・インディアンがそれに該当し、人骨の返還と再埋葬を求めました。行政もそのように決定しました。すると骨格を研究していた学者たちのグループが「その行政決定は違法だ」「返還してはならない」と裁判所に訴えたんです。

日本ではいま「アイヌの遺骨はアイヌのもとへ」と裁判が続いているわけですが、アメリカでは連邦法で遺骨返還が義務づけられているのに対して、科学者たちが「返すべきではない」といって、一九九〇年代に訴訟が起きていたわけです。アメリカは日本より二歩も三歩も先を行っている気がするんですが、それはさておき、結論をいえば、あちらの二〇〇四年第九巡回裁判所（高裁のことです）は、「ケネウィック・マンの骨はインディアンに返さなくてよい」と判決を下しました。現在のユマティラの人たちが、九三〇〇年前に亡くなったケネウィック人の子孫かどうかは分からないから、というのがその理由です。

日本列島でいえば縄文初期です。そのころに死んだ人の骨が現代人の直接の祖先のものかどうかは分からない、ということです。アメリカのインディアンも長い歴史の中で大きな移動を繰り返してきました。たとえばナバホは現在はアリゾナ州にいますが、それ以前はカナダで五〇〇年間ほど暮らしていたらしいと言われています。メサ・ヴェルデに石窟の住居跡を遺したアナサジも、その後いくつかのトライブに分化するようにして消えていったと考えられています。裁判所は「現在のユマティラとケネウィック・マンの直接的なつながりが立証できないので、骨は返さなくてよい」という判断をしたのです。

この裁判では、連邦政府の内務省がインディアン側につきました。内務省・陸軍工兵司令部・インディアン・科学者グループの四者が裁判で争ったのです。内務省はインディアンをバックアップするために「少しでもケネウィック人とのつながりがないか」と一所懸命、調べたようです。日本では逆ですよね。日本政府あるいは北海道大学は、アイヌと全面的に対決して「遺骨は返さない」と言い続けているわけです。

未来開く裁判闘争

アメリカではこれ以外にも、博物館に保管されている遺骨・遺物の返還のために作られた「国立アメリカ・インディアン博物館法（the National Museum of the American Indian Act）」や「考古学的資源保護法（the Archeological Resources Protection Act）」など、さまざまな法律によってインディアンへの遺骨・遺物の返還が定められています。

ただ、ここまでくるには一九六〇～七〇年代を通じて多くの権利闘争や裁判闘争があったのだ、ということをぜひご理解いただきたいと思います。ぜひ日本でのこのアイヌ遺骨返還請求裁判に注目していただければ幸いです。

二〇一三年四月二〇日、シンポジウム「さまよえる遺骨たち Ｐａｒｔ３　先住民への遺骨返還はセカイの流れだ。」での講演から。

終章　北大開示文書研究会のとりくみ

北大開示文書研究会事務局長　三浦忠雄

わたしたちのグループのこの名前、一見すると「北海道大学（北大）のなかのサークル活動？」と思われるかも知れません。でも、違います。会員には、北海道大学に勤めている人や卒業生もいますが、割合は高くありません。大学はもとより、あらゆる公的機関から独立した市民グループで、名前の通り、「北大が開示した文書を研究」するために有志が集まって、二〇〇八年初夏に結成しました。省略して文書研、モンジョケンと自称しています。

すでに本書で触れられているように、文書研の中心には小川隆吉エカシがおられます。一九三五年、浦河町杵臼コタン生まれの隆吉さんは、お年を召して少しお身体が不自由ながら、それをものともせずに、こうと決めたらドンドン突き進んで声を上げていくタイプの活動家です。これまで数々のアイヌ民族の権利回復に取り組んでこられましたが、晩年のテーマとしてこの「アイヌ遺骨問題」の解決に力を尽くそうと決意されています。その隆吉さんがまわりに作り出す大渦に巻き込まれるようにして、何人ものアイヌや和人やその他のアイデンティティを持つ市民たちがこの文書研に出入りしています。

研究会としての最初の仕事は、隆吉さんが情報公開法を活用して北海道大学から引き出した文書を整理し、読み解くことでした。北海道大学が二〇〇八年二月二九日付で初めて開示に応じた書類は「アイヌ人骨台帳」。A４判の用紙三八枚分のコピーです。デジタルスキャンしたままを文書研のウェブサイトで公開しているので、ご覧いただくとお分かりかと思いますが、小さな文字でびっしりと記号や地名や番号や短い記述が並んだ書類です。ところどころ墨塗りで見えなくした部分もあります。

北海道大学医学部駐車場の一角にアイヌ納骨堂が建ったのは一九八四年七月です。行き場を失った一〇〇〇あまりの遺骨がその中に留め置かれていることは、すでに文書研メンバーたちの頭にありました。また当時は、文書研設立に参加した植木哲也さん（本書第7、17章を担当）による労作『学問の暴力　アイヌ墓地はなぜあばかれたか』（春風社）が上梓された直後で、人類学者や解剖学者たちによるアイヌ墓地発掘の経過やその〝暴力性〟についても、情報としては共有できていたと思います。

しかし、人骨標本として墓から掘り出された一人一人について、各人わずか一行ずつの割り当ての中に押し込められていてなお具体的な記述――たとえば「落部《おとしべ》13・成年・男・下顎なし・他の四肢骨保存・副葬品保存」――を目にし、それが一ページにつき五〇～六〇人分、計三八ページにわたって延々と並んでいるのを見て、呆然とするほかない気分に襲われたのを覚えています。

それがスタートでした。

不誠実な北大

牧師のわたしが事務局をお引き受けしたせいもあり、発足当時の文書研の集まりはもっぱら、札幌駅北口に近い「北海道クリスチャンセンター」の小会議室を時間借りして開きました。通りを挟んだ向かい側は、北海道大学のキャンパスです。学部生・院生を合わせて一万八〇〇〇人を擁し、広大な敷地（約一・

八平方キロ）内に点在するクラーク像・古河講堂・ポプラ並木といった「観光名所」は、四季を通じて大勢を引きつけています。しかし、徐々に開示されだした収集アイヌ人骨関連文書を精読し、史料と突き合わせるなどして不明点を洗い出す作業を進めるうち、北大が、その華やいだ表向きとは正反対のおぞましい過去をひた隠しにしていることがはっきりしてきました。

「ひた隠し」と書いては大げさでしょうか？ でも、たとえば件《くだん》のアイヌ納骨堂は、医学部棟裏の駐車場の隅の、キャンパスで最も奥まった場所に建っています。建物には名称を記した看板以外、説明の類は一切ありません。なぜ先住民族アイヌの納骨堂がキャンパスにあるのか。だれの遺骨なのか……。仮にこの場所に迷い込んだ学生や観光客がいたとしても、知る術はありません。つまり隠しているのと同じです。一九八四年七月、北大がこの納骨堂を建設した当初、看板の表には「資料保存庫」と書かれており、裏を返すと「アイヌ納骨堂」と記されていた、と小川隆吉エカシが証言しています。二枚舌ならぬ二枚看板。姑息としか言いようがありません。

「開示された文書について当研究会では、内容精査や研究を重ね、北大に対しては質問書を提出し、その回答を求めて参りましたが、回答はいただけませんでした。質問書の提出以来二年あまり、誠意ある回答書ももらえない現実に、もはや市民のみなさまに実態を明確にするべき時と当研究会として判断し、本集会を企画いたしました。もとより日本政府や北海道の責任は大きく、真摯なる解決を求めるものですが、国民的な課題であることを強く訴えたいと考えます」――

二〇一一年六月、やはり北大に近い札幌エルプラザで開催した、文書研にとって初めてのシンポジウム「さまよえる遺骨たち」の冒頭、文書研の清水裕二共同代表は、約一〇〇人の参加者を前にこう挨拶を述べました。隠されてきた事実を広く市民社会に知らせる――文書研は二段目のステップにのぼりました。

アイヌの遺骨はアイヌのもとに

文書研が活動を始めた二〇〇八年以降、図らずも先住民族を巡る情勢が大きく動き出しました。「先住民族の権利に関する国際連合宣言」の採択（二〇〇七年）を受けて、日本の国会が初めて「アイヌ民族を日本の先住民族とすることを求める決議」を全会一致で採択しました（二〇〇八年）。日本政府に対し、「先住民族の権利に関する国際連合宣言」の「関連条項を参照しつつ、高いレベル」で「アイヌ政策を更に推進し、総合的な施策の確立に取り組むこと」を「早急に講ずるべき」と、国会が決議したのです。これに従って日本政府は初めてアイヌを先住民族だと認めました。内閣官房長官を座長に据えて新たに発足したアイヌ政策推進会議は、いわゆる「象徴空間」整備構想を打ち出し、大学などが収集したアイヌ人骨の今後の取り扱いについても検討が始まります（二〇一二年）。二〇一四年には、人骨を保管する大学に向けた「個人が特定されたアイヌ遺骨等の返還手続に関するガイドライン」を政府が閣議決定しました（本書第二部など参照）。

この間、文書研は折にふれて北大・アイヌ政策推進会議・国会・裁判所・議員団（アイヌ民族の権利確立を考える議員の会）・国会議員たちに遺骨問題解決のための要望書や質問書を届けてきました。これまで相手からの正式な返答が一度もないままなのは残念ですが――たとえば北大は「この問題についての窓口は北海道アイヌ協会に一本化してほしい」の一点張りです――、こうした活動がマスメディアやインターネットなどを通じて市民に伝わり、社会の関心度が次第に高まってきた実感はあります。

二〇一四年春、文書研はパンフレット『アイヌの遺骨はアイヌのもとへ』を作りました。会員の大学教授や弁護士ら、プロの専門家たちが手弁当で原稿を寄せた一六ページ建ての小さな冊子です。持ち出し覚悟で五〇〇〇部を印刷し、一部一〇〇円で頒布したところ、数カ月のうちに売り切れになりました（すぐに増刷をかけたのは言うまでもありません）。アイヌも和人も、それ以外のアイデンティティの人も、この問題に関心を持って手を伸ばしてくれたのです。中には何百冊もまとめ買いをして、率先して周囲に広めてくれる人もいました。この利益と、大勢のみなさんが寄せてくださる寄付金などおかげで、いま各地で「出前講座」を開いたり、北大に対して裁判を起こした原告のみなさんたちをいくばくか支援したりする活動ができています。

共に未来を開くために

小川隆吉エカシ、城野口ユリフチら浦河町の三人、紋別アイヌ協会の畠山敏会長、そして差間正樹会長ら浦幌アイヌ協会の一九人（浦幌町）が、北大を相手に、地元の墓地から持ち去った遺骨を返還するよう求めた裁判は、文書研の活動にも大きなシフトチェンジをもたらしました。

会員の市川守弘弁護士が仲間の若い弁護士たちとともに原告代理人を引き受け、裁判では「たとえ遺骨の身元がはっきりしなくても、掘り出した場所が分かっているなら、まとめて元のコタンに返還すべきだ」と主張していく方針が決まりました。北大や政府は「個人特定可能な遺骨は祭祀継承者に返す（＝個人を特定できなかったり、特定できても祭祀継承者が分からない遺骨は返さない）」という態度ですから、真っ向対決です。

裁判の舞台は札幌地方裁判所。札幌大通公園を挟んで裁判所の正面に建つビル七階の「弁護士法人市川・今橋法律事務所」が、文書研の新しい会合所になりました。会合の日は、留萌市内の自宅を車で出て、札幌市北区のホームで小川隆吉エカシをお乗せし、一緒に弁護士事務所に向かう、というのがわたしのルーティンです。

会合では、原告のみなさんと一緒に大テーブルを囲んで、弁護団から裁判の進行状況を聞き、意見を述べ合い、裁判資料を読み、訴訟ニューズレターを作りました。提訴の日には原告のみなさんの記者会見をセットしました。口頭弁論の日は集まって傍聴に出かけ、閉廷後は近くの札幌弁護士会館の会議室を借りて、傍聴者やメディア向けの説明集会を主催しました。銀行に口座を作って、原告たちへの支援金の受け付け窓口を開きました。文書研は裁判支援グループの顔も持つようになったのです。

城野口ユリフチがお住まいの浦河町から、裁判所のある札幌までは、高速バスで三時間もかかります。晩年、病を得て車椅子生活を余儀なくされていたユリフチは、それでも口頭弁論が開かれるたび、弟の山崎良雄さんの介護を受けながら、必ず札幌の法廷の原告席に座り続けました。健康不安からの焦りもあったことでしょう。時に文書研の会合で裁判の進行の遅さなどに不満を吐露されることもありました。北大に対する激しい怒りは、ますます募っている様子でした。車椅子に座った高齢のアイヌ女性が、こんなにも長く恨みに身を震わせ続けなければならなかった理由とは、いったい何でしょう？

わたしはアイヌではありません。北海道で生まれ、和人社会の一員として暮らしています。長きにわたる北大の隠蔽をこれまで許してきた責任が、この問題にずっと無関心を装ってきたマジョリティ（和人社会）にもあると考えますし、わたしもその一端を担っていることを否定できません。目の前のユリフチが口にされる鋭い言葉は、わたし自身に深く突き刺さりました。

文書研のほかの和人会員の皆さんも同じだと思います。この裁判の支援は、表面的にはアイヌ民族の原告のみなさんの側に立って北大や日本政府と対決することでしたが、同時に、自分を含む和人社会と相対することでもありました。

「この問題を放置したままでは、ともに未来を開いていくことなどできない」

和人である殿平善彦共同代表のこの言葉に、文書研の決意が表れています。

本書は、現時点での文書研の成果を一冊にまとめようと、会員たちが分担して原稿を持ち寄りました。読者のみなさんが本書から何かをつかみ取って「ともに未来を開いていく」一助にしていただければ幸いです。

北大開示文書研究会とは？

小川隆吉エカシは2008年、北海道大学に対して「アイヌ人骨の台帳」などの開示を求め、これまで知られていなかった多くの資料を明るみに出しました。かつて研究の名目で行なわれたアイヌ墳墓「発掘」の真実を小川エカシとともに明らかにするために同年八月、北大開示文書研究会が発足しました。宗教家、元教員、大学研究者、弁護士、団体職員、漁家、工芸家、活動家、映像作家、ジャーナリストらが参加しています。

北大開示文書研のウェブサイト
http://hmjk.world.coocan.jp

北大開示文書研究会はアイヌ遺骨返還訴訟の原告を応援しています。アイヌ遺骨返還訴訟原告へのご支援は、北大開示文書研究会が窓口を開いています。
ゆうちょ銀行振替　02790−1−101119

補足資料

1　北海道大学開示文書から

開示番号10　資料名　1980・11・27　学長宛文書（特定団体代表者より）

B5判五枚。海馬沢博氏から北海道大学学長にあてた手紙。縦書き、手書き。差出人住所氏名と、北海道大学関係者の実名部分は墨塗られ非開示。二〇〇八年七月二九日開示。

謹啓
貴学には益々御発展の由、お喜び申し上げます。

つきましては早速用件に入らせて戴きます。

話は古きにさかのぼりますが、貴学に児玉作左衛門という教授が在籍していた当時になります。児玉教授は学術研究と称し北大の教授として、アイヌ民族の血液採集を全道的に実施した事実があります。その際にアイヌ民族の研究に血液と共にアイヌ民族の所有する物具の中から貴重なものを無償或いは一瞬借用と称して全道的に多くのものを集積したことも事実としてその解決が未だそのままになっております。

私達アイヌ民族は北大の偉い先生が民族のために研究するといわれることから全面的に協力を惜しまなかった事も事実です。

証人も未だに残存しております。

北大の教授として研究のために収集したものは個人のものになるのかどうか、北大学長としての考え方をお聞きしたい。

児玉教授は法の手続きを経ないで勝手にアイヌ民族の墓を掘り起こし、人骨（一五〇〇体）を持ち去った事実は許されぬ問題であります。

現在その人骨を売却している風聞もあり余りにも非常識であることにあきれている一人である。

研究が終わったなら元の墓地に返すのが筋であると思いますが学長の考え方をお聞きしたい。

その墓地の遺族から、一人ひとり名称（名前）がついている筈ですから一体毎に遺族に対して返して頂きたい。

その他、収集されたアイヌ民族関係の資料はアイヌ民族文化資料館が平取町二風谷に出来ているので一括返却して頂き[redacted]は私物化して公表二億円に値するとして自満しているそうですが、北大教授としての良識を信用して今日まで我慢してきたアイヌ民族としては許されぬ事であります。

以上について責任のある回答を要望致します。

一九八〇年十一月二十七日

北海道大学
学長殿

[redacted]

開示番号14　資料名　S55・12・25「海大第3165号」特定団体代表者宛文書（学長名）

B4判一枚。北海道大学タイプライター用紙（3号）にタイプ印刷。宛名と、大学関係者と見られる人物の氏名は墨塗られて非開示。今村成和・北海道大学長から海馬沢博氏にあてた返信。二〇〇八年七月二九日開示。

[redacted]　殿

北海道大学長　今村成和

拝復

本年11月27日付及び12月12日付貴信、拝見いたしました。

ご指摘のありました点につきましては、故　児玉元教授の専門的研究領域に係る学問上の問題でありまして小職の職責上、必ずしも全ての点について掌握できる性質のものでありませんが、事柄の重要性につきましては、十分認識しているところであります。

したがいまして、11月27日付貴信を拝見して、ただちに当時の状況を知る関係者からの事情聴取等の調査を開始しておりますが、何分当事者である児玉元教授が故人となられたという事情もあり調査の結果が出るまで今暫く時日を要すると思われます。

つきましては、上記事情について、ご理解いただけるようお願いするとともに現時点における本学の状況についてとりあえずお知らせするものであります。

なお、現在[redacted]が所蔵している民族資料は、故　[redacted]が私費によって購入した物であると聞き及んでおりますので、大学の管理下にある物品ではないことを申し添えます。

敬具

開示番号16　資料名　1981・12・21　学長宛文書（特定団体代表者より）

B5判五枚。コクヨ便せんに縦書き、手書き。差出人住所氏名など一部は墨塗られ非開示。海馬沢博氏から北海道大学学長にあてた手紙。二〇〇八年七月二九日開示。

謹啓。師走も押し迫り何かと心忙しき昨今ですが、貴職には御壮健のこと、御推察申上げます。

北大前林学長に申し入れした事でありますが北大教授児玉作左衛門氏（当時解剖学担当）が在職中、白老～日高（平取、門別、静内、新冠、浦河、様似等）広域にわたって学術研究のため必要と称して、アイヌ民族の墓を当局の許可なく盗掘し人骨ばかりでなく墓の中にあった装飾品まで一切を札幌に持ち去った事実がありますが、その人骨体数一五〇〇体と言われております。これはすべて北大の名において実行されたのである。当時、教授について来た学生も五、六名いた筈ですしその人体を持ち帰ってからどんな研究をしたのか、そして、その人体の取り扱いは当時も現在もどのような措置をしているのか、その保管状況を明らかにして頂きたい。

総括的には前記でつきるのでありますが、北大児玉教授は、

（一）何を研究するためにアイヌ民族の人体骨を一五〇〇体も必要としたのか。

（二）又装飾品（人骨と一緒に埋葬していた品々）は何を研究するために必要としたのか。

（三）研究終了後遺族に返還する約束になっていたがなぜ返還しなかったか、その理由。

（四）合同慰霊祭を一度も実施していないのは遺族に対し余りにも失礼ではないか。

（五）コレクションとして取り扱いしているのはどう云う理由からか。

以上の点について明確にして戴きたい。

北大としても当時これだけの大掛りな研究のための発掘作業をしたのであるから莫大な費用を必要としていた筈であるから学長なり大学当局の許可を受けていることは明らかです。大学の責任について明示されたい。

林前学長は児玉教授が死んでおり長い期間が過ぎているので調査の期間を置いて欲しいとのことであった。それから一年経過しています。研究のために集めたものは有償・無償を問わず北大では個人の所有になるのかどうか、明示していただきたい。

アイヌ民族の生証人がいる中に事の決着をつけたいので厳重な調査を要請します。

人骨の保管状況を見せて頂きにお伺いする予定ですので御都合良き日を御通知願いたい。新聞によると[redacted]がそのコレクションと称するものの一部を白老の資料館に寄贈するとあるが、本来[redacted]個人の所有でないものを[redacted]が寄贈するなどあり得ないことである。成り行きによっては徹底的に糾弾する決意でおりますので真剣に取り組んで欲しい。その取り組み方について折返し御一報おねがいします。これ以上のアイヌ民族に対する冒瀆は絶対に許されません。

新学長には大変なことでしょうが、再度申入れ致します。

一九八一年十二月二十一日

[redacted]

北海道大学
学長殿

開示番号17　資料名　1982・1・10　学長宛文書（特定団体代表者より）

B4判二枚。差出人関係の個人名など墨塗られ非開示。横罫線リポート用紙を横にして縦書き、手書き。
海馬沢博氏から北海道大学学長にあてた手紙。二〇〇八年七月二九日開示。

前略　前便で申し送りました件について御検討を頂きましたかお伺い致します。そう難しい問題でないと存じますので早急に御回答を要望致します。

[redacted]さんの住所が不定で返便になりましたので同封致しますから御面倒でも[redacted]さんに回送下さい。

アイヌ民族の歴史を発刊するため資料を集め考究している中で当時の学者の悪徳が浮き彫りにされて参りました。中でも児玉教授の所業はアイヌ民族を冒瀆する絶対に許されぬものがあります。死人に口なしで済まされる問題でありません。私はアイヌ民族の名において真実を追究する覚悟です。今多くの仲間が事の真相をマスコミに発表し正式に北大に対し宣戦布告をしてはと奨められていますが、学長の誠意ある回答を信じ今少し待つことにしております。

時間が余り長くなりますと押さえ切れなくなりますからその点をきちっと受け止めて頂きたい。

次に私は生き証人と単に申しましたが、[redacted]は[redacted]で[redacted]に他界しましたが、その遺言に俺は人としてしてはならない親不孝をした。それは俺の父母の遺体と祖母と実兄の遺体を北大の児玉教授に預けたきりになっている。研究ということで持っていったのだが、十数年たっても返してくれない。誠に申し訳ないことをした。[redacted]お前も知っていることだから返して貰って手厚く民族式でイチャルパをしてくれと涙ながらに手をあわせ私に頼んで死にました。

私との関係　氏名

[redacted]

以上の四遺体が児玉教授が持ち去ったものである。

研究がすんだら返すという約束であった。

恐らく遺体を返すと副葬品（高価な）も返さねばならないので惜しくなったのであらう。

アイヌ民族の人骨は世界各国の人類学者が貴重なものとして欲しがっていたことから人骨を売買したか何かと引きかえに寄贈したか従って海外に流出した数は目下不明であるが、北大が管理を十分にしていれば明らかにできることである。

先にあげた私に関係する四遺体は早急に返還していただきたい。

期限は一月一杯とします。それが切れましたら誠意ないものと認めマスコミに発表し、北大を相手取り最後まで真実を追究しその責任を追及しますので念のため申し添えます。

一九八二年一月十日

[redacted]

北海道大学　学長殿

開示番号18　資料名　S57・1・21　特定団体代表者宛文書（学長名）

Ｂ４判一枚。宛名部分は墨塗られ非開示。北海道大学タイプライター用紙（３号）にタイプ印刷。有江幹男・北海道大学学長から海馬沢博氏にあてた返信。二〇〇八年七月二九日開示。

昭和57年1月21日

[redacted] 殿

北海道大学学長
有江幹男

拝復

昨年12月21日付並びに本年1月10日付貴信、拝見いたしました。

ご指摘の諸点は、前学長からもすでに申し上げているとおり、故児玉教授の専門的研究領域に係る問題であり、研究者個々の自由な発想と創造的な研究活動を保障することにより学術の向上を図ろうとする大学（旧制・新制を問わず）においては、学長といえども個々の研究者の研究内容には関与できない面があることをご認識賜るようお願いいいたします。

もとより、学長が大学の代表者であることは言うまでもありませんが、お申し越しの諸点に関しては、実際に故児玉教授が所属し研究に従事した医学部において事実関係の調査を行い、医学部長からご回答をさし上げるのが適当と思われ、医学部長と協議の上そのように取り計らうことにいたしておりますので、ご了承くださるようお願いいいたします。

医学部内における調査はすでに前学長時代から着手されていますが、故児玉教授が従事した期間はかなり古く、学部内においても当時の状況を知る者がほとんどいないなどという事情で調査に時日を要しているとのことであります。

調査の結果について、おって医学部長からご連絡いたしますのでよろしくお願いいいたします。

敬具

開示番号19　資料名　S57・2・3特定団体代表者宛（医学部長名）

B4判一枚。宛名部分など一部は墨塗られ非開示。北海道大学医学部のレターヘッドつき用紙にタイプ印刷。三浦祐晶・北海道大学医学部長から海馬沢博氏にあてた返信。二〇〇八年七月二九日開示。

昭和57年2月3日

[redacted]　殿

北海道大学医学部長
三浦祐晶

貴殿から照会のありました諸点につきまして、本学学長より小職あて調査の要請がありました。

つきましては、ご指摘のありました人体骨発掘に関する一連の事項について、当時の関係者から事情を聴取し、また、記録関係を詳細に調査いたしましたが、特段に非違な点は認められませんでした。

故児玉教授は、広く医学的、人類学的な総合的研究の立場から道内各地において当時の関係官庁及び各地の関係者と協議の上、適正な方法で人体骨の発掘を行い丁重な慰霊祭等を実施したと聞き及んでおります。勿論当時同教授が学術研究のために本学部に持ち帰りました人体骨については、全て台帳に記載し現在厳重に保管してあり、貴重な標本として本学はもとより我が国の学術研究進展のため充分に役立たせていただいております。

また、故[redacted]殿他3名の方々の件に関しまして詳細に調査いたしましたが、お申し越しの方々のご遺体に該当する記録は、ございませんでした。従いましてご遺体返還については、貴意に沿い得ないことをご理解いただきたいと存じます。

なお、いわゆる　児玉コレクションと称せられるものについては、本学部の管理下にある物品ではないことを申し添えます。

開示番号20　資料名　1982・2・8医学部長宛文書（特定団体代表者より）

Ｂ４判二枚。差出人住所氏名など一部は墨塗られ非開示。罫つき用紙に横書き、手書き。海馬沢博氏から三浦祐晶・北海道大学医学部長にあてた再質問。二〇〇八年七月二九日開示。

2／3付調査結果拝見致しました。冒頭本学学長より調査の要請がありとありますがそれは前学長からか、現学長からか明らかにして頂きたい。前今村学長に調査を申入れしてから一年間経過しております。その空白はどうなっていたのか、知る必要がありますのでお答え願います。貴殿よりの文書について疑問点を次に挙げますので具体的にお答えください。

疑問点

1　人体骨発掘とは何を意味するのか。私はアイヌ民族の墓掘についてその当時の真相を糾しているのですが、原人骨の発掘と同列に取扱われるお考えですか。

2　当時の関係者から事情を聴取しとあるが、その関係者の職氏名とその聴取内容を明らかにしお知らせ下さい。一方的な調査では納得できません。

3　記録関係を詳細に調査したとあるがその記録の写しと調査内容をお知らせ下さい。

4　特段に非違な点とあるが非違とは何を意味するのか。判定の物差は何か明らかにして頂きたい。

5　当時の関係官庁及び各地の関係者と協議の上とあるが、その協議の内容と関係官庁、各地の関係者を具体的に明らかにして頂きたい。

6　適正な方法で人体骨の発掘を行い、丁重な慰霊祭を実施したとあるが適正な方法とはどんな方法であり、墓掘の状況を明らかにすると共に慰霊祭はアイヌ式か和人式か明らかにして頂きたい。

7　全て台帳に記載とあるが、その台帳の写しを御送付して頂きたい。

8　貴重な標本として充分役立てているとあるが、標本とは何か、その範囲を明らかにすること。まさか、人体解剖学の教材にしていると思われぬが現在の状況を詳細に御説明願いたい。

9　故児玉教授が当時一五〇〇体に及ぶアイヌ人骨を収集したのは、人類学上アイヌ民族を人骨々格から解明するためのものであり、一連の研究がすめば返却する意志があったと推察出来る。同教授の研究結果を報告して頂きたい。

10　台帳に記載している以上現在保管の人骨（アイヌの）の数は一致していると思われるが、聞くところによると国内の関係大学、国外のドイツ、米国等に流出していると云うが、その真実を明らかにして頂きたい。

11　アイヌ人骨と共に副葬品が多数持ち去られているが、その行方について判明する範囲内で調査報告されたい。副葬品は切り離されない物である。

私の個人に関係する件については[redacted]も[redacted]であったことから誤りがないとは言い切れませんので、遺品を再調査の結果内地の大学の教授の名刺が出て参りましたのでその名刺により問い合せしましたが、すでに故人になっており調査の糸口が切れている状態です。従って貴学のみの責任でないことが明らかになりましたので一連の問題からはずして頂きたいと存じます。

私達研究会では、アイヌ民族問題は極めて微妙な要素を含んでおり、たとえ同族の者であっても軽率に取り扱われぬものであることを厳重に受け止め貴学に申入れしております。

貴学の林教授の差別発言事件を見てもお判りと存じますが慎重を期して頂きたい。

故児玉教授を擁護し、その取った行動をいたずらに正当化するようなことがあれば私達としても当初から同教授の生前の違法行為を特にあばく気持ちを持っていなかったとしても、同族を納得させるためには真実を明らかにして世に問うより致し方ありません。

其の点では今回の解答は全く不満と言う他ありません。記録に基づいてアイヌ人骨の返還が可能であれば別ですが、若しそれが出きぬとすればどう解決すれば良いのか。

お互いの誠意の問題であると考えますが如何でしょうか。私達研究会としても、いらざる組織の介入を未然に防止しなければなりません。純民族的立場からの解決を望むからです。貴学に於いても、アイヌ民族伝統の先祖、死者、墓に対する考え方を考究されその伝統を傷つけぬ方向を見出して頂きたい。貴学から具体的解決条件が提示されない時は当方で提示する用意があります。何れにしても、直接談合する機会を一日も早く創ることです。おことわりして置きますが、ウタリ協会や[redacted]達の介入は拒否致します。真の解決が望み得ないからです。私達も具体的な資料や、当時の関係者の掘出しを独自に実施しております。アイヌ民族の古老の証言は一致して故児玉教授に対する非難の強いことを申し添えて置きます。

1982・2・8

北海道大学医学部長
三浦祐晶殿

2　アイヌ遺骨の返還・集約に係る基本的な考え方について

平成二五年六月一四日　アイヌ政策推進会議・政策推進作業部会

1　これまでの経緯

「アイヌ政策のあり方に関する有識者懇談会」報告（平成二一年七月。以下「有識者懇談会報告」という。）は、「民族共生の象徴となる空間」（以下「象徴空間」という。）に、過去発掘・収集され現在大学等で保管されているアイヌの遺骨について、尊厳ある慰霊が可能となるような慰霊施設を設置することを提言した。

有識者懇談会報告を受けた「民族共生の象徴となる空間」作業部会報告（平成二三年六月。以下「象徴空間作業部会報告」という。）では、アイヌの遺骨について、次のような方針が示された。

1　各大学等に保管されているアイヌの遺骨について、遺族等への返還が可能なものについては、各大学等において返還すること。

2　遺族等への返還の目途が立たないものについては、国が主導して、象徴空間に集約し、尊厳ある慰霊が可能となるよう配慮すること。

3　集約の対象となる遺骨を特定し、遺骨の返還や集約の進め方に関する検討を行なうため、各大学等の協力を得て、アイヌの遺骨の保管状況等を把握すること。

4　集約に際しては、施設の設置場所に留意するとともに、地元の理解を得るよう努めること。

5　集約した遺骨については、アイヌの人々の理解を得つつ、アイヌの歴史を解明するための研究に寄与することを可能とすること。

これを踏まえ、文部科学省では、平成二三年一一月から平成二四年一二月にかけて、全国の大学等を対象に、アイヌ遺骨の保管状況等を把握するための調査を実施し、一二大学からアイヌ遺骨を保管している旨回答を得た。

政策推進作業部会では、文部科学省から調査結果の報告を受けるとともに、これを踏まえ、今後のアイヌ遺骨の返還・集約の在り方、手続等を検討するに当たっての基本的な考え方について、三回にわたり議論を行なった。

2　アイヌ遺骨の返還・集約に係る基本的な考え方

政府においては、象徴空間作業部会報告で示された方向性を踏まえ、大学が保管するアイヌ遺骨の返還・集約の在り方、手続等を検討するに当たっては、次のような考え方を基本とすべきである。

1　遺骨の返還・集約を進めるに当たっては、アイヌの人々の意向を最大限尊重する。

遺骨の返還・集約は、アイヌの精神文化を尊重する観点から行なわれるものであり、可能な限り多くの方々にも納得いただけるよう、丁寧な説明等を行なうことが必要である。

2　アイヌの人々が返還を求める遺骨については、象徴空間への集約後も含め、最大限返還する。

返還に当たっては、個人及び遺族のプライバシーを尊重しつつ、十分な情報提供の下、アイヌの人々からの申請によることを基本とする。

象徴空間への集約後であっても、求めに応じて返還に対応できるようにする必要があることから象徴空間への集約後の遺骨については、当分の間、返還手続に備え、適切に保管することとし、所要の管理体制を整備する。

3　返還に当たっては、適切な相手先に確実に返還し、遺骨が何度も移転させられるような事態は極力避ける。

海外では、遺骨の返還に当たり、民族又は部族に返還する事例が多く見られること、また、アイヌ民族においても、かつてはコタンを単位として祭祀を行なっていたこと等を考慮すると、コタン又はそれに対応する地域のアイヌ関係団体に遺骨を返還することが、アイヌの精神文化を尊重するという観点からは望ましいとも言える。

一方、現実問題として、現在、コタンや、それに代わって地域のアイヌの人々すべてを代表する組織など、返還の受け皿となり得る組織が整備されているとは言い難い状況にあることも考慮する必要がある。

このため、返還が可能な遺骨についてはできる限り返還するとともに、アイヌの人々による慰霊を速やかに可能とするためにも、個人名が特定された遺骨については、まずは祭祀承継者（遺骨に関する子孫の方々のうち、祖先の祭祀を主宰する者）個人への返還を基本とし、地域のアイヌ関係団体など、本来の祭祀承継者以外の者への返還については、法的論点の整理を含め、今後の検討課題とする。

祭祀承継者個人への返還に当たっては、過誤が生じないよう専門的見地から助言を行なう有識者委員会を設置するなど、手続を十分吟味する必要がある。

なお、文化財に認定されている遺骨や副葬品については、帰属する地方公共団体との調整を要することに留意する。

4　遺骨と一対一で対応する副葬品については、遺骨と帰趨を共にするものとする。

具体的には、各大学が保管する遺骨に関連する副葬品について、

(ア)　特定の遺骨と一対一で対応することが明らかな場合には、その遺骨を返還する際には共に返還、その遺

骨が象徴空間への集約対象となる場合には共に移管する。

(イ) 特定の遺骨との対応関係が明らかでない場合には、象徴空間に移管し、他の遺骨とともに慰霊施設にて保管することを基本とする。なお、一般的に副葬品とされることのある事物であっても、各大学が保管する遺骨との関連性が明らかでないものについては、返還・集約の対象とはしない。

5 返還手続については、政府において、ガイドラインを作成するなど、関係大学と協力して検討を進める。

個人名が特定される遺骨に関する返還手続については、可能な限り早期に返還作業に着手することができるよう、速やかに検討を進める。

また、個人名が特定できない遺骨の返還については、地域のアイヌ関係団体など、本来の祭祀承継者以外の者への返還に関する法的論点の整理を含め、今後の検討課題とする。

6 返還・集約に先立ち、適切でない保管状況の遺骨があれば、その大学に対し速やかな改善を促す。

3 今後の検討課題

政府においては、上記の基本的考え方及び本作業部会での議論を踏まえつつ、以下の諸点について可及的速やかに検討を行なうべきである。

○遺骨の集約の在り方（集約施設、遺骨の保管、慰霊への配慮等）について
○個人が特定できない遺骨の取扱いについて
○地域のアイヌ関係団体など、本来の祭祀承継者以外の者への返還について
○今後発掘されるアイヌ遺骨の取扱い（象徴空間への集約、文化財保護法等に基づく手続等）等

3　個人が特定されたアイヌ遺骨等の返還手続に関するガイドライン

平成二六年六月二日、第六回アイヌ政策推進会議配付資料

http://www.kantei.go.jp/jp/singi/ainusuishin/dai6/siryou6.pdf

1　本ガイドラインの位置付け

本ガイドラインは、「『民族共生の象徴となる空間』作業部会報告」（平成二三年六月）及び「アイヌ遺骨の返還・集約に係る基本的な考え方について」（平成二五年六月一四日政策推進作業部会報告）を踏まえ、文部科学省が実施した「大学等におけるアイヌの人々の遺骨の保管状況の調査結果」（平成二五年六月、平成二六年一月更新）においてアイヌ遺骨を保管している旨回答した大学が、個人が特定されたアイヌ遺骨及び当該遺骨と一対一で対応する副葬品（返還時に係争中のものを除く。）（以下「特定遺骨等」という。）を祭祀承継者に返還するための手続に関して具体的な指針を定めるものである。

なお、個人が特定されていないアイヌ遺骨を保管する大学において個人が特定されたと認める場合は、速やかに文部科学省に報告し、本ガイドラインを考慮して返還の手続を進めることとする。

【参考】「民族共生の象徴となる空間」作業部会報告（平成二三年六月）（抜粋）

（略）アイヌの精神文化の尊重という観点から、各大学等に保管されているアイヌの人骨について、遺族等への返還が可能なものについては、各大学等において返還するとともに、遺族等への返還の目途が立たないものについては、国が主導して、アイヌの人々の心のよりどころとなる象徴空間に集約し、尊厳ある慰霊が可能となるよう配慮する。

【参考】アイヌ遺骨の返還・集約に係る基本的な考え方について（平成二五年六月一四日政策推進作業部会報告）（抜粋）

2．アイヌ遺骨の返還・集約に係る基本的な考え方

（略）

③返還に当たっては、適切な相手先に確実に返還し、遺骨が何度も移転させられるような事態は極力避ける。

（中略）

④遺骨と一対一で対応する副葬品については、遺骨と帰趨を共にするものとする。（中略）

⑤返還手続については、政府において、ガイドラインを作成するなど、関係大学と協力して検討を進める。

（以下略）

2　本ガイドラインにおける遺骨返還の考え方

特定遺骨等を返還する意向がある大学（以下「関係大学」という。）は、民法及び裁判例等を考慮し、返還を希望する祭祀承継者に返還するものとする。

（注）判例では、遺骨の所有権は、民法八九七条に従って、慣習上死者の祭祀を主宰すべき者（祭祀承継者）に帰属するものとされている（最高裁平成元年七月一八日第三小法廷判決・家裁月報四一巻一〇号一二八頁ほか）。

【参考】民法（抄）

（祭祀に関する権利の承継）

第八九七条　系譜、祭具及び墳墓の所有権は、前条の規定にかかわらず、慣習に従って祖先の祭祀を主宰すべき者が承継する。ただし、被相続人の指定に従って祖先の祭祀を主宰すべき者があるときは、その者が承継する。
2　前項本文の場合において慣習が明らかでないときは、同項の権利を承継すべき者は、家庭裁判所が定める。

3　返還に向けた手続

(1)　返還に向けた事前準備
○関係大学は、民法その他関係法令及び本ガイドライン等を考慮しつつ、申請者から返還の要請があった場合における特定遺骨等を返還するための手続を速やかに整備する。
なお、手続の整備に当たっては、特定遺骨等に係る返還申請から返還までの諸手続が、申請者等に過大の負担を与えないよう十分配慮するものとする。
○関係大学は、特定遺骨等を祭祀承継者に確実に返還するため、祭祀承継者等の同意に基づくＤＮＡ鑑定等による確認の実施について事前に検討し、必要に応じて規程を整備するものとする。

(2)　特定遺骨等に関する情報の公開
関係大学は、特定遺骨等に係る遺族のプライバシーを尊重しつつ、特定遺骨等に係る以下の情報をホームページ等に可能な限り公開するものとする。
①発掘・発見された時期
②発掘・発見された場所

③性別、推定年齢
④その他参考事項

(3) 関係機関による情報の周知等

関係大学は、発掘・発見した場所が特定されている特定遺骨等については、3(2)に定める特定遺骨等に関する情報の公開を行なった後、文部科学省に報告を行なう。文部科学省は、ホームページ等で当該情報を周知するとともに、当該区域を管轄する市町村及び(公社)北海道アイヌ協会等関係機関に対して、当該情報の周知等の協力を求めるものとする。

(4) 関係大学に対する返還申請

特定遺骨等の返還を希望する者は、関係大学に対して、当該大学の定める書類に、自己が祭祀承継者であることを示す書類(家系図、戸籍・除籍謄本等)を付して、特定遺骨等の返還を申請するものとする。

(5) 祭祀承継者の確認

○3(4)の申請を受理した関係大学は、特定遺骨等に関する情報と申請者から提出のあった書類を総合的に勘案して、申請者が祭祀承継者であることを確認することとする。

○関係大学は、特定遺骨等について申請者から提出された書類のみでは祭祀承継者であるか確認できないときは、祭祀承継者となる可能性のある者同士による同意又は家庭裁判所の判断等によって祭祀承継者を決定するよう当該申請者に求めるものとする。

○関係大学は、申請者が祭祀承継者か否かの確認を行なう際又は返還に必要なDNA鑑定等を利用する際等には、必要に応じて、客観性・中立性を確保する観点又は技術的な助言を得る観点から、例えば、申請者と直接的な利害関係のない者であって、アイヌの文化を継承する者や相続に関する法制又はDNA鑑定についての専門的知見を有している者等により構成される第三者委員会等を設置して意見を聞くものとする。

(6) 祭祀承継者でないことが確認された場合

関係大学は、申請者が祭祀承継者でないことが確認された場合は、その旨を申請者に通知するものとする。

4 返還

○関係大学は、申請者が祭祀承継者であることを確認した場合には、申請者に当該特定遺骨等を返還することとする。
なお、特定遺骨等の返還に当たっては、尊厳をもって扱うよう十分配慮することとする。
○関係大学は、申請者と協議の上、当該特定遺骨等の返還について、引き渡し日時、場所及び方法等を決定することとする。
なお、申請者との合意は、書面をもって行なうものとする。
○特定遺骨等の返還に係る搬送に際し発生する費用については、関係大学と申請者との間で協議することとし、原則として関係大学が負担することとする。

5 返還の目途が立たない場合

○次のいずれかに該当する特定遺骨等については、別に定めるところにより、北海道白老町に整備する「民族共生の象徴となる空間」に集約するものとする。

①祭祀承継者から返還請求がなかった場合
②祭祀承継者を特定することができなかった場合

6　その他

○関係大学は、返還手続の実施状況について、文部科学省に随時報告するものとする。
○文部科学省は、関係大学からの報告を取りまとめ、内閣官房と協議の上、アイヌ政策推進会議及び同政策推進作業部会に報告するものとする。
○3⑴に係るＤＮＡ鑑定等本ガイドラインに基づく返還に向けた手続に係る詳細、及び個人が特定されていない遺骨であって現在大学が保管するものについてのＤＮＡ鑑定等による個人の特定の可能性や実効性等に関し、今後、文部科学省において検討を行なうものとする。

4　国際連合　先住民族[注1]の権利に関する国際連合宣言（抜粋）

United Nations Declaration on the Rights of Indigenous Peoples（A/RES/61/295）

国連総会第61会期　２００７年9月13日採択（国連文書 A/RES/61/295 付属文書）

前文

総会は、国際連合憲章の目的および原則、ならびに憲章に従い国家が負っている義務の履行における信義誠実に導かれ、

すべての民族が異なることへの権利、自らを異なると考える権利、および異なる者として尊重される権利を有することを承認するとともに、先住民族が他のすべての民族と平等であることを確認し、

すべての民族が、人類の共同遺産を成す文明および文化の多様性ならびに豊かさに貢献することもまた確認し、

国民的出自または人種的、宗教的、民族的ならびに文化的な差異を根拠として民族または個人の優越を基盤としたり、主唱するすべての教義、政策、慣行は、人種差別主義であり、科学的に誤りであり、法的に無効であり、道義的に非難すべきであり、社会的に不正であることをさらに確認し、

先住民族は、自らの権利の行使において、いかなる種類の差別からも自由であるべきことをまた再確認し、

先住民族は、とりわけ、自らの植民地化とその土地[注2]、領域[注3]および資源の奪取の結果、歴史的な不正義によって苦しみ、したがって特に、自身のニーズ（必要性）と利益に従った発展に対する自らの権利を彼／女らが行使することを妨げられてきたことを懸念し、

先住民族の政治的、経済的および社会的構造と、自らの文化、精神的伝統、歴史および哲学に由来するその

生得の権利、特に土地、領域および資源に対する自らの権利を尊重し促進させる緊急の必要性を認識し、
条約や協定、その他の国家との建設的取決めで認められた先住民族の権利を尊重し促進する緊急の必要性をさらに認識し、
先住民族が、政治的、経済的、社会的および文化的向上のために、そしてあらゆる形態の差別と抑圧に、それが起こる至る所で終止符を打つために、自らを組織しつつあるという事実を歓迎し、
先住民族とその土地、領域および資源に影響を及ぼす開発に対する先住民族による統制は、彼/女らが、自らの制度、文化および伝統を維持しかつ強化すること、そして自らの願望とニーズ（必要性）に従った発展を促進することを可能にすると確信し、
先住民族の知識、文化および伝統的慣行の尊重は、持続可能で衡平な発展と環境の適切な管理に寄与することもまた認識し、
先住民族の土地および領域の非軍事化の、世界の諸国と諸民族の間の平和、経済的・社会的進歩と発展、理解、そして友好関係に対する貢献を強調し、
先住民族の家族と共同体が、子どもの権利と両立させつつ、自らの子どもの養育、訓練、教育および福利について共同の責任を有する権利を特に認識し、
国家と先住民族との間の条約、協定および建設的な取決めによって認められている権利は、状況によって、

注1　原語の“Indigenous Peoples”は、国連憲章、市民的及び政治的権利に関する国際規約および経済的、社会的及び文化的権利に関する国際規約の共通第1条において自己決定権を有する人民の意で使用されている。
注2　個人の所有と取引の対象となる近代的土地所有権とは異なり、そこに住む民族と精神的なつながりを持ち、分かつことのできない結びつきを持った大地を指す概念。
注3　先住民族の生活空間全般を指し、土地、海域、水域およびその上空を含む広範な空間概念。

国際的な関心と利益、責任、性質の問題であることを考慮し、
条約や協定、その他の建設的な取決め、ならびにそれらが示す関係は、先住民族と国家の間のより強固なパートナーシップ（対等な立場に基づく協働関係）の基礎であることもまた考慮し、
国際連合憲章、経済的、社会的及び文化的権利に関する国際規約、そして市民的及び政治的権利に関する国際規約、ならびにウィーン宣言および行動計画が、すべての民族の自己決定の権利ならびにその権利に基づき、彼/女らが自らの政治的地位を自由に決定し、自らの経済的、社会的および文化的発展を自由に追求することの基本的な重要性を確認していることを是認し、
本宣言中のいかなる規定も、どの民族に対しても、国際法に従って行使されるところの、その自己決定の権利を否認するために利用されてはならないことを心に銘記し、
本宣言で先住民族の権利を承認することが、正義と民主主義、人権の尊重、非差別と信義誠実の原則に基づき、国家と先住民族の間の調和的および協力的な関係の向上につながることを確信し、
国家に対し、先住民族に適用される国際法文書の下での、特に人権に関連する文書に関するすべての義務を、関係する民族との協議と協力に従って、遵守しかつ効果的に履行することを奨励し、
国際連合が先住民族の権利の促進と保護において演じるべき重要かつ継続する役割を有することを強調し、
本宣言が、先住民族の権利と自由の承認、促進および保護への、そしてこの分野における国際連合システムの関連する活動を展開するにあたっての、更なる重要な一歩前進であることを信じ、
先住民族である個人は、差別なしに、国際法で認められたすべての人権に対する権利を有すること、およびその民族としての存立や福祉、統合的発展にとって欠かすことのできない集団としての権利を保有していることを認識かつ再確認し、
先住民族の状況が、地域や国によって異なること、ならびに国および地域的な特性の重要性と、多様な歴史的および文化的背景が考慮されるべきであることもまた認識し、

以下の、先住民族の権利に関する国際連合宣言を、パートナーシップ（対等な立場に基づく協働関係）と相互尊重の精神の下で、達成を目指すべき基準として厳粛に宣言する。

第11条　文化的伝統と慣習の権利

1　先住民族は、自らの文化的伝統と慣習を実践しかつ再活性化する権利を有する。これには、考古学的および歴史的な遺跡、加工品、意匠、儀式、技術、視覚芸術および舞台芸術、そして文学のような過去、現在および未来にわたる自らの文化的表現を維持し、保護し、かつ発展させる権利が含まれる。

2　国家は、その自由で事前の情報に基づく合意なしに、また彼／女らの法律、伝統および慣習に違反して奪取されたその文化的、知的、宗教的およびスピリチュアル（霊的、超自然的）な財産に関して、先住民族と連携して策定された効果的な仕組みを通じた、原状回復を含む救済を与える。

第12条　宗教的伝統と慣習の権利、遺骨の返還

1　先住民族は、自らの精神的および宗教的伝統、慣習、そして儀式を表現し、実践し、発展させ、教育する権利を有し、その宗教的および文化的な遺跡を維持し、保護し、そして私的にそこに立ち入る権利を有し、儀式用具を使用し管理する権利を有し、遺骨[注4]の返還に対する権利を有する。

2　国家は、関係する先住民族と連携して公平で透明性のある効果的措置を通じて、儀式用具と遺骨のアクセス（到達もしくは入手し、利用する）および／または返還を可能にするよう努める。

（日本語訳：市民外交センター）

注4　原語の〝human remains〟は、遺髪など、骨以外の遺体全体を含む概念である。

5　人権救済申立書

相手方
内閣総理大臣　安倍晋三
内閣官房長官　菅　義偉
国土交通大臣　太田昭宏

送達先
法務大臣　上川陽子

二〇一五年一月三〇日

日本弁護士連合会人権擁護委員会　御中

申立人代理人
弁護士　市川守弘、毛利　節、難波徹基、今橋　直、皆川洋美

人権救済の趣旨

相手方らは、全国の大学等に保管されている別紙記載のアイヌ遺骨一六三六体及び五一五箱に箱詰めにされているアイヌの人骨について、北海道白老郡白老町に計画している「象徴空間」に集約してはならないとの人権救済を求める。

人権救済の理由

はじめに

1　閣議決定

内閣は、二〇一四年（平成二六年）六月一三日、「アイヌ文化の復興等を促進するための『民族共生の象徴となる空間』の整備及び管理運営に関する基本方針について」を閣議決定した（甲第一号証）。

この閣議決定の内容は、北海道白老郡白老町に「アイヌ文化の復興等に関するナショナルセンター」として、「民族共生の象徴となる空間」（以下象徴空間）を建設し、第一にアイヌの歴史、文化等に関する展示及び調査研究並びにアイヌ文化の伝承、そのための人材育成、体験交流、情報発信等の取り組みを行なって、アイヌ文化の復興に関する中核的役割を担うこと、第二に全国各地の大学、研究機関に保管されている戦前、戦後を通じて墓地を発掘し、収集されたアイヌ人骨及び副葬品を象徴空間に集約する、というものである。相手方内閣総理大臣は、この内閣を代表してアイヌ人骨を集約する者であり、同内閣官房長官は、後記するこの内閣閣議決定を導いた責任者であるアイヌ政策推進会議座長である。同国土交通大臣は、この象徴空間を建設し、アイヌ人骨の集約場所を造る者である。

2　アイヌ人骨の保管状況

内閣府に設置されているアイヌ政策推進会議は、二〇一二年（平成二三年）二月四日、総合的、効果的なアイヌ政策を推進する、という目的で、内閣総理大臣の決裁により設置され、以後、上記閣議決定の基となる議論を重ねてきた。この議論はアイヌ政策推進会議のアイヌ政策推進作業部会によって行なわれ、上記閣議決定に沿う結論を得た。

このアイヌ政策推進作業部会によって、調査された全国の大学研究機関が保管するアイヌ人骨は以下のとおりであった（甲第二号証、甲第三号証）。

＊保管する大学数　　　一一大学
＊個体ごとに特定された遺骨数　　　一六三五体
＊内、個人が特定できた遺骨　　　二三体
＊個体ごとに特定できなかった遺骨　　　五一五箱（容量は不明）
＊発掘時期は戦前が九〇四体、戦後が五五〇体、不明が一八一体
＊遺骨の年代は江戸時代以前二二五体、明治時代一五八体、明治以降が二〇四体、不明が一〇四八体
＊遺骨の部位は頭骨一〇一二体、全身骨五四一体、四肢骨等五二体、その他三〇体
＊発掘場所は、北海道内一四三九体、樺太一三五体、千島列島四八体、不明が一三体
＊人骨を含まない副葬品等は七四箱（容量は不明）

なお、遺骨収集の経緯は後記する。

3　国の返還方針について

アイヌ政策推進作業部会は、二〇一三年（平成二五年）六月一四日、第一二回会議において、遺骨返還の基本的考え方を次のように結論した（甲三、三ページ以下）。

1　海外では民族又は部族に返還する事例が多くみられること、コタンまたはそれに対応する地域のアイヌ関係団体に遺骨を返還することが、アイヌの精神文化を尊重する観点からは望ましい

2　一方、現実問題として、現在、コタンやそれに代わって地域のアイヌの人々すべてを代表する組織など、返還の受け皿となりうる組織が整備されているとは言い難い

3　このため、返還が可能な遺骨については、まずは祭祀承継者たる個人への返還を基本とし、地域のアイヌ関係団体など、本来の祭祀承継者以外の方への返還については、法的な論点の整理を含め、今後の検討課題とする

次に、遺族等への返還の目途が立たない遺骨については、二〇一一年（平成二三年）六月の「民族共生の象徴となる空間」作業部会の報告書に従って、象徴空間へ集約することがすでにアイヌ政策推進会議によって決定されている（甲第四号証、八ページ）。

この報告書には、次の文章がある。

「遺族等への返還の目途が立たないものについては、国が主導して、アイヌの人々の心のよりどころとなる象徴空間に集約し、尊厳ある慰霊が可能となるよう配慮する。

集約の対象となる人骨を特定し、人骨の返還や集約の進め方に関する検討を行なうため、各大学の協力を得て、アイヌの人骨の保管状況等を把握する（これは前記のとおり）。なお、集約に際しては、施設の設置場所に留意するとともに、地元の理解を得るよう努めるほか、集約した人骨については、アイヌの人々の理解を得つつ、アイヌの歴史を解明するための研究に寄与することを可能とする。」

前記した閣議決定は、これらのアイヌ政策推進会議の検討結果を踏まえてなされた決定である。

4　閣議決定の問題点

前記した閣議決定は、以下に詳述するようにアイヌの人たちの人権を侵害する重大点が存在する。以下では、第一に各大学がアイヌ遺骨を保有するに至った経緯について、第二にアイヌ遺骨の返還権限が民法によって規律されることの是非について、第三に白老の「象徴空間」に集約されることがアイヌの人たちの信教の自由を侵害する憲法違反の行為であることについて、第四にアイヌ遺骨の返還権限を有するのはコタン構成員の子孫であることについて、それぞれ論ずるものである。

第1　各大学のアイヌ遺骨の保有経緯

1　戦前におけるアイヌ人骨の収集

まず、なぜ、これほど多くのアイヌの人骨が全国の大学に保管されるに至ったのか、について述べることにする。このことを理解せずに、遺骨返還だけを議論することはできないと考えるからである。

全国の研究機関は過去においてアイヌ墓地を一方的に暴いていたが、もっとも多くの人骨を持ち去った北海道大学（個体として特定できる人骨保管数は一〇二七体に上る）を例にその事情を以下述べることにする。

北海道帝国大学医学部解剖学第一講座及び第二講座（通称は第一教室及び第二教室とされている）では、昭和初期からアイヌの墓をあばき、埋葬されている人骨を発掘して研究室に持ち帰り、これらを調査研究して研究論文をまとめるということを繰り返していた。

(1)　アイヌ人骨研究

このアイヌ人骨の研究は次のような経緯をたどった。

一八八四年（明治一七年）、東京大学理学部の学生を中心に人類学会が設立されたが当時は趣味に近い集まりだったようである。これとは別に解剖学を研究していた同大学の小金井良精（以下「小金井」という）がドイツ留学等をした後、一八八七年（明治二〇年）にこの人類学会に入会した。小金井はドイツ留学中から頭骨の研究を行ない、帰国後は朝鮮人及びアイヌの頭骨へと研究対象を広げていった。小金井及び人類学会の坪井正五郎は一八八八年（明治二一年）にアイヌの「人種生体について計測観測」することと「多数の頭骨、骨格」を収集するために北海道に調査に来た。両名は小樽、余市などでアイヌの墓をあばき人骨を収集したようである。小金井の研究論文によれば合計一六四体のアイヌ頭骨を資料として用いたことになっている。小金井の研究はその後北海道帝国大学医学部解剖学第二講座の児玉作左衛門（以下「児玉」という）によって引き継がれていく。

児玉は、昭和初期から戦後にかけてアイヌ研究に携わったがその多くは道内各地のアイヌの墓地に埋葬されている遺骨を掘り出して研究することであった。児玉はアイヌ墓地を掘り出した際に多くの副葬品も掘り出していた。これら副葬品の一部が「児玉コレクション」と称され、博物館等に貸し出しされているとされる。児玉の遺族らは、「児玉コレクション」は児玉が買い求めたものであると主張している。ただいずれにしてもアイヌが死者を埋葬する際には必ず副葬品を伴うものであるところ、多くの副葬品が人骨とともに持ち去られたとみるべきである。

(2)　違法行為としての遺骨の発掘と児玉らが主張する「合法性」

前記した小金井良精は、「アイノがまだ付近に居る様なところは避けて、成るべく古い無縁の墓場を探し求めるのが最も適切である」とし、「もしアイノが通りかかることがあってはと見張りをおいて発掘にとりかかった」と述べていた。

当時、墓をあばき埋葬されている人骨を持ち去ることは当然ながら刑法一八八条一項及び一八九条によって処罰される行為であったからである。現刑法が制定された一九〇八年（明治四一年）以前は、旧刑法（一八八〇年太政官布告第三六号）二六五条によって刑事罰の対象であった。

しかし、小金井も児玉も、実際に当時現存し利用されていたアイヌの墓所を「発掘」し、遺骨を持ち出していた。したがって、本来は前記した刑法に該当する違法行為であった。

この問題に対して、児玉らは、「現行の制定墓地以外のどころにあったもの」として、すでに「放棄」されたとしたり、墓地の存在が「忘れ去られていた」ものとし、あくまで「墓所ではない」としてその合法性を主張していたのである。

ところが、実際の「発掘」された人骨には、「軟部」などの肉質が残っていたものもあったのであるから、児玉の発言は強弁以外のなにものでもなかった。児玉は、その「発掘」の初期に、八雲のユーラップで「発掘」した際に、北海道警察から事情聴取を受けたこともあった。

その後、一九三四年（昭和九年）一〇月一九日付北海道庁令八三号が発せられ「人骨発掘発見に関する規定」が発布された。これにより「古墳及び墳墓以外の場所」で人骨を発掘しようとするものは、目的、場所、年月日、人骨の処分方法、発掘地の所有者管理者又は占有者の承諾書の五項目を北海道長官に報告し、許可を得ることによって、発掘が「古墳及び墳墓以外の場所」では合法的にできるようになった。アイヌの墓地をあばき遺骨を持ち去ることを認めたこの北海道庁令八三号は、江戸幕府の時代と比較して、明治以降の和人がいかに野蛮人となったかを物語る事実である。

しかし、この北海道庁令をもってしても、実際の発掘地は「古墳及び墳墓以外の場所」では決してない、明らかに使用していたアイヌの墳墓から、埋葬直後の人骨が発掘されているのであるから、児玉らは発掘を出来ないはずであった。本件では北海道庁令八三号すらも守られずに、容易に発掘され、人骨が収集されていったのである。しかも、同令の定める条件である明確な所有者、管理者、占有者からの承諾は無かったと言われており、実際に北海道大学からそのような承諾書類は一切情報開示されていないので存在していないことになっている。

この児玉、及びその後の弟子たちによって発掘され、現在北海道大学に保管されているアイヌ人骨は約一〇〇〇体を超えているのである。この人骨数も極めて曖昧で、北海道大学は頭骨の数としている。ところが北海道大学は頭骨以外のアイヌの人体骨も保有しているところ、これらの人体数を加えると一〇〇〇体をはるかに越えることになる。

2 戦後、特に八〇年代に入ってから

戦後の状況としては、人骨研究は一九六〇年代以降下火になるとともに、七〇年代以降、児玉らのようなアイヌ研究に対する世論の批判が高まっていった。それはアイヌに対する明らかな差別的偏見が研究者、学会などに存在していたからである。和人の墓をあばくことは許されなくてもアイヌの墓をあばくことは許されるという倫理観は明らかな差別的偏見だからである。

北海道に居住していたアイヌである海馬沢氏が一九八〇年（昭和五五年）一一月、北海道大学に対して、その保管する遺骨をアイヌへ返還することを要求した。北海道大学と海馬沢氏とのやりとりは複数の書簡のやりとりの後、北海道大学から調査が必要との返信及び調査の結果に基づいてとして「人体骨については、全て台帳に記載し現在厳重に保管してあり、貴重な標本として本学はもとよりわが国の学術研究進展のため充分に役立たせていただいております」、また「お申し越しの方々のご遺体に該当する記録」はないなどの理由から遺骨の返還を拒否していた。一九八二年になってアイヌを主体とする任意団体である（社）北海道ウタリ協会（現在の北海道アイヌ協会）が、北海道大学に対し、遺族あるいは地域が遺骨の返還を希望した場合には、その返還を要望するとの文書を提出した。その後同協会と北海道大学との協議によって、①北海道大学内に納骨堂を設け人骨を納骨する、②人骨返還を希望する同協会支部は協会本部を通して北海道大学にその返還を申し入れ、北海道大学は責任を持って対処する、などの取り決めを結んだ。ただし、この申し合わせは、北海道大学

と任意団体との申し合わせでしかなく、北海道大学が拘束されるものでもない上、ウタリ協会がアイヌを代表するわけでもない。しかも、当時のウタリ協会は各支部に遺骨返還希望の問い合わせをしたとするが、多くのアイヌはそのことを知らなかった。もちろん申立人らもそのような問い合わせが各支部にあったことを知らなかった。また遺骨が返還された場合にもその埋葬等は支部が行なうことになっていて墓をあばいて遺骨を持ち去った北海道大学は埋葬等の金銭的負担を負っていなかった。このような返還は、北海道大学の誠意ある返還手続きであったとは言いがたく、反面では財政的に余裕のない多くの支部は返還の希望があっても声を上げることはできなかった。結局、二〇一一年末までに三五体が同協会の釧路及び旭川等の五支部へ返還されただけであった。この結果、北海道大学が現在保有するアイヌ人骨数は一〇二七体とされている（基本的に頭蓋骨数）。北海道大学からはそれ以上の返還はなされていない。

現在の人類学は、多くの研究がミトコンドリアDNAの分析手法によって行なわれるようになった。かつてのような人骨の形質からではなく、ミトコンドリアDNAの分析によって、人類の移動の過程における東アジアの人々やアイヌ、日本人の起源などを明らかにしようとする研究が行なわれている。二〇一一年六月のアイヌ政策推進会議の報告書が、「遺骨の研究を可能とする」と言及しているのは、このアイヌ人骨を利用してさらなる研究を行なうことを目指しているからである。

したがって、北海道大学をはじめとする多くの研究機関及び国は、アイヌの遺骨の返還には消極的なのである。

第2　民法によって規律されることの可否

1　閣議決定（以下「国」とする）の主張

国は遺骨返還の要求に対し、「祭祀承継者」にのみ返還を求める権限があるとする。この考えは一八九六年

（明治二九年）四月二七日に制定された旧民法及び現民法の相続法規に基づく遺骨の所有権を返還根拠の権限とする主張である。

しかし、国のこの主張の一番大きな問題点は、アイヌの遺骨返還を求める権限を旧民法及び現民法によって規律できるのかという根本的に解決しなければならない論点が存在する点である。旧民法及び現民法は、いずれもその制定以前からの和人の慣習、習性、倫理観、社会感情、地域社会の規則等に基づいて成立していた和人社会の社会規範をもって法として制定されたものでしかない。それは第一に「遺骨は○○家の所有するものである」という江戸時代以前からの家制度を思想の基礎とし、第二に戦前（江戸時代も含めて）においては家の財産は家長が代々相続するという家督制度にのっとり（現民法は遺産分割の対象となり祭祀承継者を定めることもできる制度に変容した）、第三に遺骨の管理、墓地の管理、祭祀は家長（旧民法）ないし相続人（現民法）が承継していくという理念に基づいているのである。現在も和人の墓は基本的に「○○家の墓」と刻され墓碑に埋葬者の氏名が記される方法がとられているのは、この家制度、家思想、先祖の遺骨の所有は家を継ぐものに承継されていくという理念の表れである。またさらに、この理念の前提として、遺骨は財産として相続の対象であるという考えが存在する。

しかし、アイヌは明治以前から和人とは全く別の宗教観、道徳観、社会制度、法意識に従って規律されてきた。明治以降の同化政策によって強制的にこれら宗教観、道徳観、社会制度、法意識などはその一部が覆されてきたが、だからといって当然に和人の法のみが適用されるとするのは間違いである。特に遺骨の管理と言う宗教的意識と強く関わる事柄について、一片の法の制定によって、遺骨の管理の実態が変更されるとすることなどできないはずである。

2　アイヌの遺骨に対する思想

アイヌの遺骨に関する考え、理念は前記したような和人のそれとは全く異なるものであることをまず確認する必要がある。第一に遺骨は民法で定めているような財産としての所有権の対象ではなかった。したがって「遺骨の相続」という考え自体が存在しなかった。第二に墓地はコタン内の「部落に近い山の中腹あるいは丘陵上」に設けられ、「共同墓地の形はとっているが一家一区画を占めるというような決まりもなく、死者のあるに従い、順次その隣に二・七メートルないし三・六メートルぐらいの距離で墓拡を掘っていた」。「墓地は屍を遺棄(オスラ)する所で、詣でて祀るところではなかった」のである。墓地は和人のような家のご先祖を祀る神聖な場所として他の家と区別するようなものではなかった。

この「墓地は単に屍をオスラするところであった」という事実は、アイヌが死者や祖先を詣でないことを意味しない。アイヌは「死霊の祟りを恐れたためか、葬式をやって、死者を墓地に埋葬してからは、墓に近づかず、従って墓参りなどはしなかった」が、「この墓参りしないという事実だけを見て、アイヌには『祖先の祭り=祖霊祭り』などないように誤り伝えた向きも多いが、それは事実を知らないからである」。この「祖先の祭り=祖霊祭り」はシヌラッパ、イチャルパ等といわれている。和人のように特定の家族が当該家族の祖先を祀るのではなく、より大掛かりに行なわれる。まず①アイヌの神々も祀る。②屋内でのシヌラッパには親戚、近隣等コタンの人たちが参加し、祈りは長老が何人かで分担して行なう。つまり、コタンの全構成員による「祀り」だったのである。③戸外のヌサ(幣所)では、男子一人、女子数名で行ない、いずれも同じ祖系に属する血縁集団のメンバー(女性は母系)に限られるが、このようなシヌラッパは、コタンの多くの者が参加し行なわれていた、コタン全体の全構成員による慰霊行為だったのである。このような死者に対する、また祖先に対する思想、考えが和人とは全く違うアイヌに対し、和人の家制度に基づく「祭祀承継者」という観念を持ち出すことにそもそもの無理と、混乱の基がある。アイヌにとってはコタンと言う集団こそが重要であり、個別の家制度というよりもコタン制度における社会生活だったのである。

上記のようなアイヌの「墓地は屍をオスラするところ」「遺骨は埋葬後は朽ちるに任せる」という行為自体は、明らかに遺骨及び墓地の管理行為であり(管理とは積極的に作為をする場合と、絶対に作為をしてはならない場合とがあってよい)、アイヌの遺骨や墓地の管理は、コタンの者たちを埋葬のとき以外には近づけず、墓標や遺骨は自然に朽ちるに任せる、死者の供養は墓地ではなくコタン内で行なう、という墓地そのものに対する何らかの積極的行為をしないという不文律に裏づけられた管理行為なのである(ただしときどきはクマなどに荒らされていないかどうかの見回りはしていたようである)。そして、この管理の主体は集団としてのコタンが長を代表者として行なっていたのである。

つまり、アイヌにとって遺骨の管理はコタンという集団の権限であり、慰霊行為もコタンという集団での行為であったのであり、祭祀承継者という家制度を前提とする遺骨所有権者も家単位の慰霊行為も存在していなかったのである。

第3　国の発想は同化政策の発想であり信教の自由の侵害

まず、そもそも祭祀承継者に対してのみ遺骨を返還するという閣議決定は、同化政策そのものであって、そのこと自体がアイヌの信教の自由を侵害している。

1　祭祀承継者へ返還することは同化政策である

(1)　二三体以外は返還しない

まず、前提として、アイヌ政策推進会議の調査によっても、個人が特定される遺骨は、個体として特定された遺骨一六三五体のうち二三体にすぎない。したがって、返還対象はあくまでこの二三体に限定される。残りの九八・六パーセント及び五一五箱に及ぶ遺骨は、返還の対象から除外され、アイヌに返還されることはない。国が一方的に九八・六パーセント及び五一五箱に及ぶ遺骨は返還しないことを政策としたのである。つまり、基本的に遺骨を返還することはなく白老に集約することが中心となる。

(2) 遺骨は相続対象とする考えの強制

次に、祭祀承継者への返還という根拠は、遺骨が相続の対象であり、遺骨の所有権の承継者は祭祀承継者である、という民法(旧民法を含む)及び和人の相続に関する思想を前提としている。しかし、遺骨は、その死亡時期が旧民法以前のものがある以上、なぜ民法のいう祭祀承継者に限定するのか不明な上、アイヌの人たちは遺骨を相続の対象とは考えておらず、アイヌの死生観とは相いれない。

(3) 祭祀承継者という概念の強制

さらに、祭祀承継者という概念は、和人の古来からの家制度を前提として死者を祀る主体を特定するという極めて和人の死生観、宗教観、社会観に基づく宗教的意味を持つ概念であるが、アイヌ人骨の帰属者を祭祀承継者に限定し、祭祀承継者のいないアイヌ人骨はすべて象徴空間に集約するという閣議決定は、この祭祀承継という概念自体を、かかる概念の存在しない宗教観、死生観を持つアイヌに強制する結果となる。

前記のとおりアイヌ政策推進作業部会は、第一二回会議において、返還が可能な遺骨については、アイヌ関係団体に遺骨を返還することが望ましいとしながらも、まずは祭祀承継者である個人への返還を基本とする、という対応を定めている。

しかし、「祭祀承継者に返却する」という方針は、裏返せば「祭祀承継者でなければ返却しない」、「遺骨返還を求めるのであれば祭祀承継者を定めよ」ということであり、祭祀承継者という概念を持たないアイヌ信仰に祭祀承継者の選定を間接的に強制することになる。

(4) 小括

祭祀承継者と言う概念は、家制度を前提とする和人の理念に基づくのであるから、遺骨の返還を祭祀承継者に限定する国の考えは、和人の思想や法制度を強制する結果となり、同化政策そのものである（甲第五号証（アイヌ民族誌）参照）。

和人とはまったく違う宗教思想をもつアイヌの遺骨に関する権限を和人の民法をもって規律しようとする国の発想は、明治以降の同化政策と同じ発想である。つまり無批判に民法の適用のみを検討すること自体が、すでにアイヌを和人と同じ法によって規律するのが当然という前提に立ち、和人の考え方、制度を一方的にアイヌに強制する結果となるからである。このような国の姿勢、発想は、先住民族の権利に関する国際連合宣言を受け入れ、同化政策を放棄したはずの日本国の立場とは相容れないものであることは言うまでもない。

アイヌの遺骨に関する権限の実態は、そもそもアイヌが「夷《エゾ》」として和人の文献に登場する以前から現在に至るまで、大きな変容なく継続していたものである。なぜなら、古くはアイヌ社会が成立してから継続していた遺骨、墓地の管理であったし、また近代においては明治以降の同化政策自体が不完全にしか実行されなかったために、最近に至るまで不充分ながらも墓地に近づかないなどという管理行為は行なわれていたからである。そして、このような民法制定以前から長期間にわたり継続的に行なわれてきた遺骨の管理とその権限の問題を現代の法制度上、どのように理解すべきかが最も重大なテーマなのである。少なくとも、個人の特定できる遺骨は祭祀承継者に返還するとする、国の基本方針は、その根本において間違っているのである。

閣議決定が、白老町にアイヌ人骨を集約する前提として祭祀承継者にのみ遺骨を返還する、と決定している事実は、アイヌの宗教観にはない、祭祀承継という概念をもってアイヌ人骨の帰属を限定し、祭祀承継者にのみ人骨を返還するということは、祭祀承継という和人のみが持つ宗教観をアイヌに強制することにほかならない。人骨の返還を求める多くのアイヌは、和人によって、和人の宗教観に基づいて、返還を拒否されてしまうのである。これは明らかにアイヌがアイヌの宗教観を持つことを国によって否定されることであり、アイヌの人たちへの宗教上の同化政策に他ならない。

第4　アイヌの宗教上の行為の侵害

1　コタン構成員の子孫の権限を侵害する

前記の個体として特定される遺骨をはじめ、多くの遺骨は、個人が特定できなくても、その遺骨が発掘、収集された場所はほぼ明らかになっている。それはアイヌ墓地が、昔からのアイヌが居住していたコタンという集落の周辺に作られていたからである。そして少なくとも北海道大学の遺骨収集に関する調査書（甲第六号証）を見ると、何体の遺骨がどこの地域、つまりコタンから発掘収集されたが明らかとなる。

発掘収集された遺骨は、発掘された当該場所において本来墓地や遺骨を管理していたコタンないしはその構成員子孫に返還されるべきは当然である。アイヌ政策推進作業部会では、かつてのコタンは存在せず、「コタンの受け皿」となる関係団体もない、と結論するが、実際には昔のままに、コタンの慰霊行為を受け継いで、慰霊（イチャルパという）を行なっている地域は少なくない。このような慰霊を行なっている人たちに対してコタンの後継者として返還することが最も望ましい。しかるに、閣議決定ではこれらの人たちの意思を無視して白老町に遺骨を集約するとしており、これらの人たちの遺骨管理権限の侵害である（甲第七号証）。この結果、次の宗教上の権利の侵害が惹起される。

2　宗教上の行為の侵害

この場合、一つは集団としてのコタンの宗教上の行為を侵害すること、二つにこれらコタンの構成員の子孫の個々人の宗教上の行為を侵害する、という二つの問題がある。

(1)　コタンを主体とする宗教上の行為の侵害

アイヌが行なうイチャルパなどの死者を慰霊する行為は、アイヌの宗教観、宗教意識に基づく行動であり、憲法二〇条二項で保障されている宗教上の行為そのものである。

ここで言う「宗教」の概念は、「『超自然的、超人間的本質（すなわち絶対者・造物主・至高の存在等、なかんずく神、仏、霊等）の存在を確信し、畏敬崇拝する心情と行為』をいい、個人的宗教たると集団的宗教たると、はたまた発生的に自然的宗教たると創唱宗教たるとを問わず、これらすべてを包含するもの」（津地鎮祭名古屋高裁昭和四六年五月一四日判決）とされている。

現在、かつてコタンが存在した多くの地域で、サケの初漁を祝う儀式（アシリチェップノミ）や様々な祈りの儀式（カムイノミ）が行なわれている。これらはアイヌ文化伝承を願う人々によって各地域で取り組まれている。これらの儀式の中には、死者を慰霊する儀式（イチャルパ）も含まれている。これらの儀式は、かつてのコタン構成員の子孫によって、集団として行なわれている。全国の大学が、遺骨を墓地から掘り起して持ち去り、依然としてアイヌの基に返還されていないという事実は、慰霊する対象である先祖の霊が地元のコタンに戻らぬままに、慰霊行事だけを行なっているにすぎず、イチャルパを行なっているコタン構成員の子孫による集団としての、平穏に先祖の遺骨を埋葬しつつ、その霊を供養する、という宗教上の行為が侵害されていることになるのである。

これらのアイヌの人たちは、アイヌの慣習に基づいて宗教上の行為をしているのであるから、白老に遺骨が集約されることは彼らの集団としての宗教上の行為の侵害でもある（先住権としての宗教行為）。

(2) 個々のアイヌの宗教上の行為を害する

アイヌは現在においては上記のようなコタンでの慰霊のほかに、和人風に各自の自宅においても慰霊を行なっている。そのため、遺骨が白老に集約されてしまうと、永久的に遺骨が存在しないまま道内各地の各地域及び各家庭で慰霊行為を行なわざるを得ない。またもし、全道各地から白老に出向いて慰霊行為をするとしても、旅費（遠方であれば宿泊費）をかけて慰霊を行なわなければならなくなる。つまり宗教上の行為が財政的理由等によって妨げられることになるのである。

(3) 政教分離原則による宗教上の行為の侵害

最後に、集約される遺骨は、国費をかけて建設される象徴空間であり、国の施設に集約されることになる。このことは、たとえアイヌが白老に行って慰霊をしようとする際にも、そのイチャルパ自体が宗教上の行為なのであるから、政教分離原則に反することになるため、イチャルパという慰霊行為そのものが禁止される。慰霊行為は宗教行為であるから集約された遺骨を前に慰霊をしようとしてもその慰霊行為を行なうことはできない。国はこの点で「なんらかの慰霊行為」を認めるような発言をしているが、国が観光客用の「見世物」として宗教色のないアイヌの慰霊儀式を考えているのであれば、アイヌの慰霊行為は宗教ではないという前提に立つことになり、そのこと自体がアイヌへ対する重大な侮辱であり、差別である。少なくともすべての集約される遺骨について、白老においては一切の宗教上の行為そのものが禁止されることになるのであるから、慰霊行為を行なうことはできず、アイヌにとっては重大な宗教上の行為の自由に対する侵害なのである。

第5　遺骨の管理権限はコタン構成員の子孫にある

1　コタンという概念について

コタンというのは、社会学的には集落を意味する。この集落は集落を形成する戸数の数に関係なく、同一の祖系（シネ・エカシキリ）からなる血縁団体とされている。ただし、これは絶対的ではなく「生活をともにする他人をもまじえた他縁的なものとなっていた」とも言われている。コタンを代表する者はコタン・コロ・クルと呼ばれ、コタン内の秩序の維持（民刑事法）、共同祭祀の司宰、紛争の解決（裁判権）、天然資源の個人による独占的濫獲の禁止等の措置をとり、対外的にはコタンの代表者として他のコタン、松前藩等との交渉に当たっていた。つまり、コタンというのは一定の支配領域を持ち、自主決定権を有した集団であったのである。

2　祭祀の主体はコタンであり遺骨はコタンの管理下にある

アイヌ民族誌によると、コタンでの祭祀はコタン構成員による共同の祭祀、ということになっている。上記したように確かにイチャルパ（供養）は死者のあった家系においても行なわれていたが、コタン内での死者の祭祀はコタンを代表するコタン・コロ・クルの行なう重要な儀式であったのであるから、コタン構成員であった者の埋葬された遺骨は埋葬された墓地と共にコタンの管理下のものと考えることが出来る。しかも、死者の遺体を他のコタン領域内には絶対に埋葬しなかったのであり、コタン内に埋葬された死者の遺体は、コタンの人々によって葬送され、埋葬後はコタンの人々によってシヌラッパ、イチャルパが行なわれていた。このような事実関係からすれば、アイヌにおいては、遺骨の管理権限は、コタンという集団、北海道庁の言葉を用いれば「部落」に帰属し、それはコタンの権限であった（一般にはこれは先住権の一つと考えられている）。

3　かつてのコタン構成員の子孫は権限を引き継ぐ

アイヌ政策推進会議も前記のとおり、平成二五年六月一四日の第一二回会議において、遺骨返還の基本的考え方として、第一に、海外では民族または部族に返還する事例が多くみられること、コタンまたはそれに対応する地域のアイヌ関係団体に遺骨を返還することがアイヌの精神文化を尊重する観点からは望ましい、とし、第二に、現実問題として、現在、コタンやそれに代わって地域のアイヌの人々すべてを代表する組織など、返還の受け皿となりうる組織が整備されているとは言い難い、としているのであるから、アイヌ遺骨はまずは、「コタンまたはそれに対応する地域のアイヌ関係団体に遺骨を返還すること」を認めている。あえて、祭祀承継者へ返還するとするのは、ひとえに「現実問題として、現在、コタンやそれに代わって地域のアイヌの人々すべてを代表する組織など、返還の受け皿となりうる組織が整備されているとは言い難い」からである。

しかしながら、かつてと同様の機能を有するコタンは存在しないとしても、コタン構成員の子孫が、集団として死者となったコタン構成員を慰霊している事実は、「コタンに代わって」「返還の受け皿」となる「地域のアイヌ関係団体」が存在していると評価しなければならない。実際に、北海道各地に地域のアイヌを組織した集団が存在し、様々なアイヌの儀式の復活などに取り組んでいるのである。遺骨の返還されるべき主体は、まずはこのような各地に存在する集団でなければならず、彼らを無視して祭祀承継者のみへの返還しか認めないのは、彼らの遺骨管理権限ないし返還を受ける権利の侵害以外の何物でもない。

アイヌ政策推進会議も、前記したように諸外国では「民族または部族」に返還している事実を認めている。これは先住民族の権利に関する国際連合宣言一二条一項により、遺骨の返還を求める権利が認められていることと共通する。植民地時代に欧米諸国に持ち去られた先住民の人骨について、先住民にその返還を求める権利があることは世界的に認められている。しかし、閣議決定では、この国連宣言を無視するのみならず、全くの根拠もなくコタンやそれに代わる受け皿がない、と断定してアイヌが求める遺骨返還を拒否し、白老町に集約すると決定したのである。

さらに付言すると、そもそもかつてのコタンの機能を様々な法によって禁止してきたのは明治政府以来の日本の国家である。たとえば土地売貸規則（開拓使・明治五年布達）、地所規則（右同）によって、北海道各地におけるコタンの土地占有権源を奪い、各コタンによる土地利用を禁止し（その後地券発行条例、新旧国有未開地処分法も同じ）、北海道鹿猟規則（開拓使・明治九年布達）によって鹿猟を禁止しコタンの狩猟権を奪っていった。さらには、明治憲法（現憲法も同じ）によってコタンで行なわれていた司法権も奪われた。つまり、コタンの機能を奪い、その存在を抹殺しようとしてきたのはほかならぬ国だったのである。現在においてもコタンの機能を禁止し、かつてのコタンとして存続することを認めない国が、「コタンやそれに代わって地域のアイヌの人々すべてを代表する組織など、返還の受け皿となりうる組織が整備されているとは言い難い」と言うこと自体が笑止なのである。

そのような中で、禁止されることなく永続できていたものの一つがコタンの慰霊行為だったのであるから、少なくとも機能的には慰霊行為を行ない遺骨を管理するという面でのコタンは存続しているとみることもできるのである。

第6　結論

日本弁護士連合会人権擁護委員会におかれては、以上のアイヌ遺骨の過去と現状をご理解の上、アイヌがその宗教上の行為の自由、信教の自由が侵害されることのないように、アイヌの遺骨を白老郡白老町の象徴空間に集約することはアイヌの人たちの人権を侵害するものであると宣明していただきたくお願いいいたします。

証拠方法

甲第一号証　平成二六年六月一三日閣議決定　アイヌ文化の復興等を促進するための「民族共生の象徴となる空間」の整備及び管理に関する基本方針について
甲第二号証　第一一回「政策推進作業部会」議事概要
甲第三号証　第一二回「政策推進作業部会」議事概要
甲第四号証　「民族共生の象徴となる空間」作業部会報告書
甲第五号証　アイヌ文化保存対策協議会（編）『アイヌ民族誌』（抜粋）
甲第六号証　北海道大学医学部アイヌ人骨収蔵経緯に関する調査報告書
甲第七号証　市川守弘「アイヌ人骨返還を巡るアイヌ先住権について」（『法の科学』四五号）
甲第八号証　植木哲也『学問の暴力』（書籍）

あとがきにかえて

北大開示文書研究会共同代表　清水裕二

ここにいたって思い起こすことは、北海道大学事務棟前での「攻防」である。すでに本書で繰り返し触れられているが、その場にいた一人として、どうしても看過できないことである。

二〇一二年二月一七日、時おり雪まじりの寒風が吹きすさぶ暗い午後だった。私たち北大開示文書研究会の面々は、アイヌの民族衣装をまとった城野口ユリさん、小川隆吉さんとともに、北海道大学に佐伯浩総長（当時）を訪ねた――いや、訪ねようとした。しかし、建物前に制服姿の大柄なガードマン数人を配し、まるで不法侵入者に対するがごとき、ものものしい警備体勢をとる北大側によって、拒絶されてしまった。

私たちは何も、いきなりキャンパスに押しかけていったわけではない。文書研共同代表の二人（殿平善彦さんと私）の連名で、それまで再三にわたって、北大総長に宛てた手紙を郵送していた。二〇〇九年九月一日付の「アイヌ頭骨と副葬品に関する質問状」、二〇一一年三月二六日付の「アイヌ遺骨の尊厳をこれ以上傷つけないために誠実なご対応をお願いします」と題する手紙、そして二〇一二年一月一〇日付で投函した「アイヌ遺骨の遺族との面談を求める要請書」である。三通目の封書には、北大のアイヌ納骨堂に留め置かれているうち、浦河町杵臼コタンの墓地から持ち出された遺骨の遺族である隆吉さん、ユリさんらが、大学総長に面会を求める手紙も同封されていた。

しかし、いずれの手紙に対しても（それぞれ返答の期限を書き添えておいたにもかかわらず）、北大側からはまったく反応がなかった。最高学府の総長ともなると、外部からの手紙に返事を書かなくても平気なのだろうか？　そうでないとしたら、相手がアイヌだから無視を決め込んだのか。

当時すでに病状が悪化しつつあった高齢のユリさんは、札幌の北大から二〇〇キロ近くも離れた浦河町の自宅から、「いつでも北大総長に話をしに行けるように、体調を整えている」「杖を使って一人で歩けるようになった」「北大からいつ連絡が入るか分からないから、携帯電話を用意したほうがいいだろうか？」と何度も私に電話をかけてきていた。これ以上、もう待てない。

三通目の手紙に記した返答期限から一〇日が経過しても、大学からの返信は届かなかった。業を煮やした文書研事務局長の三浦忠雄さんが二月六日、北大総務課に直談判に行った。応対したＹ総務課長は、予想に反して平謝りに謝ったという。しかし次に出てきた言葉は「必ず連絡をするので今しばらく待ってください」「面談は延期させてください」……。見え見えの引き延ばし策である。初めに謝って見せたのはポーズに過ぎなかった。

隆吉さんやユリさんはもちろん、文書研のみんなが我慢の限界を迎えていたと思う。私たちは、当初に通告した通りの日時に北大総長を訪ねることに決めた。浦河町の自宅で待つユリさんにスケジュールを伝え、これまでの経過を知る新聞記者たちにも連絡を入れた。最後まで公式な返事を寄越さなかったのは、相手のほうだ。三浦さんが改めて訪問の意向と日時を文書で北大に伝えると、Ｙ総務課長は電話で「来ていただいても、その日はだれにも会えない」「ご遺族の意向をうかがって三月以降に」と懲りずに延期を求めてきた。遺族の意向だって？　それはもう何年も前から伝え続けてきている。

そして当日。ユリさんが浦河からペガサス号（都市間バス）で札幌に到着した。文書研の一行に新聞記者たちも加わって、時間通りに北大事務局を訪ねようとした。建物の前に並び立って待ち構えていたのは、北大総長ではなかった。北大の職員たちですらなく、警備会社のガードマンたちだった。

この時の一部始終は同行のジャーナリストがビデオに収め、「ユーチューブ」でだれでも視聴できるようにしている。われわれの入館を拒むガードマンや北大職員たち（玄関先から携帯電話で建物内の事務室に連絡すると、やっと出てきた）に怒りを爆発させたユリさんが、「これがシャモ（和人）のやり方なんだ、昔から。よく覚えておきな！　殺されてるんだぞ、アイヌたちは！」と声を荒げるシーンを見ると、いま思いおこしても、いたたまれない気持ちにさせられる。

ユリさんと、八つ年下の私は、同じ日高出身のアイヌである。初めて出会ったのは四〇年前、市民グループ「少数民族懇談会」設立の前夜だった。

当時、この地域には、アイヌ民族に対する和人社会からの陰険な差別や偏見が根深く存在していた。アイヌであるというだけでいじめられ、差別が日常茶飯事といえるほど悲惨な状況だった。そんな時代に、とりわけ教育に関する課題や差別の問題に熱心に取り組んでおられたのが「三人娘」と称された鈴木ヨチさん、鷲谷《わしや》サトさん、そしてユリさんだった。「差別を無くすためには教育現場を変えなければ」と立ち上がった三人のアイヌ女性たちを囲むように、地元・北海道浦河高校をはじめ、近隣校の心ある教師たちが輪を作り、「偏見や差別のない民主的な学校を実現させよう」と設立されたのが「少数民族懇談会」である。新冠町立新冠中学校の理科教師だった私も、ユリさんたちに導かれるようにして活動に加わり、やがて会長（私）と副会長（ユリさん）として、ともに先頭に立ってきた。

「少数民族懇談会」はふた月に一度の例会を欠かさなかったが、ユリさんはいつも昼食のことを心配して、参加者のために鍋からあふれるほどの赤飯やおこわを用意してくれた。それを遠慮もなしにどんどん平らげる私たちの姿を、微笑を浮かべながらうれしそうに見守っていたのが、ユリさんだった。

そんなユリさんが、祖先の尊厳を踏みにじった北大の過去の仕業に対しては、怒りと恨みを隠そうとしなかった。それでも我慢をして、八〇歳の誕生日を間近に、何とか円満に遺骨を戻してもらえないかと、総長との直接の話し合いを望んだのだ。そこで文字通り門前払いの仕打ちを受けたことが、ユリさんを最終手段、つまり国立大学法人を相手取った提訴に踏み切らせた。

病による全身の疼痛に耐えながら、車椅子の助けを借りて気丈に公判に通い続けていたユリさんだったが、次第に入院期間が長引くようになり、二〇一四年の冬には、地元の浦河赤十字病院から、札幌の北海道大学病院に転院を余儀なくされた。ご家族によれば、訴訟相手の北大医学部付属病院への入院を嫌がるそぶりもみせたそうだ。隣のビルに隠れて見えないとはいえ、病棟からアイヌ納骨堂までは目と鼻の先ほどの距離しかない。さぞ複雑な思いだったろう。

私はたびたびユリさんのベッド脇を訪ねた。介護のお手伝いをしていると、ユリさんはアイヌの伝統的な風習について、盛んに私に語りかけてくれた。

「お前はアイヌなんだから、このことをしっかり間違えずにシャモ(和人)に伝えていけ!」

そうやって私はユリさんから最後の教えを受けた。

文書研は「出前講座」と称して、この問題を広く市民に伝えるシンポジウムを各地で開いている。二〇一五年一月三〇日は、初めてアイヌモシリ(北海道)を出て、東京で開催することになった。ユリさんは直前まで「ワシも参加して、自分の気持ちを東京の人たちに直接伝えたい」と話していた。周囲もそのつもりで準備を進めていた。しかしユリさんの病状は一進一退で、このころにはベッドから起き上がれない日もあり、上京は見送らざるを得なかった。本人が一番残念だったと思う。

三月二六日、ユリさんの病床を訪ねると、ユリさんはいくつもの医療機器とチューブで結ばれていた。「意識は定かではないが、声は聞こえているはず」と看護師から聞き、耳元で「お顔を見に来ましたよ。頑張ろうねえ」と語りかけた。するとユリさんの口元がわずかに微笑んだ。私が声をかけるたびに血圧計などの波形が上昇した。私の声をちゃんと聞いてくれたと思った。またすぐに元気で迫力あるあなたの言葉を聞けるようになるはず、と信じてその夜は帰宅したのだが、それが最後の別れになってしまった。

母上から遺言された遺骨返還の願いを果たせず、裁判の行方も見届けることができず、どれほど悔しかっただろう。痛恨の極みとしか言いようがない。

このような人権蹂躙は許されるものではない。ユリさんの思いに報いるために、本書が活用されることを期待する。

本書の出版にあたり、緑風出版の高須次郎さんをはじめ、多くのみなさまのお力添えをいただきました。心よりお礼申し上げます。

[編著者略歴]

北大開示文書研究会(ほくだいかいじぶんしょけんきゅうかい)

2008年8月に設立された非営利の市民グループ。事務局は北海道留萌市。小川隆吉エカシの情報開示請求に対して北海道大学が公開した公文書類を精査するなど、かつて同大学医学部教授らが研究の名のもとに行なっていた各地でのアイヌ墓地発掘や人骨大量収集の実態を追究している。宗教家、元教員、大学研究者、弁護士、漁家・農家、工芸家、活動家、映像作家、ジャーナリストらが参加。

ウェブサイトは http://hmjk.world.coocan.jp

アイヌの遺骨《いこつ》はコタンの土《つち》へ
——北大に対する遺骨返還請求と先住権

2016年4月20日　初版第1刷発行　　定価2400円＋税

編著者　北大開示文書研究会©
発行者　高須次郎
発行所　緑風出版
〒113-0033　東京都文京区本郷2-17-5　ツイン壱岐坂
［電話］03-3812-9420　［FAX］03-3812-7262［郵便振替］00100-9-30776
［E-mail］info@ryokufu.com［URL］http://www.ryokufu.com/
装　幀　斎藤あかね　　イラスト　黒瀬久子
制　作　R 企 画　　印　刷　中央精版印刷・巣鴨美術印刷
製　本　中央精版印刷　　用　紙　大宝紙業・中央精版印刷　　E1200

ISBN978-4-8461-1604-0　C0036